GAOZHONG WULI KECHENG
JIAZHI QUXIANG DE TANSUO YU SIKAO

高中物理课程价值取向的探索与思考

周耀才 主编
刘丽颖 副主编

知识产权出版社
全国百佳图书出版单位

图书在版编目(CIP)数据

高中物理课程价值取向的探索与思考/周耀才主编. —北京：知识产权出版社，2015.2
ISBN 978-7-5130-3146-2

Ⅰ.①高… Ⅱ.①周… Ⅲ.①中学物理课—教学研究—高中 Ⅳ.①G633.72

中国版本图书馆CIP数据核字(2014)第261907号

内容提要

本书对高中物理教师的教学价值观进行了探索、实践与思考，并从以过程、方法和能力为本位的"科学探究取向"和以情感、态度、价值观为本位的"人文科学取向"维度加以论述。初步提出了"物理美育课"思想，提炼出了"解决物理问题的数学建模法"等教学方法，主张高中物理教育教学的基本价值取向应该是注重科学探究，深入贯彻美育教育，培养学生的探究和创新精神，提高实践能力。

责任编辑： 周　游

高中物理课程价值取向的探索与思考

GAOZHONG WULI KECHENG JIAZHI QUXIANG DE TANSUO YU SIKAO

周耀才　主　编
刘丽颖　副主编

出版发行：	知识产权出版社有限责任公司	网　址：	http://www.ipph.cn
电　话：	010-82004826		http://www.laichushu.com
社　址：	北京市海淀区马甸南村1号	邮　编：	100088
责编电话：	010-82000860转8532	责编邮箱：	zhouyou-1023@163.com
发行电话：	010-82000860转8101/8029	发行传真：	010-82000893/82003279
印　刷：	北京中献拓方科技发展有限公司	经　销：	各大网上书店、新华书店及相关专业书店
开　本：	720mm×1000mm　1/16	印　张：	15.75
版　次：	2015年2月第1版	印　次：	2015年2月第1次印刷
字　数：	266千字	定　价：	42.80元

ISBN 978-7-5130-3146-2

出版权专有　侵权必究
如有印装质量问题，本社负责调换。

前　言

自2006年秋季开始，天津市进入第八次基础教育课程改革。也正是这年的夏天，我从河北调入天津，正赶上新课改。新的观念带给我们巨大的冲击，我本以为教师的教学行为也会发生革命性的变化，然而，我发现，教学行为与教育理念相差较大。我深深地感到：在实际的教学过程中，课程三维目标中的"知识与技能"依然最受关注，"过程与方法"也受到重视，但"情感态度与价值观"方面明显存在不足；教学过程侧重认知过程，缺少人与人之间的精神交流；教师没有站在更高的角度关注人文品格的培养，没能很好地在课堂教学中潜移默化地融进美育。

基于这一发现，为了深入探讨教师课程价值取向的应然面，我们课题组申请了国家社会科学基金"十一五"规划2010年度教育学青年课题子课题《中学物理教师课程价值取向研究》，并对天津市的中学物理教师课程价值取向的实然面进行了较为深入的探讨。

随着改革的深入，天津市政府制定了《天津市教育事业发展第十二个五年计划》，确立了"以优质特色和多样化发展为重点，加快推进普通高中现代化建设"的目标；党的十八届三中全会也进一步明确提出了关于教育改革的内容：改进美育教学，提高学生审美和人文素养。

瑞景中学紧跟时代发展的步伐，进入了天津市第二批特色高中校行列，积极争创"办大美教育、育特色人才"，以实现优质特色发展的新局面，并有了自己的核心文化和价值追求。

在大美教育背景下，课题组老师们的课程价值取向发生了质的变化，开始从教育教学的本质上理解美育，从教育教学的境界中运用美育，从教育创新的趋势下改进美育；初步提出了"物理美育课"思想，提炼出了"解决物理问题的数学建模法"，构建了适合本校学生的教学模式，教育教学取得了较为丰硕的成果。正是学校的特色文化创建，给我们课题组指引了方向。正是学校这块肥沃的土壤，才滋润了我们的成长！才有了我们发展的动力！在此，衷心感谢瑞景中学为我们提供的大力支持！尤其感谢规划美育特色蓝图的瑞景中学的各位校级领导。

本书是我所负责的国家级课题子课题《中学物理教师课程价值取向研究》研究成果的资料汇集。参加课题研究的有周耀才、彭占军、贾卓、刘丽颖、王洪德、王全红、靳江洪、郭仲坤、张绍菊、李根堂、吴桂娟、马金利、杨倩等。各位课题组成员在研究的过程中做了卓有成效的工作，纷纷提出了自己的观点和建议，撰写了大量的论文和教学案例，借此机会，由衷地向课题组各位同仁表示深深谢意！同时感谢罗生全同志所负责的总课题组给予的帮助。

出版此书的目的，是便于更广泛地交流新课改的经验，听取各位同仁对我们工作的评价和建议，以便更好地开展教育教学工作。不足之处，敬请批评指正。

编者
2014年8月

目 录

第一章 天津市高中物理教师课程价值取向的特点 ……1

第一节 关于价值取向的探索 ……3
第二节 天津市高中物理课程价值取向研究 ……5
第三节 天津市教师授课价值取向的变化 ……13

第二章 天津市瑞景中学美育特色创建 ……15

第一节 瑞景中学特色高中建设工作方案 ……17
第二节 瑞景中学的办学理念与核心文化 ……22
第三节 学校教职工"以美育人"的基本规范 ……25
第四节 "最美学生""最美班级"和"最美班主任"评选制度 ……27

第三章 "美的教育"的探索 ……31

第一节 对美育的新认识 ……33
第二节 物理学之美 ……37
第三节 注重物理学史的学习 ……45
第四节 认识"情感" ……52
第五节 物理学习的思维特征对学生个性情感的影响 ……59
第六节 利用教学内容激发学生的高级社会性情感 ……61
第七节 美育背景下的教师角色转变 ……65
第八节 物理美育课思想 ……70

第四章 "美的教育"的方法 …………………………………………… 77

第一节 物理中的"数学建模法" ………………………………… 79
第二节 由"学习金字塔"引起的思考 …………………………… 87
第三节 生活化教学 ………………………………………………… 89
第四节 "问题—探究"式新课教学模式 ………………………… 94
第五节 物理复习课教学模式 …………………………………… 103
第六节 物理试卷讲评课模式 …………………………………… 108
第七节 "实验探究法"教学模式 ………………………………… 110
第八节 重视学生参与知识的形成过程 ………………………… 113
第九节 以美的方式"导入"新课 ………………………………… 116
第十节 学会用"美的思维"思考问题 …………………………… 118
第十一节 利用图像的"美"丰富物理教学 ……………………… 122
第十二节 深入开展探究性学习 ………………………………… 125
第十三节 注重科学素养的培养 ………………………………… 130
第十四节 运用多种方法激发学生学习兴趣 …………………… 134
第十五节 关注学生的真实体验 ………………………………… 136
第十六节 科学设置问题 ………………………………………… 140
第十七节 自制教具,增加教学趣味性 ………………………… 142
第十八节 利用"思维可视化"策略,改变学习方式 …………… 146
第十九节 正确认识多媒体在物理教学中的作用 ……………… 149
第二十节 巧用顺口溜减轻学生学习负担 ……………………… 154
第二十一节 重视实验教学,培养学生的创新能力 …………… 161
第二十二节 严谨对待演示实验 ………………………………… 163
第二十三节 改进实验,更好地发挥实验的作用 ……………… 167

第五章 "美的教育"的实践 ………………………………………… 171

第一节 "以校为本",提升学科校本教研 ……………………… 173
第二节 验证机械能守恒定律实验中发挥学生主动性的尝试 …177

第三节　"探究感应电流的产生条件"教学设计 …………………181

　　第四节　"楞次定律"教学设计 …………………………………189

第六章　"美的教育"的教育 …………………………………………199

　　第一节　加强生命意识教育 ………………………………………201

　　第二节　面向全体，有教无类 ……………………………………204

　　第三节　关注学习困难学生，给予更多关怀 ……………………207

　　第四节　关注心理问题，实施美育 ………………………………210

　　第五节　以"美的教育"感染外省市学生 ………………………216

　　第六节　从班级文化建设的角度开展美的教育 …………………219

　　第七节　诚信教育，树立核心价值观 ……………………………224

　　第八节　"美的教育"对学习投入的影响 ………………………227

　　第九节　课题研究的启示 …………………………………………232

参考文献 ………………………………………………………………241

第一章 天津市高中物理教师课程价值取向的特点

> 教育是个体自我设计、自我选择、自我构建、自我评论的过程,是自我能力的发展,它体现着社会意志和教育者与受教育者平等自由地、审慎严肃地共同探究的机理,不是"指令",不是"替代",更不是让茧中的幼蝶曲意迎合或违心屈从。
>
> ——康德

第一节 关于价值取向的探索

一、关于"价值取向"的思考

30年前，贫穷的笔者在父亲的大力支持下，放弃了辍学去劳动、挣钱养家糊口的选择，毅然决然地到县城读书。学校是一所新建高中，条件很苦，教室不够，没有宿舍，也没有运动场。笔者从偏远山区考进，晚上没有地方睡觉，完成功课后，只能住在教室，把课桌拼在一起当作床铺，第二天清晨，早早地起来，把铺盖收拾好，迎接同学们到来。在每天不上课的半天时间里，笔者坚持徒步走六里路，去县城的简易图书馆待上半天，或查阅资料，或读书看报，或整理课堂笔记。没有钱买热菜，常常买咸菜来配饭。求学的日子很艰辛，但心中却充满了希望。假期里，为了挣钱交学费，笔者和辍学在家的儿时伙伴合伙贩卖水果。记得高二暑假，在白天贩卖西瓜辛苦一天后，晚上露宿街头楼顶，笔者和伙伴仰望着星空，畅想着各自的未来。伙伴告诉笔者，家里已经为他建好新房，他计划"十一"结婚，早日实现父亲"抱孙子"的愿望。可笔者的梦想是攒够钱报考师范学院，当一名优秀的教师，让更多的人接受良好的教育。如今，儿时的伙伴已经成了爷爷，头发早已斑白，儿子步其后尘，也早早辍学，只不过远离家乡，常年漂泊在外打工，他在家带着孙子艰难度日。而笔者，如愿以偿地考上师范学院，大学毕业后，成为一名光荣的教师，如今又很荣幸地进入"天津市未来教育家奠基工程"的行列。回想小时候，伙伴的父母认为读书无用，兄妹多辍学在家，挣钱较多，生活很宽裕；而笔者的父亲是个孤儿，品尝了生活的艰辛，总盼望儿女能出人头地，无论再苦再累也要供孩子们读书。父辈的价值观影响以至于决定了笔者的生命取向。

作为教师，笔者经常思考一个问题：学生多半时间是在学校度过的，学生天天和教师在一起，教师的价值取向是否会影响学生的生命取向呢？美国教育心理学家古诺特博士曾深情地说："在经历了若干年的教师工作之后，我得到了一个令人惶恐的结论：教育的成功和失败，'我'是决定性因素。

我个人采用的方法和每天的情绪是造成学习气氛和情境的主因。身为老师，我具有极大的力量，能够让孩子们活得愉快或悲惨，我可以是制造痛苦的工具，也可以是启发灵感的媒介，我能让人丢脸，也能叫人开心，能伤人，也能救人。"从古诺特博士的结论中，我们得到什么启示呢？教师的价值观影响甚至决定了学生的价值判断。

那么教师应具有什么样的价值取向呢？作为教师，教给学生什么最重要？怎么教法？怎样以教师的价值取向来影响、改变学生呢？

二、课程价值取向的内涵

所谓价值，不是指人的行为或事物本身，而是用以判断行为好坏或对错的标准。作为主体对客体的反映，价值具有一定的情境性，同时作为人们的一种信念，价值也具有一定的内隐性。

一种价值偏好如经长久演变而成为一项持续影响的广泛信念，便可称为价值取向。简言之，某种价值观一旦对人们认知与行为具有经常的导向性，它就被称为价值取向，即价值标准所取的方向。

所谓课程价值取向是教师所偏好的持久的信念，是对课程总的看法和认识，是关于课程目的、课程内容、教学策略和教学评价以及课程实施过程中所表现出来的一种倾向性。课程价值取向是基于本地的环境和社会文化背景产生的。

随着新一轮课程改革的推进，教材编、审分离；"一纲多本"；中小学引入选修课程、综合课程、活动课程；课程目标出现了知识、技能、态度三个方面；课程内容出现了不确定性；课程实施突出活动式、参与式；课程评价侧重形成性评价、学习过程评价以及定性评价。新课程理念发生了质的变化，它的基本价值取向为：为了每一个学生的发展。我们只有明确把握改革中课程价值取向的变化，才能很好地把握整个课程改革的方向，进而也使课堂教学中各项具体的工作都具有明确的指向性。

教师作为课程的编制者、课堂的组织者、课程理念的落实者，是教学中不容忽视的主体之一。是用教材教还是教教材？是注重教师讲授还是突出学生学习？是全班整体划一还是因材施教？是关注知识的达成还是注重能力的培养？教师的课程价值取向直接影响了整个基础教育改革的成败，进而影响整个课程改革的顺利推进。因此,教师课程价值取向的焦点性质和作用要求我们科学、系统地审视可持续课程变革中课程价值取向及其实然状态。

身处多元的社会中,教师的课程价值取向也具有多元性。只有多元化、整合性的课程价值取向才能确保教师处理问题的多样化和合理化,教师在课堂教学中也才会根据学生的不同文化背景、家庭背景以及个性等设计多元的课程,进而促进学生的全面发展。

因此,只有通过多元方法的运用,才能清新地把握教师课程价值取向的整体轮廓。于是我们采取了诸如"参与式观察""深度访谈"以及"文件分析"等多种方法探讨了区域性学科教师的课程价值取向。

第二节 天津市高中物理课程价值取向研究

一、背景、意义

新一轮课程改革中,课程价值备受关注,不论是课程性质、课程目标还是课程的设计理念、课程实施、评价等,都朝向多元化和价值整合方向发展。然而,由于观念和行为并不总是一致,课程价值取向的变化并不代表实际中教育教学行为的变化。教师作为教育教学的直接实施者,其本人的课程价值取向,对于课程的设计与教材的选择乃至教学实施、结果都具有直接的影响,它不仅涉及教师对待课程的态度,而且直接影响教育的诸多实际,因此,教师是整个改革和课程实施顺利推进的关键因素。

课题组考察了当前天津市高中物理教师可能存在的课程价值取向,以此深化既有的课程价值理论体系,为政策制定者和课程设计者提供支撑,进而拓展课程变革的研究视野,丰富课程理论研究,并在促进教师专业发展过程中有效推进新课程改革的目标实现。

二、研究方法与工具

(1)文献资料法。通过考试院发布的《天津市高考考生水平评价及教学质量分析报告》，以学生的实际表现反馈教师的教育教学行为、反馈新课程落实的程度，进一步体现高中物理教师课程价值取向的实然面。

（2）问卷调查法。利用编制的《高中物理教师课程价值取向问卷》，对天津市高中物理教师的课程价值取向进行了抽样调查。

（3）通过跟踪课堂、观看教学录像带、阅览教案、反思笔记、观察课后师生交往、深入交流等方式挖掘内隐的课程价值取向。

（4）结合天津现实，分析高中物理教师的课程价值取向。高一结束，文理分科，学校放弃全科教育；高二水平考试，影响了正常的教学；高三全部时间用来高考复习，教师将知识教学异化为高考复习，现实的需要严重影响了物理教师的课程价值取向。

三、高中物理教师价值取向的特点

天津市高中物理教师的价值取向基本符合时代的要求，在课程实践中呈现出素质教育与应试教育并存、较重视成绩而忽视美育的现象；物理教师虽明白教什么和怎样教，但往往忽略怎样育和育什么人。

在课程的选择上，高考考什么，就学什么，完全受制于高考的要求。必修课充分开展，选修课不存在选修，高考不涉及的内容则不见踪迹。活动课、研学课仅仅是课表上表面化以应付检查。

教学的开展完全以应用为目的，主要针对考试，普遍缺少人文精神、人文关怀和人文导向，缺少对学生的审美情趣的培养，没有科学的美学思想。在行动上受制于考试和升学率，以学生的成绩作为价值追求，表现为以下几个方面：①强调规范教育，缺少发展意识，习惯上让学生按照一定的社会准则和道德规范来约束自己的思想行为，而对于学生的创造力和建构力的培养不够；②强调以理服人，重在说服、训示和灌输，而在调动学生自身的感受、体验和领悟，依靠学生的自我建构来达到个性的发展和人格的完善方面不足；③强调学生的社会尺度，而缺少个性尺度，注重社会性人格的培养，强调个人对于社会的服从，而对于学生的个性发展、自身价值的实现、个人潜力的发挥关心不够；④过于追求现实的功利性、实效性而缺乏信念和信仰，追求高的教学成绩而普遍缺少理论建构、缺少创新精神、缺少对真理的执着追求；⑤注重传授概念、注重引导学生读题、审题、运用知识解题，注重答题技巧和规范，但对学生观察能力的培养重视不够，学生动手少，引导学生发展思维方面严重缺乏。同时，没能站在更高的角度看待教育改革，缺乏历史担当、民族担当的责任感。

我们力求从以下几个方面对物理教师的价值取向进行比较。

（一）不同区域高中物理教师价值取向的比较

滨海新区物理教师在落实新课程上做得最好，素质教育取向最高。其原因主要由于该区域经济发达、资源优势明显、教育观念先进。该区域的物理教师能放眼课程的全程，能脚踏实地地落实课程目标，注重创设开放民主的课堂氛围，注重以学生的认知起点为坐标，注重让学生参与物理课堂中的核心环节，注重培养学生的探索精神和独立思考的习惯，注重学生积极参与问题的表述和分析，注重开发学生"实验技能和论证"的核心要素，注重培养学生"评估与交流"的能力。

而三县两区的高中物理教师在应试教育取向上显著高于市内六区。其原因主要是该区域经济发展相对较慢、资源相对匮乏、教育观念相对落后、机会相对较少，学生存在着更大的就业压力和生存压力，读书成了他们重要的出路，加上当前教育评价制度，加剧了当地教师的应试教育取向。

（二）不同类别学校高中物理教师课程价值取向的比较

市直属重点高中学校物理教师素质教育取向明显，注重学生的全面发展，学生各个能力属别表现都较好；而普通高中学校物理教师素质教育取向低于区级重点学校，普通高中学校学生各个能力属别表现最差。主要原因是学校文化差异明显，市直高中学校拥有先进的办学理念、优越的生源、优秀的师资、优越的设施以及教师有较理想的待遇；而普通高中学校生源较差，影响着教师教学能力的发挥，教师教学效能感较低、自我价值实现较少、新课程理念落实不到位。包括市级重点学校的物理教师的应试教育取向也较明显，这从市级重点学校周六、周日的加课安排和晚自习的加班加点就能很好地体现出来，同时市级重点学校处于"熟练水平"的学生数量少于处在"基本水平"的学生数量，也说明市级重点学校没有很好地落实素质教育，学生的能力并没有被培养出来。

（三）不同性别的高中物理教师课程价值取向比较

女教师在素质教育取向上高于男教师。可能原因是女教师面临的生存压力相对小些，成为一名高中物理教师带给她们稳定的工作和收入及较高的价值体验，又由于女性性格的特点，对学生往往表现出比男性更多的关心和宽容，投入教学中的热情更多一些；而男教师生存的压力大些，往往不满足于作为教师的工资而有其他兼职，社会交往面大、应酬较多，功利性强，在教学实践中表现出更明显的应试教育取向。

（四）不同职称的高中物理教师课程价值取向的比较

高中物理教师课程价值取向在职称上不存在显著差异。新教师思维活跃，容易接受新课程理念，老教师的课程价值取向也随着时代的发展发生较大的变化，说明当前新课程在传递新理念上比较到位。

（五）从培养学生能力角度分析高中物理教师的课程价值取向

全市高中物理教师较好地注重了学生的理解能力，但对学生的综合能力、实验探究能力培养不够，尤其是对学生的综合能力培养最差。学生的推理能力近年来并没有得到实质性提高。滨海新区物理教师在培养学生分析、综合、实验探究能力属别上最有效果，而环城四区物理教师在培养该区域学生各个能力属别上均低于全市水平。滨海新区物理教师注重遵循学生的认知规律开展教学，注重培养学生把握物理学科的思想方法，注重培养学生形成自己的知识体系，注重对教材素材进行挖掘，注重联系现代社会科技发展的背景，注重体现"STS"课程目标，新课程理念落实得较好。

（六）从校本课程开发上比较高中物理老师课程价值方向

新教材提供了一种参考的教学方式，可以按教材讲，也可以不按教材讲。市直属高中学校和市级重点高中学校校本教材的开发较好，如考虑到学生的认识规律，许多学校对教材内容进行了调整，将"动量"部分的教学仍放在"力学"之后，从理论上用动量定理和牛顿运动定律推导出动量守恒定律，从而培养学生的逻辑推导和理性思维能力，没有按照新教材"先实验探究、后理论推导验证"的顺序教学，但校本教材的开发有名利取向；一般地，由于学校的师资基础、能力、意识、习惯的原因，教师们都是尊重教材进行处理，几乎除了必修的考试科目外完全没有其他的学习与实践，这些学校的学生为数众多，其发展更加偏缺，教师对校本课程的开发重视不够。

（七）从课程安排上分析天津市高中物理教师课程价值取向

整体上，天津市从高一结束后开始文理分科，学校放弃了必要的全科教育，物理教师多局限于物理知识的教学，导致天津市学生基础知识缺乏，对其健康发展与终身发展造成不利影响，升入名牌大学的天津籍学生暴露出"综合知识缺乏"的弱势就能说明这一点。高二上学期有物理水平考试，内容主要是物理必修一、必修二和3-1中"电场"部分，水平考试对以高考升学为主的高中产生了较大影响，许多学校早早地开始了水平考试的复习，然而水平考试不管通过与否，对高考并没有直接影响，却严重影响了教学进度。高二上学期讲3-1和3-2，两本书的"电磁学"部分在一学期讲完，非常艰难；高二下学期讲3-4和3-5，也是两本书，高二物理的教学密度太大，全市考生在"力学""光学"和近代物理知识范畴的得分率高于全市考生全卷的得分率，但电磁学知识范畴的得分率最低，一个主要原因就是水平考试影响了正常的物理教学。高二结束，高中物理内容几乎全部学完，高三不再开设研学课、选修课，全部时间用来高考复习，物理教师多将知识教学过程异化为高考复习模式，参加提前招生考试的天津籍学生缺乏创新意识，也从一个侧面说明了天津市物理教师的课程价值取向。课程常常是每次只上一节，学生兴趣刚调动起来，正在深入理解内容时，课程就要结束了，这不利于学生深入而有效地学习，建议对物理课程两节连排。

（八）从具体的教学实施上看天津市高中物理教师课程价值取向

（1）"满堂灌"。学生被动地接受教师的知识传输，成为知识的容器，缺乏自由思考的空间，学生的积极性和主动性很难被调动起来，往往是老师在黑板上进行推导、讲述、演示例题。整个过程都是老师唱独角戏，学生做观众；老师讲得辛苦，学生听得也辛苦，效果却不好。

（2）以"讲"代"做"。有些实验不好演示，或者演示效果不太理想，有的教师就干脆不做这些实验，以"讲"代"做"，省心省事。这样就剥夺了学生直接观察、感受物理现象的机会，从而失去了培养学生观察能力、分析能力的大好时机。

（3）形式呆板。教学模式基本上是老师讲授新课—学生进行练习—老师讲评，形式单一、呆板，给学生的感觉是学物理就是为了解题、考试，与实际生活没多大联系，难以激发学生学习物理的兴趣和调动学生的积极性。

（4）讲得过细。老师面面俱到，把每一小点都讲得清清楚楚，导致学生缺乏思考的余地。

（5）没有创新。教材怎么写，老师就怎么讲，不能突破教材，创造性地重组教学内容、选择教学方法。如"动量"这个概念，课本上写的是"物体的质量m和速度v的乘积mv叫做动量"，老师也就这么讲，学生无感性的认识。

（6）学分制。通过学分总数的完成，"迫使"学生全面学习，这与学分的"激励"本意相反；教辅材料仍是过去的难度，没有适合的校本教材；主动加课行为没变，课堂效率不高，靠拼体力、拼时间获得高分数；即使普通高中学校也常常分实验班和平行班，好的师资用在好的学生身上，成绩较差的学生往往受关注较少，甚至被放弃，片面追求升学率，造成教学资源分配不公平。

四、形成原因

（一）天津历史对社会价值观的影响

天津在中国近代史上有过辉煌的历史，但是改革开放以后，天津的发展明显落后于北京、上海、广州等城市，一个原因就是天津市民长期积淀的文化影响了城市的发展。

明清时代，大运河的繁荣带来了天津盐业和漕运业的飞速发展。作为北京东大门的天津，无论是政治、军事，还是经济上，均处于一个举足轻重的地位，由于与都城北京近在咫尺的微妙关系，当时的地方高官以敏行慎言为原则，不求有功但求无过，抱着"平庸既是福"的态度，严禁市民惹是生非给自己找麻烦，对平民百姓严加看管，力避祸从口出。在这种时代背景下，政府官员、百姓的潜意识里逐步形成了保守的地方文化。

当时，天津的军事位置决定了军队人口的数量，同期，军人所占的人口比例远远高于其他地方。军人尚武而不读书，无聊时常去茶馆、妓院，俗文化有了一定的市场；同时期，洪涝灾害造成周边地区大量难民涌入天津，迫于生计，这些人要么拾破烂，要么在码头干脚行，能够吃饱就是他们的人生追求，对文化没有奢求；地缘上，天津地处九河下梢，连通渤海，河水涨落决定着天津人的生活节奏，天津人常以河的流动和汇合来协调自己的生活，生活节奏快，"一天不挣钱，就一天没饭吃"，没有时间思考，更没有时间感受，及时行乐便是街头巷尾的大众文化，市民对文化的需求普遍偏重通俗、娱乐，审美层次偏低。

民国初期，天津出现了租界，许多清朝的皇亲国戚、遗老遗少、富贾巨商、各界名流会聚天津，租界成了避风港。在当时吉凶难卜的社会背景下，这些人全都追求安逸，不事张扬。即使居于租界的居民接受了西方的思想和生活方式，但由于租界建筑的私密性构成的深邃和幽静的氛围，西方文化仅存于租界中，并没有融进当地的本土文化，天津土著的市民也没有改变传统的思维方式和生活方式，俗文化仍主导市民的生活。

"钱是汗珠落到地上摔八瓣儿"挣来的，满足一时生活的需求，闲暇之余花少量的钱去茶馆放松一下心情，是码头现实文化的核心，也是天津市民的真实写照。天津人的视野、性情、观念的形成多来自戏院、书场、茶馆和街头巷尾，逐步形成了"小富即安、稳当为上"的价值观。

新中国成立初期，由于高度集中的政治经济体制，天津人思想继续僵化，缺乏活力。长期的文化积淀，祖辈影响父辈，父辈教育子辈，言传身教的结果是后辈潜移默化地继承了前辈们的人生观、价值观。从1957年到1976年"文化大革命"结束，二十年的动荡也正好印证了祖辈们的观点，于是，经过几代人的发展，天津人恋家，安于现状、不惹麻烦、注重吃穿的"小富即安、稳当为上"的思想根深蒂固地留下了，即使改革开放以来作为首批开放的14个沿海港口城市之一，天津人在思想上也更多的是顺从和适应，而不是改革和创新。

天津人务实但相对缺少大胆开拓创新的精神，不愿意走出天津闯世界，因而失去了许多与外界交流的机会，改变的意识较弱。就连天津的高中毕业生也不乐意报考外地高校，也从一个侧面说明了年轻人缺乏赶超跨越、追求卓越的劲头和朝气，社会价值观影响了高中物理教师的课程价值取向。

（二）历次课程改革对天津市物理课程价值取向的影响

课程为时代服务，为形势服务，具有鲜明的现实性、时代性。社会更替从而引起课程价值取向的变化。如欧洲封建社会，课程价值取向为"宗教教育"，自然科学被打入冷宫；文艺复兴时期，"抑神扬人"的价值取向应运而生。我国也是如此。

从"五四"前后的"科学救国论"到20世纪五六十年代的"学好数理化、走遍全天下"，都表明当时我国对科学文化的期望到了相当高的程度，也是时代的形势所需。从新中国成立到1957年，由于政治上一边倒，教育受前苏联的影响，课程设置以学科为中心，重视自然科学的学习，但教材结合我国的实际不够，内容"要求高、分量重、内容深"，严重偏离了教与学的实际。后来，虽然对中学数、理、化内容进行了精简，并开设劳动技术科目，但课程改革最终并不成功。

"大跃进"时期，国家强调"教育必须为无产阶级政治服务、教育必须与生产劳动相结合"。课程价值取向为"兴无灭资""半工半读"。教育倡导"学校就是工厂""田间就是最好的课堂"。过多的劳动冲击了正常的教学时间。同时，不少地方争先恐后、一哄而上，自编群众性教材，教材编写处于混乱状态，全国统一的课程标准受到冲击，课程改革再度失败。

"文化大革命"时期，政治挂帅，阶级斗争成了当时学校最主要的课程。理科强调工、农业生产知识，物理讲"三机一泵"，理论知识大幅缩减，课程体系受到严重破坏。

"文化大革命"后，教育开始走向正轨，全国陆续出版了通用教材，颁布了新的教学计划，高三开始开设选修课，高中物理教材出现甲种本、乙种本，开始尝试差异教学。随着改革的深入，国家推行教材编、审分离，并出台了"一纲多本"的构想，中、小学开始引入选修课程、综合课程、活动课程，教育改革逐步卓有成效地推进。

从我国课程改革的进程看，以往课程改革往往是喊得响而落实得少，课程改革以不了了之居多。于是教育改革形成了一个悖论：说的做不得，做的说不得，理论与实践严重脱节。天津市高中物理课程价值取向受历次课改的影响颇深。

新课改是我国政治、经济、教育发展到一定程度后的客观需要。自2006年秋季天津市实施高中新课改以来，区域教育发展相当显著。尤其是随着《国家中长期教育改革和发展规划纲要》的出台，天津市政府制定了《天津市教育事业发展第十二个五年计划》，为高中教育的改革发展，深入实施素质教育，优化内涵建设，提升办学质量，创办人民满意的教育指明了方向。物理教师的课程价值取向已悄然发生变化。

第三节　天津市教师授课价值取向的变化

一、政策引导教师授课价值取向变化

《国家中长期教育改革和发展规划纲要（2010—2020年）》指出，高中阶段教育是学生个性形成、自主发展的关键时期，对提高国民素质和培养创新人才具有特殊意义。纲要明确要求：加强美育，培养学生良好的审美情趣和人文素养；促进德育、智育、体育、美育有机融合，提高学生综合素质。

党的十八届三中全会进一步明确提出关于教育改革的内容：改进美育教学，提高学生审美和人文素养；高中不分文理科；推行初高中学业水平考试和综合素质评价；不设重点学校重点班；标本兼治减轻学生课业负担……

天津市政府制定了《天津市教育事业发展第十二个五年计划》，确立了"以优质特色和多样化发展为重点，加快推进普通高中现代化建设"的目标。

随着改革的深入，天津市教育系统也发生了许多变化：取消中学生节假日加课，取消早、晚自习；不征订教辅资料，不搞题海战术；研学课、活动课不在课表上表面化而是真正开设，每天大课间活动一小时得到落实……市教委要求把时间还给学生，把自由还给学生。

二、社会要求的变化导致教师授课价值取向的变化

（1）改变了对教育的认识。教育应进一步体现人文关怀和人文导向，促进人的情感、个性、价值观健全发展，使人的精神生活和物质生活和谐起来，构

成一种合理、完满的文化品格，物理教师应朝这个方向努力，让美育与德、智、体并驾齐驱，以提高学生的价值观念、人格境界、文化素养和精神旨趣。

（2）改变了对课程的认识。学校课程应是多样化的，应注重开展丰富多彩的选修课、活动课，并在这些课程中广泛渗透美育，让学生在活动中体验成功、找到自信；开发适合学生的校本教材，让学生充分展示自我；充分挖掘和利用教材中的美育因素，要用教学和教材本身的美引导学生向完美的人的方向成长和发展。

（3）改变了对教学方法的认识。教学不再是灌输，要积极引导学生建构，让学生在理解的基础上搭起知识的支架，构建系统的知识体系；通过实验让学生体验、感悟；通过多媒体让学生的视觉、听觉同时参与活动；通过探究、合作、交流让学生学活知识、学会互助。

（4）改变了对师生关系的认识。教师不再是永远处于"教人"地位，学生不再是永远属于"被教的人""弟子不必不如师、师不必贤于弟子"。现代技术发展快，知识更新也快，教师和学生可以相互学习和相互促进，教师一方面要诲人不倦，一方面要学而不厌。教师本身要具有良好的审美修养、跨学科的知识积累，能够以美的要素和方式活化教材、活化课堂，使学生在不自觉的状态中养成完美人格。

第二章 天津市瑞景中学美育特色创建

教育是帮助被教育的人,给他能发展自己的能力,完成他的人格,于人类文化上能尽一分子的责任;不是把被教育的人造成一种特别器具。

——蔡元培

第一节　瑞景中学特色高中建设工作方案

紧跟时代发展的步伐，天津市瑞景中学遵循多样化、整体性、重内涵、重创建的原则，发扬多年形成的文化传统及育人优势，将美育全面融入学校教育生活，努力开创"办大美教育、育特色人才"，实现优质特色发展的新局面。由此，瑞景中学出台了特色高中建设方案，有了自己的核心文化和价值追求，并制定了一系列"美"的规范要求和评价标准，将学校文化品格的塑造直接指向了实践层面。

一、工作基础

瑞景中学系原天津市师范学校，2005年10月成为天津市教委直属重点示范中学，具有较好的美育及音美艺术教育办学优势。学校十分重视美育在培养全面发展人才中的重要作用，积极促进美育与德育、智育、体育的有机融合，在全面贯彻国家课程计划基础上，开发、开设多项特色德育、美育课程及实践教育活动，将音美艺术教育纳入学校课程体系和学校教育生活，为学生全面而有个性的发展营造良好生态环境，并提供多方位服务支持，促进了素质教育深入实施。2009年，学校在普通高中基础上，开办音美艺术高中教育，发展学校教育特色，打造办学新亮点。2013年4月，学校进入天津市第二批特色高中试验项目，为学校特色发展创设了有利条件。

二、实施背景

《国家中长期教育改革和发展规划纲要（2010—2020年）》强调：推进普通高中多样化发展，促进办学体制多样化，扩大优势资源；推进培养模式多样化，满足不同潜质学生的发展需要；探索发现和培养创新人才的途径，鼓励普通高中办出自己的特色。

《天津市教育事业发展第十二个五年计划》提出了实施普通高中特色建设工程、推进普通高中特色多样化发展的任务要求，"支持普通高中根据自身特点，加强学校文化建设，培植优势特色学科，形成学校发展特色"。

三、价值追求

学校是教育人、培养人、塑造人和发展人的地方，理应把促进人的身心健康成长、实现人的全面而有个性的发展放在重要位置。优质的教育应是符合国家及社会对未来发展所需各类人才需求，能充分适应满足学生学习发展需要的教育，是以学生为本的教育。以学生为本，就要遵循教育规律和学生成长规律，促进学生生动活泼地发展。不仅要满足学生升学需求，更要为他们终身发展服务；不仅要让学生学习得好，还要让他们生活得好，生活得健康、幸福和更有价值意义。

德育是方向，智育是基础，体育是保障，美育是境界的升华。没有美育的教育是不完全的教育，美育作为学校教育的重要组成部分，在引领促进学生全面发展上具有重要地位。其既是全面贯彻党的教育方针、推进素质教育、培养"四有"新人的重要举措，也是加强改进学校育人工作、有效提高办学水平质量、促进学生全面发展、提升综合素质的必然要求。而缺乏艺术教育的美育同样是不完全的美育，艺术教育在培养全面发展人才上有着十分积极的价值意义，对提高学生文化艺术修养和认识感受真善美的能力、促进智力因素与非智力因素和谐发展、形成现代社会所需人才的良好素质都具有重要作用。

学校"办大美教育、育特色人才"的特色高中建设，致力于推进高中人才培养模式改革创新，系统构建"以美育德、以美启智、以美健体"的育人工作新格局，发挥并彰显艺术教育优势，引领及促进学生健康成长和全面而有个性发展，使其境界得到美化升华，智力因素及潜能得到更好地开发，创新意识和实践能力不断增强，形成良好的人生态度与追求，提升综合素质，更好地走向未来和创造美好人生。

四、总体目标

以党的教育方针和科学发展观为指导，贯彻落实国家及天津市"教育规划纲要"要求，以"立德树人"为根本任务，以"办大美教育、育特色人才"为目标追求，将美育及音美艺术教育全面系统地融入学校教育和校园生活，彰显学校大美教育优势，使学生在完成普通高中学业的同时，成为具有美的理想、美的品德、美的情感、美的人格，能融美于心、化美于行，有良好音美艺术素养或特长，智力因素与非智力因素和谐发展、富有社会责任感和创新精神的适应现代社会发展需要的人才。通过三年至五年的努力，形成学校较完备的"以美育德、以美启智、以美健体"的育人体系和以音美艺术教育为特色优势的人才培养模式，成为有一定知名度的"大美教育"特色高中。

五、实施路径

围绕特色建设的总体目标，深化学校教育改革和高中人才培养模式创新，全面推进和落实"构建一个体系"（即"以美育德、以美启智、以美健身"的特色育人工作体系）、"优化三个层次"（即普通高中班、特色高中班、艺术高中班的音美艺术教育，培养"合格+特色"人才）、"推进五个美建设"（即美的教育、美的课堂、美的环境、美的生活、美的师生）的特色建设发展的总体布局，努力开创学校教育以美育人，实现优质特色发展的新局面，为天津市高中教育的改革发展做出积极贡献。

六、改革措施

（一）把美育融入学校教育生活的全过程

充分利用和发挥学校各项教育教学活动及校园生活中的美育功能，系统建立、完善和创新学校美育工作相关机制与制度，使之与德育、智育、体育有机结合，相互渗透、相互促进和加强，全面构建学校"以美育德、以美启智、以美健身"的育人工作体系，促进学校办学优质特色发展。

（1）以美的教育育德养德，塑造学生完美的人格。全面加强完善学校美育，使美育与学校德育有机融合，实施年级系列化美育教育，探索建立学校教育以美育德、养德的有效途径及方式、方法，增强学校德育工作的感召力和实效性。

（2）以美的教育启智，打造美育特色高效课堂。课堂教学本身就是一门艺术，理应贯穿并彰显出其应有及特有的美，吸引并激发出学生对学科知识及社会生活发自内在的兴趣与追求。要深入挖掘学科教学蕴涵的美育资源，制定实施学校"学科美育和美的课堂构建方案"，全面落实学科美育目标，促进学生审美素养及学习能力的提高。

（3）以美的教育"健身"，引领促进学生健康发展。广泛开展"以美健身"教育活动，营造丰富多彩的校园生活。系统建立完善高中各年级段体育课教学大纲和评价标准，落实"以美健身"及体育艺术"2+1"达标要求，提高学生日常健身和体育技能水平。丰富多彩的"以美健身"活动的开展，可以促进学生健康成长，提高其校园生活幸福快乐的感受。

（二）科学构建学校特色课程体系

按照"办大美教育、育特色人才"的特色建设发展目标，在全面落实国家课程计划基础上，完善加强"以美育德"和"以美健身"特色课程体系建设实施。系统建立与"艺术高中班""普通高中特色班""普通高中班"相配套的音美艺术教育校本课程体系及评价体系，促进和保证三个层次艺术教育的有效实施。"艺术班"的艺术课程，突出专业发展和艺术人才培养；"特色班"艺术课程，突出文化艺术修养和能力特长培养；普通班的艺术课程，注重音美艺术教育的普及和学生兴趣爱好的拓展，促进学生全面而有个性的发展，从而形成富有特色及层次化的校本艺术教育课程体系。

（三）面向全体学生普及音美艺术教育

把音美艺术教育纳入普通高中学校教育的全过程，通过"国家课程校本化"和开发开设多类校本音美艺术选修课程，在高中各年级加强普及音美艺术课程教育；将艺术教育有机融入学校文化生活，培养增强学生良好的审美情趣和文化艺术素养。建立毕业生音美艺术素养达标评价机制（纳入学生毕业标准），使每个学生通过在校培养，都能在音美艺术素养上形成一项兴趣爱好和能力特长，切实促进学生全面而有个性的发展。同时，在优质办好音美艺术高中班，形成较完善的音美艺术高中人才培养模式及体系的基础上，在普通高中各年级建立艺术特色班，发展学生艺术特长，进行高中培养模式创新的改革试验，促进和优化"合格+特色"高中生的培养，更好地形成学校办学优势及育人特色。

（四）推进"五个美建设"，搞好特色办学配套建设

围绕特色建设的总体目标和重点任务，切实大力加强"美的教育""美的课堂"的构建和探索实践；建立每年评选表彰"学生最喜爱的教师""最美班主任""最美学生""最美班级"和"最美办公室"制度，为师生树立身边榜样，积极引领促进"美的师生"风采及良好校园风尚的形成；加大经费投入，完善优化学校特色育人环境、特色办学设施的配套建设；加强特色师资队伍建设和创建特色校园生活，从而整体形成富有特色的学校以美育人工作格局，促进和保证特色高中建设有效实施落实。

（五）注重科研引领特色发展

以课题研究为抓手，多方位开展特色高中建设的研究实践，科学引领促进学校特色建设发展。组建学校特色高中建设专家指导委员会，参与学校特色高中建设有关重大事项的研究与论证工作，指导学校特色建设更科学有效地推进实施和健康发展。

（六）建立发展特色办学对外衔接合作关系

发挥学校办学历史文化资源与校外资源优势，探索建立与高校教育培养合作衔接的可行方式与合作关系，在课程开发、项目合作、学生发展指导等领域广泛合作，为音美艺术高中及普通高中的学生成长、发展和学校特色及多样化发展铺路搭桥。

第二节　瑞景中学的办学理念与核心文化

一、校徽的含义

图2-1

校徽含红、黄、绿三种颜色。红、黄两色是国旗的颜色，代表着中国；绿色象征着生命、健康、和谐、希望。校徽中央是由汉语拼音字母"Y""R""W""B"组成的火炬图案，寓意学校办学坚持"以人为本"的理念及宗旨，突出"育人为本"的核心，同时寓意学校教育为学生成长引领正确方向，带给学生希望与力量（图2-1）。

二、学校的办学宗旨

为国家与民族未来发展培养造就人才。

解读：从一定意义上讲，教育决定着国家和民族的未来。作为国办校和基础教育学校，必须贯彻体现国家意志，立足国家和民族的长远发展，全面实施素质教育，培养德、智、体、美全面发展，符合国家、民族未来发展所需要的人才，这是学校必须承担和肩负的责任及神圣使命。

三、学校建设的目标

构建以人为本、公平、科学、和谐和创新的学校教育。

解读：党的十七大提出了"办好人民满意的教育"的根本要求。而落实和实现这一根本要求，至少应做到以下几个方面的要求。

（1）以人为本的教育。做到学校教育以学生为本，为学生终身发展奠基；学校办学以教师为本，打造高素质的教师队伍；学校发展以师生发展为本，让教师在事业上成功，让学生在学业上成才。

（2）公平的教育。必须坚持面向全体学生，为学生提供更适合的教育，让每个学生都能实现最大程度的发展，为学生全面而有个性的发展创造条件和提供更有价值、有效的帮助与支持。

（3）科学的教育。按照教育规律和学生成长规律办教育和发展学校教育。必须坚持德育为先、能力为重和全面发展，全面贯彻和推进实施素质教育。

（4）和谐的教育。首先是促进保证人的发展和谐，使学生在德、智、体、美、劳的诸方面全面接受教育和实现发展；同时坚持依法办学治校，依据章程和各项制度，公平、公正、民主地建设管理学校；构建积极平等合作的班子间、干部教师间、同事间、师生间、同学间关系，共建和谐校园。

（5）创新的教育。继承传统、开拓创新，努力践行"办好学校教育，教好每个学生"的核心理念，推进和实现学校教育特色、多样化发展，始终跟上时代发展的前进步伐，积极站在教育改革发展的潮头，不断开创学校事业发展的新局面。

四、特色发展的追求

办大美教育、育特色人才。

解读：学校是教育人、培养人、塑造人和发展人的地方，应把促进人的身心健康成长、实现人的全面而有个性的发展放在重要位置。德育是方向，智育是基础，体育是保障，美育是境界的升华。没有美育的教育是不完全的教育，而缺乏艺术教育的美育是不完全的美育。

学校"办大美教育、育特色人才"的目标：以"立德树人"为根本任务，将美育及音美艺术教育全面系统地融入学校教育和校园生活，面向全体学生，实施大美教育，使学生在完成中学学业的同时，成为具有美的理想、美的品德、美的情感、美的人格，能融美于心、化美于行，有良好音美艺术素养或特长，智力因素与非智力因素和谐发展，富有社会责任感和创新精神的适应现代社会发展需要的人才。

学校"办大美教育、育特色人才"的总体布局和实施路径:"构建一个体系"(即以美育德、以美启智、以美健身的育人工作体系),"优化三个层次"(即艺术班、特色班和普通班的音美艺术教育),"推进五个美建设"(即美的教育、美的课堂、美的环境、美的生活、美的师生),努力开创学校教育优质特色发展的新局面。

五、学校的校训

育人为本、成功成才。

解读:把立德树人作为学校教育的根本任务。让老师们在事业上成功,让学生们在学业中成才。

六、学校的校风

严谨、务实、和谐、创新。

解读:

(1)严谨。学校教育无小事,人的培养不能允许差错,不可能从头再来。必须以高度负责的精神、兢兢业业地做好育人工作。

(2)务实。务素质教育之实,务特色发展之实,务教书育人、管理育人、服务育人之实,务科学化管理和提高质量之实。

(3)和谐。同"学校建设目标"的解读。

(4)创新。深化改革、锐意发展,不断开拓学校事业发展的新局面。

七、学校的教风

敬业、爱生、崇理、卓越。

解读:忠诚国家教育事业,热爱每一个学生,崇尚和遵循教育科学规律,追求卓越、做最好的老师。

八、学校的学风

立志、修德、求真、进取。

解读：立"为中华崛起而读书"之志，培养真善美的情操和良好品行，勤奋学习、追求真理，增强责任感、积极向上、做最好的自我。

九、学校的校歌

《美丽瑞景》（歌词）：

津门沃土海河风，美丽瑞景银河星，立德树人人为本，特色办学育才英。啊，瑞景瑞景，编织希望的彩虹。

立志修德明使命，求真进取勤为径。敬业爱生绽桃李，教书育人艺求精。啊，瑞景瑞景，描绘美丽的人生。

津门沃土海河风，美丽瑞景银河星。人民满意为追求，成功成才座右铭。啊，瑞景瑞景，奔向美好的前程。

第三节 学校教职工"以美育人"的基本规范

一、诚信之美

做到守时守信，按时到岗工作和准时出席各类会议或活动，不迟到、不早退，遵守岗位工作和会议及活动纪律规范，认真严谨地对待并按时完成工作任务。自觉遵守《中小学教师职业道德规范》和学校各项规章制度，认真践行校训、校风、教风各项要求。

二、师表之美

做到仪表端庄、秀丽与亲和，衣着整洁、文雅、大方，符合教师及教育工作者身份及职业要求。不蓬头垢面，不留怪异发型，不染彩发及彩指甲，在学校工作中不穿背心、短裤、吊带女装及超短裙等过透、过露服装，不穿拖鞋和过高高跟鞋，佩戴饰物要适当，不化浓妆。言谈举止文明得体，讲普通话、写规范汉字，用美的思想、美的追求、美的情感、美的品格教育感染学生，体现教师和教育工作者良好风范。

三、礼仪之美

礼貌谦和待人，相遇同事、学生、家长及来宾等友好示意和问候。接听电话或接待来访者主动问好，热情相待并提供必要帮助，不能态度冷硬或怠慢他人。参加各种会议或讲座培训时，认真聆听会议（或教育培训）内容，体现应有的重视和对他人劳动的尊重。在同事间或师生间的交流中，尊重并注意听取他人意见、不随意打断或阻止他人发言。尊重学生人格，不讽刺挖苦、体罚或变相体罚学生。礼让包容和热心帮助他人，营造团结、互助、友爱的同事关系和积极、平等、和谐的师生关系。

四、岗位之美

个人办公区域有良好工作环境，随时清整自己的办公桌及办公用品、书籍和资料，保持个人内务及办公设施物品（桌椅、电脑、书架、柜等）整洁和井然有序，无闲杂物品或随意堆放的垃圾。注重时时处处为学生当好学习、成长的表率，要求学生做到的，自己首先带头做好，自觉奉行"学高为师、身正为范"。

五、育人之美

以良好心态和饱满精神状态投入每一天工作，乐观面对和勇于战胜工作中的困难与挑战，力求用完美的工作使他人感受到美好温馨。带着微笑走进教室、面对学生，充满热情和育人智慧，富有人格魅力与学识魅力地从事教育教学或管理服务工作，用"真""实"行动创建美的高效课堂和美丽和谐的校园。以对学生健康成长高度负责的精神，认真落实教书育人、管理育人和服务育人的责任义务，不断优化岗位"以美育人"工作，在学生健康成长和事业成功发展中享受欢乐，体现教育工作者美好的人生价值。

第四节 "最美学生""最美班级"和"最美班主任"评选制度

为推动学校美育工作进一步发展，立德树人，弘扬正气、歌颂真情、倡导真善美，用身边的榜样感动和引领师生，引导广大学生发现美、分享美、弘扬美，从平凡的小事做起，努力营造良好的学风、班风和校风，增强社会担当，为构建和谐社会发挥正能量，瑞景中学结合学校工作实际，制定并明确年度"最美学生""最美班级"和"最美班主任"评选制度。

一、评选条件

（一）"最美学生"评选

该项评选面向全体学生，分为七个类别，对象及条件要求分别为以下几个方面。

1. 道德之美

该生思想积极，品行端正，热爱祖国、党和人民，模范遵守《中小学生守则》《中学生日常行为规范》和《瑞景中学学生日常管理规定》的要求，认真坚持和践行"八荣八耻"，用自身践行中华传统美德，生活俭朴、忠于理想、尊老爱幼、尊师爱亲、文明礼貌、富有爱心和责任感，关爱他人和集体，学年度操行评价等级为"优秀"。

2. 自强之美

该生家庭条件虽然清苦，但为人积极向上、克服困难、自立自爱、自尊自强、遵纪守规、热爱劳动、生活简单朴素，通过努力学习、勤工俭学等方式，坚强乐观地面对学业和人生。

3. 勤俭之美

该生懂得生活不易、劳动成果来之不易的道理，有良好卫生习惯、劳动习惯和生活习惯，衣着简洁大方，饭菜不浪费，所用物品不奢侈，宿舍生活有规律，勤俭节约，爱护公物及环境。

4. 勤学之美

该生有着"为中华民族之崛起而读书"的志向和"读书为了国家、爱国努力学习"的责任感，学习态度端正，学习目的明确，学习劲头充足，学习习惯良好，学习成绩优良，学年总成绩在班级排名前五，不仅自身积极向上，而且能够带动身边同学共同进步。

5. 文体之美

该生多才多艺，有高尚的审美情操，在努力学习之余，利用自身特长积极参加班级、学校、市区级组织的各项文体活动，并取得优秀成绩，为个人和集体争得荣誉。

6. 担当之美

该生作为学生干部，具有全心全意为学校、班级和师生服务的精神，工作责任心强，坚持原则、顾全大局，团结、关心和帮助同学，各方面以身作则，在广大同学中享有较高的威信，认真履行干部职责，有较强的工作能力，较出色地完成学校或老师交派的各项工作任务，为学校和班集体建设做出了较大的贡献。

7. 实践之美

该生不仅加强文化知识学习，也积极参加《中学生领导力开发》等综合实践活动，在做项目、做活动的过程当中，精诚团结，提升自身，为造福集体和社会发挥正能量。

（二）"最美班级"评选条件

1. 班风正

在班主任精心教育指导和亲身带领下，班级工作全面落实《天津市瑞景中学班级工作条例》提出的班级工作的各项目标、任务与要求；班级具有良好的精神面貌和健康向上的集体舆论，班集体班风正，凝聚力和集体荣誉感强，在全校班级常规工作各项评比中积极争先创优，成绩优异、无差项；广大同学知荣明耻、团结友爱、勤奋学习、尊敬师长、关心集体、爱护公物和环境，形成班级"文明、和谐、笃学、向上"的良好风气。

2. 学风浓

班级积极引导教育学生明确学习目的，注重加强学风建设，广大同学学习目的明确，学习态度端正，学习积极性高、主动性强，日常出勤和按时完成各项学习任务的情况良好；同学间在学习上积极开展互帮互学活动、注重开展有效性学习的研究交流；班级日常课堂（含早、晚自习）学习秩序井然、学习氛围良好，课堂日志成绩无差项；班级学习成绩列年级中同等程度班级的前列，并不断进步提高；无抄袭作业的不良风气和考试作弊现象。

3. 纪律严

全班同学认真遵守《中小学生守则》《中学生日常行为规范》和《天津市瑞景中学学生日常管理规定》的各项要求；在日常学习生活中作息规律、出勤严格，班级中无严重违反学校各项制度和纪律的现象；在学校、年级组织开展的各项活动中均表现突出，在全校展示出集体示范带头作用；宿舍简洁卫生，宿舍内部和宿舍之间关系和谐。

4. 有文化

在坚持上好班会课、开展主题班会教育和定期开好班级民主生活会的同时，注重多种形式地组织开展健康有益的班集体活动，注重加强班级育人环境及文化建设，积极促进和激励全班同学健康学习成长；班级有明确的班风、学风口号，有全体同学共同讨论制定的班集体公约，板报宣传和教室美化工作搞得好；教室内务卫生面貌始终保持整洁有序，教室内公物设施始终保持完好，班级环境卫生区及设施始终维护良好，在历次卫生扫除评比中成绩基本保持优秀；班级各项文化制度健全，班级档案完整有序。

5. 班子硬

班委会和团支部的工作坚强有力，在班级工作中能充分发挥骨干作用，引导全班同学积极开展自我教育和自我管理。全体干部在班级学习和工作中各尽职责，严于律己，充分发挥示范带头作用；勇于弘扬正气、批评和抵制不良行为及风气，努力维护班集体荣誉和广大同学的根本利益，团结带动全班同学积极配合学校、班主任和任课教师共同搞好班集体学习和各项工作，受广大师生的公认及好评。

（三）"最美班主任"评选条件

教书育人，爱岗敬业，以身作则，无私奉献，班级学生在德、智、体、美、劳等各方面表现良好，班风正、学风浓、考风严，获得了较高的家长满意度，为促进学生健康成长做出了突出贡献。

二、评选要求

（1）评选坚持公正、公开、透明的原则，严格按照条件和程序进行，宁缺毋滥，可空项、空名额。

（2）所有参评的候选对象和事件材料必须真实而典型。评选过程将随时接受广大师生的监督。各年级部要在思想上重视，精心安排，广泛宣传，认真组织推荐。

（3）候选者需在推荐表中标明典型事迹，表后附真实生动的文字材料；如有获得校级及以上级别荣誉者需在推荐表中详细注明时间、奖项和级别，作为参考。

（4）"最美学生"以班级为单位，采取自荐、他荐和民主票选的方式进行；对于推选出的学生和班级，科任老师有一票否决权且需全部通过方有效；班级产生的"最美学生"在班级内进行事迹宣传和适当奖励，方式自定。

（5）"最美班级"和"最美班主任"两项评选以"最美学生"结果为参考基础，由年级推荐参加校级评选。如某班级内所选学生最终当选年级"最美学生"，则该生事迹在年级内进行宣传并奖励，且其所在班级在进行年级"最美班级"评选时加5分，其班主任在进行年级"最美班主任"评选时加5分；如果该生当选为校级"最美学生"，则该生所在班级在竞选校级"最美班级"时累加5分，其班主任在竞选校级"最美班主任"时累加5分。年级的"最美班级"以年级为单位进行宣传奖励，且其班主任在进行年级"最美班主任"评选时加5分。校级"最美班级"的班主任在进行校级"最美班主任"评选时累加5分。

（6）当本年度评选活动结束后，德育处将"最美"事迹编辑成册，在校园文化艺术节颁布结果奖项，并以文字视频等形式，于每学年第一学期初在全校进行宣传报道，第二学期再次评选"最美"，下学年开学初展示报道学习，推进特色美育工程建设。

第三章 "美的教育"的探索

教育就是激发生命,充实生命,协助孩子们用自己的力量生存下去,并帮助他们发展这种精神。

——蒙台梭利

第一节　对美育的新认识

2013年12月28—29日，全国首届"改进美育教学，创新艺术教育"学术大会在北京国家行政教育学院召开。来自全国各地的专家学者见仁见智，各种观点不断碰撞，综合各家思想，结合自己的体会，笔者对美育也多了一层认识。

一、美育与德育不同

有人认为，美育从属于德育，美育是实现德育的工具、途径和辅助手段。这种观点过于强调美育与德育之间的联系，但忽视了二者的区别。德育偏重思想观点、政治觉悟和道德品质的培养，而美育则偏重精神素质和文化品格的培养。在内容上，德育是一种规范教育，它注重培养青少年的理智力和意志力，使之能够按照一定的社会准则和道德规范来约束自己的思想行为；而美育则是一种发展教育，它注重在审美过程中培养青少年的创造力和建构力，并按照一定的美学原则去引导他们发展个性和人格。在形式上，德育强调以理服人，重在说服、训示和灌输；而美育则强调以情动人，重在引导、启发和劝诱。在性质上，德育注重社会性人格的培养，强调个人对于社会的服从；美育则注重个体人格的培养，更多地强调实现自身价值、发挥个人潜力、健全个性心理和提高个人素质。总之，拿德育与美育作比较，德育偏于社会尺度，美育偏于个性尺度；德育遵循现实性原则，美育遵循理想性原则；德育持社会本位，美育持人本位。因此，尽管美育与德育可以相互渗透、补充和辅助，但却不能相互取代，也不是从属关系。

二、美育与艺术教育、情感教育不同

有人认为，美育是关于绘画、音乐、舞蹈等艺术技能、技巧的培养。这种观点的缺陷在于将美育的功能缩小和降低了。

还有人认为，美育是一种情感教育，即认为德育是道德品质的教育，智育是知识、能力的教育，体育是身体素质的教育，相对于此，美育则是情感的教育。这种分析是不够的，因为美育的目标不仅在于情感教育，还在于人文品格的塑造。美育既不是具体的艺术教育，也不是单一的情感教育，美育是素养教育、通识教育、以人为本的教育。

美育有着较高的目标和较丰富的内涵。它充分体现了美学的人文精神。美学关注的是人的本质、价值、潜力、目标、成就等一系列问题，以及如何提高和优化人的情感生活、文化素养、价值取向、精神旨趣等根本性的问题。美学的丰富人文内涵使得美育的定位有了内在的依据。美育的人文精神在本质上是理性化的，它常常表现为一种人文理想。这种人文理想往往只是一种价值观念，是一种意义的界定，它通过提供某种信念和信仰的范本凝聚整个社会精神，使得时代精神和民族风尚保持在一个较高的水准之上，使得人们的社会行为保持一种健全、合理的趋势，进而推动整个社会的有序发展。

美育的目的也绝不是单纯地培养某种审美的技巧、艺术的技能，而是培养审美的人生观。美育通过审美感受力与欣赏美、创造美的能力的培养，进而培养一种健康高尚的审美情感，使得人们能够审美地看待自然、社会、人类和自我，并由此塑造和谐的人格，建立协调的世界观。因此，美育是一种人生观、世界观的教育，而不是单纯的技能教育。有些掌握高超艺术技巧的人照样道德沦丧，说明一个具有高超艺术技能的人不一定就具有高尚的人生观，但我们又不能由此断言，美育同艺术技能的培养无关。实际上，审美能力的基础是审美感受力，而审美感受力就包含对艺术技能的了解与掌握，因而，艺术技能的教育是美育的重要组成部分。

美育是感性的，但有理性的成分。美育促使感性与理性相协调，美赋予人和谐的性格；美育在情感社会化功能上是独一无二的，情感作为一种动力，对人有正向推动作用，从而使人格更加完善；美育是慢教育，在美的熏陶中，学生感到清新、浪漫、快乐，原始生命得到释放、迸发，并逐渐走向自觉探索和自我修正。

综合各家观点，笔者认为，美育的本质是通过培养协调和谐的情感，进而塑造协调和谐的人格，达到人与自然、社会和谐的目的。

三、美育的作用

德、智、体、美四育联系起来看，美育在四育中起着"综合""协调"

的作用。

孔子针对君子的培养途径曾经指出:"兴于诗,立于礼,成于乐。"所谓"兴于诗",即从诗歌欣赏中获得启发;"立于礼"则是从礼教规范中掌握处世、做人的原则;而"成于乐"则是君子的培养通过音乐素养的熏陶最后得以完成。"成"即有综合、协调之意。这里,孔子强调了音乐对君子成长所发挥的重要作用。而音乐的审美和欣赏正是美育内涵的一部分,由于美育旨在培养和谐的情感,塑造和谐的人格,以实现人与自然和谐发展的目的。因此,尽管德、智、体都有其独特的不可代替的作用,但是和谐人格的最后完成还得依赖美育的综合协调。这就意味着,无论一个人接受了多少文化知识和道德规范的教育,无论他的体质多么健壮,只有在他接受了美的教育之后,其知识和道德规范的教育才能很好地发挥作用,言谈举止才会优雅,才能成为一个"有品位的人"。正如爱因斯坦说:"用专业知识教育人是不够的,通过专业教育,他可以成为一种有用的机器,但是不能成为一个和谐发展的人。要使学生对价值有所理解并且产生热烈的感情,那是最基本的。他必须对美和道德上的善有鲜明的辨别力。否则,他连同他的专业知识就更像一只受过很好训练的狗,而不像一个和谐发展的人。"

由此可见,美育强调审美的脱俗,着眼于审美素养,追求情感世界高尚化,使人有高尚的眼光和纯洁情怀。具体而言,美育有以下作用。

(1) 美育淡化了德、智、体教育的功利价值观,注重学生修身养性的能动性建构。美育充分激活并构筑学生审美自律意识和审美自律能力,学生的这种意识和能力一旦形成,会自觉按照美的规律进行自我思考、自我约束、自我塑造,从而形成高尚人格并伴随终身。

(2) 美育能促进人自觉追求真善美,从而实现自身全面和谐发展。美育能规范人的爱美之心,激起人自觉主动地学习,不断地用知识丰富自己,自觉地追求客观真理,从而实现"以美启真";美育能激活人自觉地约束人性中丑恶的一面,自觉地将外在的道德规范内化为内心的信念,心中无形中储备了善、恶的标准,会自觉地排斥恶,从而实现"以美储善";美育能敦促人坚持锻炼,自觉追求健康的体魄,自然而然地展示身体的矫健,从而实现"以美促健"。这种自律意识和自律能力一旦形成并积淀下来,即使以后离开学校、步入社会，个人的自育能力也会推动自身总体素质的不断提升，达到持续和谐发展的目的。

（3）美育能培养人高尚的审美趣味。美育注重在审美的过程中发展人的个性和人格。而审美的过程，需要人们用美的方式思考，用美的情感进行交流，这样容易涉及共同的东西、情感容易达到一致，从而使人们的意识、观念统一起来，这对全面提升人类的素质、实现社会秩序的健康发展有着重要的意义。

（4）美育培养和谐发展的人。美育能使学生正确地认识自己，从而悦纳自我，增强自信；美育能使学生正确地理解他人，从而悦纳别人，增强人际关系，在取他人之长补己之短中，不断丰富、完善自己，从而获得更强的自信；美育培养学生发现、感受大千世界的美和与自然界和谐相处的能力，从而让人生变得丰富多彩，最终给社会带来和谐。

四、目前学校美育的现状不容乐观

由于教育体制的问题，升学率几乎成了支配所有学校教育的指挥棒。教学上突出功利，重视文化课的开设，艺术课、活动课、心理课形同虚设；教学内容主要针对考试，讲究规律，强调反复练习、机械记忆、规范答题；社会普遍以升学率评校、评教，学校办学侧重智育，美育变得可有可无，其重要性在思想上得不到肯定，在教学内容和课程安排上都得不到保证；美育的目的和内容不明确，造就新型文化品格的目的并没有真正确立，人文导向的目标感不强烈，而内容上普遍偏重初步的艺术鉴赏和艺术创作能力的培养；美育的形式相对落后，注重形式上的美，而思维层面上的培养缺乏，且结合现代化科技手段不够；美育的作用和效果很有限，学生缺少主动求知的兴趣，没有审美的胸心，浪漫少，缺乏理想、利他性。学生由学校步入社会，最终应从自然人过渡到社会人，但中间缺少审美人，因为学校教育的过程缺乏情感。如何实施美的教育，激发学生的兴趣、情感，培养学生审美的心胸和视角，是需要不断探索的问题。

第二节　物理学之美

一、物理学内容的简洁美

物质的构成是简单的。物质是由分子构成的，分子是由原子构成的，原子是由核外电子和原子核组成的，一切物质都是由最简单的粒子构成的……

物质的运动也展现出"简单"的风采。在同一种均匀介质中，光沿着直线传播；地球沿着简单的椭圆运动……

物理模型体现了简洁美。从天体到微观粒子，物理学家巧妙地把研究对象一一分割，抽象出简单的物理模型，诸如质点、点电荷、能量子、电场线、理想变压器、核式结构模型等，用这些简单模型概括出物质运动的基本规律，给学生学习物理带来美的享受。

物理学中的概念具备了深刻简洁的美学特征。例如，位移：指质点位置的变化，用起点到终点的有向线段来表示，而运动过程中每时每刻如何变化却无关紧要。弹力：发生弹性形变的物体由于要恢复原状，对与之接触的物体产生的力。

物理规律、公式表达上体现的简单美，更令人赞叹。牛顿第二定律$F=ma$，在宏观低速领域，实实在在地展现其简洁和完美；而爱因斯坦的相对论，则从更广阔的领域描绘了一幅极其简洁的物质运动的生动图像。

至于采用数学工具——图表、坐标等简洁、直观的数学符号来描绘物理现象，更是常见。简单是物理学的典型特征。

二、物理学内容的对称美

在物理学中，"对称之美"作为一种形态很常见。

（一）时空对称美

例如，磁体有两极，平面镜中物与像关于镜面对称，等量异种点电荷、电场线关于中轴面对称,单摆左右摆动对称,波传播过程中空间、时间对称,竖直上抛的物体上升过程与下降过程的时空对称,在交流电中峰值交替出现的时间对称,常见的地球自转、公转带来的白天、黑夜与春、夏、秋、冬四季变换等属于物质世界的时空对称。

(二)概念对称美

物理中许多概念有对称性。负电子与正电子、惯性系与非惯性系、线性关系与非线性关系、狭义相对论与广义相对论、宏观低速与微观高速、电流的磁效应与电磁感应、物质与反物质、裂变与聚变、强子与轻子、浸润与不浸润、晶体与非晶体、各向异性与各向同性……

(三)规律对称美

物理学公式、定律表达方式上的对称性更是不胜枚举,见表3-1所示。两个物体之间的作用力和反作用力总是大小相等,方向相反,作用在同一直线上。利用力学传感器将这一规律直观展示在学生面前,给学生以美的震撼。

表3-1

	形式	内容
功	$W=FL$	功的大小等于力和物体在力的方向上位移的乘积
冲量	$I=Ft$	冲量的大小等于力与力的作用时间的乘积
动量定理	$Ft=\Delta P$	物体的动量变化量等于它在这个过程中所受力的冲量
动能定理	$FL=\Delta E_k$	物体的动能变化量等于力在这个过程中对物体所做的功
万有引力定律	$F=G\dfrac{m_1 m_2}{r^2}$	万有引力的大小与物体的质量 m_1 和 m_2 的乘积成正比,与它们之间距离 r 的二次方成反比

续表

	形式	内容
库仑定律	$F=K\dfrac{q_1q_2}{r^2}$	真空中两个点电荷之间力的大小与它们的电荷量的乘积成正比，与它们之间距离 r 的二次方成反比
动量守恒定律	$P_1+P_2=P_1'+P_2'$	如果一个系统不受外力，或者所受外力的矢量和为零，这个系统的总动量保持不变
机械能守恒定律	$E_{k1}+E_{k2}=E_{k1}'+E_{k2}'$	在只有重力或弹力做功的物体系统内，动能与势能可以互相转化，而总的机械能保持不变
变化电场 变化磁场		变化的电场产生磁场 变化的磁场产生电场

（四）物理学中的抽象对称性

即从一个概念、一个命题或一个理论中所反映的对称性，其推动物理学的进展。德布罗意考虑到普朗克能量子和爱因斯坦光子理论的成功，他把光的波粒二象性推广到实物粒子，他认为："在光学上，强调了波动性，而忽略了粒子性；在实物理论上，是否发生了相反的错误，过于强调粒子性而忽略了波的特征？"于是，他提出：实物粒子也具有波动性，应该把物质的波动性添补到物理学关于实物的基本理论中，德布罗意很好地利用了抽象对称法来处理物理问题。

三、物理理论的和谐统一美

大自然中的物体运动变化和现象是千姿百态、千变万化的，每一物体都有区别于其他物体的特殊性。物理所研究的就是从这些不同事物运动变化的多样性中找出它们的内在联系和共性，通过这种联系和共性来构成一个统一的理论体系，这样就形成了既丰富多样又和谐统一的结构美。

物理的和谐美，正是物理理论揭示自然界物质存在、运动及其转化等规律整体上的和谐统一性而产生的美感。

"统一"是物学和谐美的第一种表现形式。牛顿力学把天、地宏观低速运动的力学统一了起来；麦克斯韦方程把电、磁、光统一起来；而爱因斯坦相对论又把牛顿力学与麦克斯韦电磁场理论统一了起来。物理学追求"统一"，追求完美与和谐。

"对应"是物理学和谐美的第二种表现形式。电子与正电子、质子与反质子、中子与反中子，均体现了物质构成的对应；而质能公式$E=mc^2$则体现了质量与能量的"对应"，这是一种类比性对应。此外，还存在理论继承性对应。热力学研究之初，物理学家们就坚信：表示物体温度、压强、热容量等宏观物理量与表征分子大小、质量、速度等微观物理量间存在某种对应关系。后来，随着统计物理学的发展，物理学家果真圆满地以分子动理论和统计方法揭示出宏观热现象的微观本质，体现了新旧理论间的继承性对应关系。

"奇异"是物理学和谐美的第三种表现形式。古人认为，圆是最和谐的，哥白尼就用圆形轨道建立起一幅和谐的宇宙图景，后来开普勒发现了行星运动的椭圆轨道。显然，椭圆是圆的奇异，圆只是椭圆的特例。开普勒的行星运动定律，尤其是牛顿第二定律体现了和谐奇异美，它逼真地体现了物理规律的动态之美。

物理中的研究方法也是多样性统一的美。例如，平行四边形法则统一了矢量运算方法；再如，等效法将复杂的物理现象和过程转化为一种简单的物理现象和过程，然后加以处理，像串、并联电路的总电阻，合力和分力、合运动和分运动等。另外，在形成概念和发现规律的过程中，常常用的分析与综合、归纳和演绎、分类与比较等方法也是如此。所有这些都体现了物理学中统一多样的美学特征。

四、物理学家借助"美"来认识世界

物理学家往往借助"美"来认识世界、整理事实，从而得出普遍的规律。

（一）毕达哥拉斯提出"美是和谐与比例"的观点

古希腊的毕达哥拉斯以自然科学家的眼光和美学家的眼光看待世界。他首先提出"美是和谐与比例"的观点，认为整个天体就是一种和谐，宇宙的和谐是由数决定的，他把1、4、9、16这一类数称为正方形数，因为这些数所表示的石子可以排成正方形。他用石子当数进行排列，发现这些数可分解如下。

1，1+3，1+3+5，1+3+5+7，……其和公式满足的规律为$1+3+5+7+\cdots+n=n^2$，这里呈现的是一种美的规律。

在毕达哥拉斯看来，宇宙中所发生的一切自然现象都具有美学性质，圆是平面上最美的图形，球是空间最美的图形，无论是圆或球，都有着绝对对称与和谐。从这一美学思想出发，他认为地球、天体、宇宙的结构都是球形的，各种天体都在做均匀圆周运动。这一天才的猜测，对物理学产生巨大的影响。受毕达哥拉斯的影响，亚里士多德通过观察，用一些事实证明天体是完美的球形，地球也是球形，从而相信一切天体的运动都是均匀圆周运动。球形和均匀圆周运动对物理学的发展影响深远，而"和谐与比例"后来成为哥白尼提出日心说的依据和信念所在。

赫拉克利特却认为：整个宇宙的基础不是抽象的数，世界的本原应是火元素，世界的过去、现在、未来，永远是一团永恒的火，这团火按一定的规律燃烧、按一定规律熄灭。他还认为，和谐是变化的，而不是静止的。

二人思想的冲击，有了后来原子、分子的出现，也有了宇宙的产生、发展、变化均遵守一定规律的辩证唯物主义思想。

（二）哥白尼认为天体的运动是"正圆"与"匀速"

托勒密认为，太阳和行星都绕着地球运动，同时太阳和行星又各自绕着某一假想的圆心做匀速圆周运动，假想圆叫本轮，本轮的中心在地球，本轮在以地球为中心的大圆上做等速运动，这个大圆就叫"均轮"。按照托勒密的观点，太阳或其他行星绕地球的运动就不是均匀的了。哥白尼恰恰是以地心说理论不美的地方作为突破口。

哥白尼认为，一个理论要成立，必须符合两个条件，要圆满地解释自然现象，要符合天体的匀速圆周运动的美学原则，而地心说违背了毕达哥拉斯关于天体匀速圆周运动的原则，因而哥白尼坚信地心说是错误的。他把正圆和匀速作为新理论的依据，认为太阳为宇宙的中心，地球绕太阳每年转一周，地球每天绕自转轴转一周，从而把托勒密的90个圆圈简化为34个，这样宇宙呈现出一种奇妙的对称，轨道的大小和运动都显示出与太阳大小和谐的关系。日心说简单、合理、和谐。正是科学美学思想引起了物理学翻天覆地的革命，这是美学的生命力所在。

伽利略坚持行星运行的正圆形轨道，并且他认为，在惯性影响下，物体只要不受外力，将沿圆周运动；他打破了太阳、月亮是完美无缺的神话，通过自己制造的望远镜发现了"月亮表面是不平坦的、粗糙的……"，还发现了太阳黑子。伽利略提出了相对性原理，把静止和匀速直线运动这两种运动形式统一起来了。世界的统一性，一直是物理学家努力追求的审美思想。伽利略的科学美学思想成为爱因斯坦相对论的两个前提条件之一。

然而，通过观察，开普勒对天体的匀速圆周运动思想发生了怀疑，最终痛苦地放弃了正圆和匀速运动这两个基本原则，提出了行星运行的三大定律。其中，太阳与行星中心的连线在相等的时间里扫过的面积相等，再次证实了自然界遵循美的科学规律。三个定律的提出过程，恰是科学美学思想支持的结果。

（三）牛顿的"静态美"与康德的"动态美"

牛顿有力地证明了天体运动和地面上的运动同处于宇宙的和谐之内，并用美妙的数学语言把发现完整地表述出来，使得力学理论遵循美学的道路健康成长。

笛卡尔认为运动物体的功效正比于速度；莱布尼兹认为运动物体的功效正比于速度的平方；达朗贝尔认为，假若考虑时间的话，运动物体的功效与速度成正比，如果考虑距离的话，运动物体的功效与速度的平方成正比，从而引出动量、动能的概念，于是才有了动量守恒定律、动能定理。清晰的概念作为科学美学的重要标准，有力地推动了物理学的发展。

牛顿理论的完美性是一种静态美，但没有涉及宇宙系统的起源问题，而康德认为宇宙的完美性应包括宇宙的起源问题。

牛顿认为宇宙的美是上帝推动的结果，康德认为宇宙的美是自身发展的结果，宇宙的和谐与秩序有它产生的原因。康德批驳了上帝创造宇宙美的观点，从而把发展变化带进美学领域。

康德还认为，缺陷与秩序并存，才使得世界既有山峦又有悬崖峭壁，既有田野又有沙漠；缺陷与秩序碰撞，自然界才趋于完美。宇宙的美并不局限于它的现状，而要用联系、发展的观点来看待自然界。这是一种独到的视角，是一种发展的眼光，从此发展变化的物质世界被带进动态的美学领域。

（四）法拉第的"美妙的场"

法拉第认识到，电既然能生磁，磁也能生电。在提出磁力线以后，在对称思想的激励下，法拉第相继又提出电场、磁场和电磁场的概念。他的对称美思想是超越时代的，遗憾的是，他没有用严谨精确的语言把实验结果上升到理论。

基于"场"的观点，麦克斯韦建立起了完美、统一的电磁场动力学理论。只要给定初始条件，以后任何时刻电磁场的运动都可以确定，麦克斯韦使物理学变得"简单"了，他以对称作为目标，大胆地引进了"位移电流"，进而建立了完美的理论，正是对美的追求帮助他完成了这一勋业。

伽利略和法拉第能直觉地抓住物理现象的本质，但是他们的数学修养不够，没有用精确的数学语言把发现完整地表述出来，这是牛顿和麦克斯韦更为伟大的地方，他们的美学工作，进一步为物理学的发展指明了方向。可以看出，科学美学思想对物理的发展起着多么巨大的作用。

物质是运动的，物质世界又是守恒的。物理学的守恒美有多种形式，运动守恒、物质守恒、能量守恒、宇称守恒……各种运动形式相互依存和转化，是自然界和谐变化的根本原因。

（五）普朗克的"量子"概念和爱因斯坦的"相对论"

为了解释黑体辐射，普朗克认为物体发射或吸收的能量是一份一份的，而不是连续的，并提出能量子的概念。能量子向我们展示了微观世界独特的简单美，最终引爆了量子理论的诞生。

根据α粒子散射实验，同时受宇宙和谐美妙结构的启发，卢瑟福提出原子核式结构模型，电子绕核旋转，就像行星绕太阳旋转一样。核式结构模型打开了原子的神秘大门，为进一步探讨核的结构创造了良好的开端。

爱因斯坦发现了经典力学在空间坐标和时间上的矛盾，这恰是经典力学不美的地方。如果引入洛伦兹变换，就可以演绎出整个经典力学的结论，就比原来要美得多。狭义相对论是否十全十美呢？也不是。狭义相对论在解决引力问题时就显得很不美，在美的思想的指导下，爱因斯坦经过九年的努力又创建了广义相对论。在长达九年的漫长岁月中，美学标准始终是他工作的指路明灯。

而薛定谔的研究也是从批评玻尔理论的不美开始的。他从毕达哥拉斯的美学思想受到启发，一根振动着的弦，如果把弦的两端连接在一起，振动着的弦就会形成一个圆环，而这个圆环必定是整数的波长，在这个基础上，他创建了波动方程，从而把电子的波粒二象性完美地统一起来了。

狄拉克循着对称美的思路，发现了微观粒子的统计类型与波函数对称性间的内在联系，从而使相对论量子力学成为一个严整完美的理论体系。

（六）基本粒子的美

物理学家对基本粒子的探索也遵循着美学的思想路线。首先，基本粒子遵循美的规律自旋为二分之一奇数倍的粒子，称为费米子，满足费米统计；自旋为二分之一偶数倍的粒子，称为玻色子，满足玻色统计。其次，人们按照美的规律提出了各种基本粒子模型，夸克的德文原意是人们吃的软乳酪，不同的乳酪有不同的颜色和味道，但实质却是一样。基本粒子有三种夸克，不同的相互作用，才使夸克出现一些差异，夸克的物理性质正好与艺术寓意相吻合。最后，基本粒子的四种相互作用体现了高度的统一，正是四种相互作用导致了粒子的产生、湮灭和相互转换，形成了物质世界丰富的运动图景。

物理美学信奉上帝，这是一种宇宙宗教感情。有了这种感情，人们可以感觉到自然界和思维世界有一种崇高庄严和不可思议的秩序，进而把整个宇宙作为具有审美意义的整体来体验，这种美学思想是科学研究中最有力、最高尚的动机，有了这种动机，人们会对自然规律的和谐感到狂喜和惊奇，会从一切自私的欲望束缚中解脱出来，对美的追求成为物理学家工作和生活的原则。

第三节 注重物理学史的学习

物理学中有大量、丰富的物理学史。古今中外，出现了众多的物理学家，如伽利略、哥白尼、居里夫人、爱因斯坦……他们视苦为乐、专心致志投入科研的态度，不畏强权、顽强拼搏的勇气，为捍卫真理不怕牺牲的献身精神等，教材中不时出现。同时，人们对宇宙世界发生、发展的不同观点，对问题采取的不同研究方法，所获得的经验、规律，教材中也不时出现。然而，从现行教材的编排到教师的课堂教学，一般多采用逻辑的方法将几百年甚至是上千年来人们对物理世界的认知成果简练地呈现给学生，使学生主动的认识过程变成被动的接受过程，这与学生的认知规律是不相符的。尽管教材是呈现知识的较好方式，但是这种方式将曲折的研究过程给简化了，同时也将科学家们的创造性思维和研究方法简单化掉了。

教育心理学的研究结果表明，影响教学过程顺利进行的因素有三个：认知结构、认知发展准备和认知风格。其中认知结构是指学生已经具备的知识及其组织结构。同一个人，在不同的领域有不同的认知结构，在不同的时期，对于同一个领域的认知结构也会发生变化；不同的人对于同一领域的认知结构也存在着相当大的差异。心理学家奥苏贝尔对认知结构十分看重，他曾说，"假如让我把全部教育心理学仅仅归结为一条原理的话，那么，我将一言以蔽之曰：影响学习的唯一最重要的因素就是学习者已经知道了什么。要探明这一点，并据此进行教学"。

物理教学活动也要从学生的已有认识结构出发来进行，每一个新概念的建立、新规律的掌握都会经历由不知到知，由知之不多到知之较多的曲折过程。"教学中的难点，常常是科学发展史上难以攻克的科学难题；教学中的重点，也正是科学发展史上关键性的突破和物理学大师们伟大贡献的精华之点"。重视物理学史的学习，也正好把规律、理论建立的艰难过程如实地呈现给学生，符合学生的认知规律，也能激发学生美的情感。

一、物理学史在高中物理教学中的地位

物理学是研究物质最基本、最普通的运动形态，以及物质的基本结构、相互作用及其运动的基本规律的科学。而物理学史是研究物理学发生、发展的历史，是介绍物理学概念、定理、定律等的发展与变革，以及人类对自然界各种物理现象的认识史。从整个物理学科发展看，物理学知识以及物理学史和物理学方法论构成了物理学的两大部分，这两部分是不可分割的、紧密联系的。

在传授物理学知识的过程中，通过对物理学历史发展过程的考察，揭示物理学发生、发展和演化及其相应的认识论和方法论变革的历史规律，并对物理学发展的基本趋势和它在科学技术中的地位和作用提出科学的说明，有助于学生了解人类对自然界认识发生、发展的基本规律，了解物理学家和发现定理、定律的基本方法，从而"以史为鉴"，以物理学家认识世界本来面目的方式去认识世界，扭转目前物理教学中由于"应试教育"可能给予学生某些被"题海"歪曲了的物理世界的图像，从而实现个人的智力、智慧和创造力的发展与科学知识、科学体系的形成过程之间的同步。

从物理教学的角度上看，物理学史和物理学方法不是物理课堂教学中可有可无的附属物和装饰品，而是物理教学中必不可少的部分。我们说，在物理教学中讲物理理论，给学生以知识，讲物理学史，给学生以精神和智慧，二者不可偏废。

二、引入物理学史的作用

（一）知识与技能方面

1. 了解基本概念、规律和物理学发展历程

对于物理学中的有关物质结构、相互作用和运动的一些基本概念和规律，只有了解它们的形成和发展的过程，才能深刻掌握它们的物理意义，而且有利于巩固和加深理解已学过的物理知识。例如，在惯性定律的教学中可以介绍伽利略在为日心说寻求力学基础时已提出惯性原理。当时，日心说的反对者经常用亚里士多德学派的力学观点论证地球是静止的：竖直向上抛出的物体总是落到抛出点原处，如果地球在进行旋转运动，抛出的物体就会落

到抛出点后边。伽利略通过"理想实验"和归谬法，证明一条正在行驶的船的桅杆顶上落下一块石头仍会落在桅杆脚下，并以此批驳了上述错误说法，论证了惯性原理，尽管他的表述还不很准确。在《两门新科学》中，关于惯性定律，他根据斜面实验的结果提出："任何速度一旦施加给一个运动着的物体，只要除去加速或减速的外因，此速度就可以保持不变……"物理学史的讲授，可使学生认识到牛顿建立起的经典力学体系使"天上的力学"和"地上的力学"得以统一，从而完成了近代科学史上的首次大综合、大突破。19世纪的物理学取得了全面发展，最具突破性的成就是两次理论大综合的产物：热力学与统计力学、经典电磁学。在20世纪初，物理学出现了危机，并迅速发展为物理学的一场伟大革命。这场革命不仅创立了相对论和量子力学，而且在科学思想和科学方法上取得了许多重大的突破。

2. 培养观察、实验能力和质疑能力

物理学是一门以实验为基础的自然科学，培养学生的观察、实验能力，不仅是学好物理学的关键，也是素质教育的要求。教师可通过物理学史的讲授，使学生进一步了解望远镜的由来及其人类探索自然界奥秘所做的贡献。1608年，荷兰的眼镜匠利帕希造出了第一架望远镜。事情是极为偶然的：他的一个学徒没事干时拿两个透镜片在眼前对着看，结果发现远处的物体变得近在眼前而且清晰，便将这件怪事告诉了利帕希。利帕希经试验证明确实有这种效果，就将两个透镜片装在筒里，制成了人类历史上第一架望远镜。第二年（1609年），伽利略知道这种新仪器后立即动手制作了一架并不断改进，于12月造出了一架放大20倍的望远镜。伽利略用它首先发现了月亮上的山脉和火山口。次年（1610年）1月，又发现了木星的四颗卫星。这一发现对于支持哥白尼学说具有重大的意义。

物理学的发展史就是一部不断创新的历史，一代代的科学家不囿于传统的观点，提出疑问，运用创造性思维挣脱旧框框的束缚而产生一次次的飞跃。例如，曾支配着18世纪后期的热学的热质说，能成功解释热量守恒定律，还能解释与比热和潜热概念相关的实验事实。直到1798年，伦福德在德国从事炮膛钻孔实验时，发现只要不停地钻，几乎可以不停地放出热，这么多热从哪里来的呢？若用热质说根本不能解释。对实验的结果分析表明，热只能来源于钻头的运动，而不是一种作为实体的热质。

（二）过程与方法

1. 尝试科学探究与实践

新课程重视科学探究对激发学生的求知欲，使学生受到科学方法的训练，培养学生良好的科学素质、创新意识和创造能力方面的重要意义。科学探究的要素包括提出问题、猜想与假设、制定计划与设计实验、进行实验与搜集证据、分析与论证、评估、交流与合作。物理学史中这方面的例子很多，如教师可向学生介绍法拉第发现电磁感应的过程：从1882年起他开始寻找磁产生电的效应，经过10年的实验研究，他终于在1831年成功地发现了电磁感应现象。实验表明，不论采用何种方式，只要穿过闭合回路所围面积的磁通量发生变化，回路中就会产生感应电流。这就是法拉第发现的电磁感应定律。这一定律成为发电机的理论基础，开创了人类利用电力的新时代。

科学来源于实践，科学的动力在于人类的求知本性和在大自然中生存和发展的需要。教师可介绍富兰克林在用莱顿瓶进行放电实验的过程中，面对着电火花的闪光和劈啪声，总是禁不住联想到天空的雷电。他意识到莱顿瓶的电火花可能就是一种小型雷电。为了验证这个想法，必须将天空中的雷电引到地面上来。1752年7月的一个雷雨天，富兰克林用绸子做了一个大风筝。风筝顶上安上一根尖细的铁丝，丝线将铁丝连起来通向地面。丝线的末端拴一把铜钥匙，钥匙插进一个莱顿瓶中。富兰克林将风筝放上天空等待打雷。突然，一阵雷电打下来，只见丝线上的毛毛头全都竖立起来。用手靠近铜钥匙，即发出电火花。天电终于被捉下来了。富兰克林发现，储存了天电的莱顿瓶可以产生一切地电所能产生的现象，这就证明了天电和地电是一样的。

2. 掌握科学研究方法

物理学的研究方法（实验法、模型法等）是物理学家们在长期的科学实践中逐步摸索、积累、形成和发展起来的，是人类智慧的结晶。例如，在气体定律与气体模型的教学中，教师可向学生介绍人们起先虽不知气体的微观构成，但关于气体宏观性质的实验研究却已持续几个世纪。从17世纪至19世纪初，波意耳定律、查理定律、盖-吕萨克定律相继被发现。上述实验定律的理论解释直到克劳修斯、麦克斯韦、玻尔兹曼等分别将统计方法和几率概念引进热学，创立了气体分子运动论后才得以完成。

（三）情感、态度与价值观

1. 保持好奇心与求知欲

向学生介绍和谐性原理、对称性原理和守恒性原理是自然界的基本原理，从而使学生领略自然界的奇妙与和谐，保持好奇心与求知欲。例如，和谐性原理认为，自然界中各种各样的事物是相互联系、相互制约和协调发展的。自然界体现了统一性、相似性、匀称性和协调性，正是这样的一种认识和信念，才使物理学获得巨大的发展。奥斯特曾经说，指导他研究的思想就是寻求自然界的和谐统一，他坚信电和磁现象之间存在某种联系，由此发现了电流的磁效应。能量转化和守恒定律的发现，也是人们相信世界上各种事物是相互关联因此而得出的。

2. 服务生活、人类的意识

对物理学史的介绍，可使学生认识到早在1917年爱因斯坦从理论上指出受激辐射到1960年梅曼制成第一台激光器，经过了四十多年的时间。激光光源的出现，可以说是在人工制造光源历史上又一次革命性的变化。激光具有方向性好、亮度高、单色性好和相干性好的特征，使它在各个领域都被广泛应用，如激光测距仪用来精确测量，利用它的生物效应来培育良种，在工业上用来打孔切割和焊接金属，在医学上特别适宜于眼科手术，在通讯技术中被用做光纤通信，可进行同位素分离工作，制成激光唱机视盘机，被用于物理基础研究方面以及使光武器从幻想变成现实。教师最后可指出尽管激光应用很广，但更大量的应用还等待学生们去开拓。

三、借用物理学史引入新课，激发学生兴趣

爱因斯坦曾说"兴趣是最好的老师"，引入物理学史，从某种程度上可以增强学生对物理学的兴趣。在一节课的开始，就引入物理学史，可以很快地把学生的学习积极性调动起来，吸引学生的注意力。

比如，在讲自由落体这节课时，可以这样引入新课。教师问："落体运动有什么规律？"学生大都回答："重的物体落得快，轻的物体落得慢。"教

师说:"两千多年前,古希腊的学者亚里士多德也是这样认为的。大家听说过意大利的比萨斜塔吗?"然后开始叙述,并配有资料显示,"素有'近代科学之父'之称的伽利略曾于1591年在斜塔上边做了一次落体实验,以无可辩驳的实验'事实'否定了亚里士多德的落体理论,后来有不少人把斜塔落体实验称作'历史上最杰出的成就'。然而,伽利略真的做过斜塔实验吗? 1949年,英国历史学家巴特菲尔德对此持否定看法。于是,科学界为澄清事实,展开了一场旷日持久的争论,有人干脆把它称为'科学史上九十九迷'中的第一迷。这节课我们将学习自由落体运动的规律,看看伽利略研究出来的结果是什么,又是如何研究的"。这样引用一个物理学史上的争议,引起了学生的注意,给他们制造悬念,激发起兴趣,使学生整节课都在专心听讲、积极思考,他们希望能从中得到正确答案,所以,教学效果也可想而知。

四、新授课中间穿插史料,帮助学生理解物理知识

在讲授新的物理知识时,若能及时穿插历史案例,不仅可以使学生进一步加深对知识的理解,而且可以使学生的心灵受到多方面的启迪。比如,在讲电磁感应定律时,为了使学生对磁生电的暂态性有深刻的理解,可以穿插科拉顿的实验研究:有一次,科拉顿作学术讲座,他根据电流磁效应的稳态特性得出逆过程也应是稳态的,所以,他为了防止电流表受磁铁的干扰,将演示电路中的线圈放到教室的隔壁,而将电流表放到教室,他在隔壁将磁铁插入线圈后再到教室看电流表是否会动,结果他什么也没看到;学生虽然看到了电流的产生,却不明白他的意思。由于科拉顿错误地认为这一现象是稳态的,结果使他失去了发现电磁感应现象的机会。讲完这个案例后,教师再配合实验,就可以使学生牢固地掌握电磁感应现象的暂态性质。

五、在新知识讲完以后,补充学史,使学生受到启发

新课小结时对整节课内容的简单复习,也是很有讲究的。如果教师只是将知识重新列举一遍,就会使学生反感。此时教师若能从历史的角度进行分析,不仅可以起到复习的作用,还可以收到其他多方面的功效。例如,在气

体的等温变化规律讲完以后，补充讲授波意耳对气体性质研究的前后过程，引导学生从中得到启示：首先，实验是物理学科的基础，离开实验，物理学就失去了根基，是不牢固的。其次，要认识到，正确对待别人的批评，是极为有利的。可以说，若不是波意耳正确对待莱纳斯的批评，就不会以他的名字命名这一规律。最后，实验要有理论的指导，同时对实验数据要进行认真的归纳和总结，不能只停留在零散的数据积累水平上。

六、利用课余时间开展学史讲座，丰富学生的精神生活

物理课堂时间是有限的，教学内容也有一定的局限性，一节课的教学内容涉及不全某一领域。学校可以利用课外时间，适时地开展学史讲座，使学生从整体上把握所学部分物理知识，进一步加深理解，使所学的知识立体化、网络化。例如，历史上关于动量、动能这两个物理量的争论，就可以作为一个讲座来进行，使学生对力学规律有一个深层次的认识，同时受到各种启发。

七、发挥学生的积极能动作用，鼓励学生搜集史料

目前新的教学大纲进行了较大力度的改革，增加了研究性课题，其中有一项内容是撰写科研小论文，这就要求教师培养学生搜集资料和整理资料的能力。学校可以利用课外时间，要求学生看一些科学家传记（如《物理课本中的物理学家》）和科普读物（如《科学家的青少年时代》《伟大科学家的生活传记》）；查一些有关历史上对某一问题的研究过程等。这样不仅可以提高学生的初步科研能力，同时又可以使他们对物理学本身产生更大的兴趣，激发他们投身于物理学习的热情。

第四节 认识"情感"

一、情感的定义

从字面上来理解,情感是"情的感受方面,即情绪过程的主观体验(情绪体验)"。比较确切的定义是从心理学角度的定义:从广义而言,情感是人对客观事物的态度体验;从狭义而言,情感是和人的社会性需要相联系的一种较复杂而又稳定的态度体验。我们可以从四个方面来把握情感的定义。

(一)从需要的角度来看

情感是同人的高级社会性需要相联系的。例如,人与人相联系的友谊感、是与遵守行为规范相关的道德感、与文化精神需要相关的美感、理智感等,都属于情感的范围。

(二)从发生的角度来看

情感是人类特有的心理现象,情感是与社会需要满足与否相联系的心理活动,是与社会接触过程中逐渐产生的,如民族自豪感是与对本民族的爱相伴而产生的社会性情感。

(三)从稳定性程度来看

情感有一定的情境性,但是它具有稳定性和长期性,它是反复地从多方面感受事物的过程中逐渐形成的持久的、稳定的反映本质需求关系的态度体验。情感具有较强的稳定性,因为它是对事物态度的反映,是构成个性心理品质中稳定的成分,一般不会随着情境的改变以及需要满足情况的变化而发生相应的变化。

(四)从表现形式来看

情感多以内在感受、体验的形式存在。它不同于情绪常常体现于外部表现,如人们高兴时手舞足蹈、愤怒时咬牙切齿,这些都是情绪的外部表现。而情感是一种内心体验,虽不轻易表露,但是对行为有重要的调节作用,如爱国主义情感等。

二、情感的内容

按照情感的色彩来分，有积极、消极和中间状态三种：①积极的情感，如愉快、欢喜、眷恋、自满、自信、轻松感、安全感、满足感等；②消极的情感，如悲伤、绝望、恐惧、委屈、嫉妒、不信任、厌恶等；③中间的情感，如好奇、安静、平淡、幻想、欣赏等。它们体现某种人生态度。由于人的情感与社会性需要相联系，情感分为高级、低级和中间层次。人类的高级社会情感主要有道德感、理智感、美感。培养人的情感主要是对人类高级社会情感的培养，因为，低级情感与中间层次主要受到人所处的时期、环境的影响，而高级社会情感具有很强的社会性、广泛性，具体来说分为以下几方面。

（一）道德感

道德感是指人的行为、举止、思想、意图是否合乎道理行为标准和社会价值而产生的情感体验。行为符合道德标准则便产生满意、肯定的体验，如爱慕、敬佩、赞赏、热爱、欣慰、荣誉、幸福、愉快等；不符合便产生消极否定的体验，如羞愧、憎恨、厌恶、内疚等。

道德感从社会生活的各个方面表现出来，既表现在对待祖国、集体、人与人之间的关系上，也表现在工作、事业、学习等各个方面，如爱国主义情感、国际主义情感、集体主义情感、荣誉感、义务感、责任感、自尊心以及是非感、善恶感、正义感等。它对于人的行为有巨大的推动、控制和调节作用，如果缺乏相应的道德感，即使有了某种道德认识也只是停留在口头上。

（二）理智感

理智感是指人在认识过程中，求知欲、认识兴趣、对真理的探求欲望等是否得到满足而产生的情感体验。就是说，人的认知活动越深刻、求知欲望越强烈、认知兴趣越浓厚，则理智感就越深刻。理智感产生于人的认知活动，同时又影响着人的认知活动。积极浓厚的理智感，如热爱真理、摒弃偏见、破除迷信、解放思想等，都是帮助人们顺利完成学习和工作的有利条件。

理智感伴随智力活动表现出多种的形式：人在认识事物和研究问题时，

对新的还未认识的东西，表现出求知欲、好奇心；对于不能理解或不能解决的问题，表现出惊奇和疑虑；对于正在论证、评价的问题，表现出维护自己观点的热情或浓厚的兴趣；如果经努力钻研和思考，使问题得到了解决，会表现出无比的喜悦；对自己的发明创造产生无比的自豪感等。所有这些都属于理智感。可见，人一旦有了强烈的理智感，便会使自己的力量倍增，就会对自己的学习和工作进行积极的钻研和认真的探索。

（三）美感

美感即审美情感，指人根据一定的审美标准对客观事物、人的道德行为予以评价时产生的一种肯定、满意、愉快或是爱慕的情感。美感有两个鲜明的特质：一是审美对象的感性面貌特质，如线条和谐、颜色鲜明、形状匀称等；二是对美的感知和欣赏而引起的情感共鸣，并给人以焕发和鼓舞的力量。美感使人精神振奋、积极乐观、心情愉悦，丰富人的精神生活。美感还可以增加人的生活情趣，帮助人们以美丑的标准去赞扬美好的事物与心灵，藐视丑陋和粗野的行为，从而促使人类文明的发展。

美感的源泉就是美的事物的本身，并且受审美水平的影响。因为美感也是由人的审美需要是否得到满足而产生的情感体验，那么，随着个人的审美需要、立场、观点、标准、能力的不同，随着客体与主体的关系的不同，对美的情感体验也不同。

三、情感的功能

中国古代两千多年前，先秦时期的墨家就明确提出了情感的动力功能问题，便是生动的一例。近些年来，不少心理学家对情感作了深入的研究，认为情感教育有六大功能：情感的动力功能和强化功能、情感的调节功能和协调功能、情感的信号功能和感染功能。

（一）情感的动力功能和强化功能

情感的动力功能是指情感对一个人的行为活动具有增力和减力的效能。这一点正如我国古代教育家王充对情感的增力作用所论述的"有水火之难，惶惑恐惧，举徙器物，精诚至矣，素举一石者，倍举二石"。当然，这里所论述的情感的动力功能不局限情感对人的体力上的影响，而是泛指对人的活动行为能力的普遍的增力或减力的效能。

情感的强化功能是指情感具有巩固或改变一个人行为的效能。强化一般指影响有机体在活动过程中产生某种反映可能性的力量，起强化作用的刺激物被称为强化物。强化分正强化和负强化两种：前者常与奖励相联系，后者常与惩罚相联系。

（二）情感具有调节功能和协调功能

情感的调节功能是指情感对一个人的认知活动具有组织或瓦解的效能，它涉及情感对一个人认知活动效果的影响问题，适当的情感对人的认知过程具有积极的组织效能，而不适当的情感才会产生消极的瓦解作用。情感对认知的调节功能主要表现在三个方面。

首先，情感状态对认知思维的状态有影响。一个人快乐时，"才思敏捷"，分析判断易于正确；相反，当一个人情绪不佳时，"头脑浑浊"，反应迟钝，判断易于出错。

其次，研究表明情感状态还影响着认知操作效率。心理学上反映这一关系的有耶克斯-道森定律，根据这一定律可知，当我们在进行认知操作活动时，过强或过弱的情绪不如适中的情绪更能导致最优智能操作效果（图3-1）。

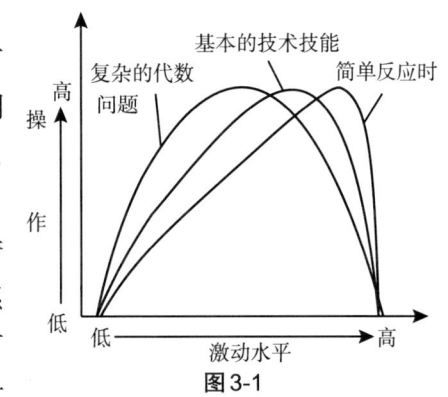

图3-1

最后，情感体验的丰富性也影响着认知活动。一个人在认知活动中如果伴有丰富、强烈的情感体验（激动人心、扣人心弦、惊心动魄等）时，认知的内容便会留下长时的乃至永久的记忆。

情感的协调功能是指一个人的情感具有促进或阻碍人际关系的效能。情感是在人同周围的客观世界相互作用的过程中产生的，而且，在人与人之间相互交往的过程中产生得更为丰富多彩。显然，情感会影响正在形成的以及已经比较稳定的人际关系。在教学过程中，情感的积极协调功能表现在有利于建立良好的教学气氛、有利于建立融洽的师生关系以及有利于建立友好合作的同学关系等多方面。

（三）情感的信号功能和感染功能

情感的信号功能是指一个人的情感能通过表情外显而具有的信息传递的效能。情感正是借以表情（包括面部表情、声调表情、体态表情）而获得其独特的信号功能。心理学家阿尔波特研究人们的交往现象后惊奇地发现，在日常生活中，55%的信息是靠非言语表情传递的，38%的信息是靠言语表情传递的，只有7%的信息才是靠言语传递的。情感的信号功能，不仅可以加强言语的表达力，提高语言的生动性，甚至还可以替代、超越言语的作用，达到"此时无声胜有声"的效果。

情感的感染功能是指一个人的情感具有对他人产生影响的效能。当一个人产生某种情感时，这种情绪又会通过表情外现，被他人所觉察，并引起他人的情绪反应，这跟我们物理里面的"感应"现象的机理相似。心理学研究表明，一个人的情感会影响他人的情感，而他人的情感还能反过来再影响这个人的原先的情感，这就是诺尔曼丹森教授的情感互动理论。情感的感染功能有许多积极的作用，如为情感在人际的交流、蔓延提供了可能性，为情感教育开辟了一条"以情育情"的思路。

四、情感教育的价值

情感教育重视教育中情感的作用和学生的情感需要，帮助学生提高自我情绪控制、调节能力，是一种以培养学生高级社会性情感为主要目的、以培养高情感水平的人为最终目标的教育活动。它对学生的全面发展具有很强的教育价值，对于学生的认知、个性发展、高级社会性情感的培养都能起到积极的作用。

（一）情感教育能促进学生认知水平的发展

情感教育充分考虑、发挥情感的积极功能，能有效地调动影响认知的积极因素，促进认知水平的提高，表现在以下四个方面。

（1）情感教育能提高学习的积极性，即发挥情感的积极动力和强化功能，对学生学习的积极程度有所增力，这一点好比汽车的后轮。笔者了解到在现在的高中，不少家庭情况不是很好的学生之所以能克服不是很优越的学习环境，努力学习，关键在于有明确的奋斗目标，有强烈的情感动力在推动自己前进，他们在不自觉地利用着情感的动力功能。

对于很多比较敏感的学生，教师要更多地给予情感关怀，可以更好地发挥情感的动力功能。

（2）情感教育可以发挥情感积极的调节和协调功能导致认知的优化，有助于学生的认知操作效率提高。根据耶克斯-道森定律，力求"最佳的情感状况点"，这一点好比是汽车的传动装置。学生的情绪状态常常有低落的时候，那么学生的学习也就常常有松懈的时候，一个比较善于控制自己情绪的学生，能有效地自我调节，保持良好的学习心态。情感教育可以帮助学生培养、强化这种调解自己情绪的能力。

（3）情感教育可以发挥情感积极的疏导和迁移功能，这一点好比汽车的前轮，控制方向，优化学生的认知心理状态。提高学生对教师言行的接受程度，也有利于认知内化。一个对授课教师比较反感的学生极少可能积极接受教师的授课知识；反之，大部分的学生对自己喜欢的教师的课程会格外地乐学。也就是说，学生很容易把对学科教师的态度迁移到学科学习上。情感教育就是让师生的关系和谐，疏导少数学生对教师的"反感情绪"，在认知上实现情感的迁移功能。

（4）情感教育能积极发挥情感积极的信号功能和感染功能，充分利用"表情的超语言作用"，从而增进认知传递，深化。情感教育要求关注学生的情感体验，一切的着眼点是如何能让学生有好的情感体验。一位优秀的情感教育实施者总是饱含感情的教学，总是可以"制造"强烈的知识的感染力感染学生，总是可以一次次地制造知识与学生思想的碰撞点。丰富、积极的教学表情、有激情的情感体验碰撞，对学生认知的积极效果绝对比"麻木的认知"的表演效果好。

（二）情感教育有利于形成良好的个性品质

情感教育提供了学生的情感需求，它所提供的积极的情感体验是人成长所必需的。一些儿童或青年人在性格上孤僻、情感淡漠、对人冷漠，追溯原因往往是早期感情上的不适，缺乏积极情感关怀造成的。情感教育以"以人为本"的教育思想为核心，这就是说从一开始就决定了教育的工作必须是以解读学生的主观世界、充分尊重和满足学生的情感需要为前提。情感教育强调对学生情感的关怀，强调学生自我观念的形成。情感教育的过程充分地照顾到学生的情感需求，有利于学生良好个性的养成。如下例：

一位在期中考试作弊受到警告处分的学生在物理作业本上留言："我的心被乌云笼罩着，而我……我无法控制我自己，自己也越来越没有信心……自从今天听了老师您对我说的话，对我的希望，我知道我自己还行，还有希望……谢谢您对我的希望。"

情感教育倡导的人际关系是人际互助、人与人相互谅解和相互信任。在教育的过程中，通过师生之间及学生之间的互助、合作、关怀，不仅能够建立融洽的师生关系、良好合作与公平竞争的同学关系，从而形成良好的教育氛围，而且，在这样的教育环境里培养的人，他们能逐渐形成班、校所共有的信念、价值观、态度及行为方法，从而帮助他们形成有助于在社会上生存的、良好的个性品质。

（三）情感教育有利于形成良好的道德品质

情感教育强调道德生活的情感体验，避免道德教育成为道德知识的灌输，从根本上避免道德知识与道德行为的脱节。情感教育力求建立"道德体验场"，力求以具有时代意义的具体道德素质为载体。学生在建立的"道德体验场"中能有效地产生强烈的道德体验，逐步形成良好的道德品质。"如果我们的道德工作可以放低姿态，多渗透一些知识时代所需要的具体道德素质，比如诚信、敬业、谦虚、坦率、自信，比如三思而后行、团队协作、公平竞争、以义求利，比如学会关心、学会学习、学会生活，比如热爱自然、保护环境、关心可持续发展等。这些具体的道德素质用一个时髦的说法就是'情商'，相信以情商为主要内容的道德教育会更具有亲和力"。这些所谓的具体的道德素质之所以有魅力，关键在于它们能与学生贴得近，学生可以感受到，它们能让学生产生出道德体验。那些道德体验可以让学生自己来思考"道德是什么？"来衡量道德"是一碗可以充饥的米粥，一件可以用来避寒的衣服，一个给人以归宿感的家，还是一篇带来美感的文章？"等问题的分量。

第五节　物理学习的思维特征对学生个性情感的影响

高中物理的学科特点直接决定着物理学习思维除了一般智力活动的特征外，还有物理学科本身所需要的思维特征，具体体现在概念抽象性特征、推理性特征、逻辑性特征、精确性特征、辩证性特征五方面。

一、概念抽象性特征

任何物理概念都是根据大量的已知事实，在已有知识和经验的基础上，突出其主要矛盾，舍去事物的个别特点，抽象出它们的共性特性得出的。例如，楞次定律的课堂教学，就建立在多个演示实验所表现的现象基础上，先对实验作出规律性的总结，然后再提出普遍规律——楞次定律。高中几乎所有的物理概念、规律的形成都反映了这种概括、抽象的过程和特征。

二、推理性特征

思维的理性认知活动，不仅可以认知感知的事物，而且还可以借助已有的知识和经验，去认识那些没有直接感知过，或者更不能感知的事物，并预见和推理事物的发展过程和发展规律。例如，在高中物理《万有引力》教学，人们根据天王星的运动轨道总是同根据万有引力定律计算出来的有一定的偏离，推测出天王星轨道外面还有一个未发现的星体——海王星。

三、逻辑性特征

物理学既是一门以实验为基础的科学，也是一门从概念、规律出发，有着严密逻辑体系的科学。物理学的思考与推理要严格以相关概念和逻辑关系为依据，达到对事物本身的深刻认识。

四、精确性特征

物理学的语言是非常精确严密的，同时物理问题的解决、物理条件的控制都要求相当精确。例如，对于机械能守恒定律的应用条件：只有重力做功。物理语言上很精练，但是需要学习者仔细推敲——只有重力做功包括两种情况：物体只受重力，不受其他力，如自由落体运动和各种抛体运动；或者除重力外还受其他的力，但其他的力不做功，如物体沿光滑斜面的运动。

五、辩证性特征

物理学中有大量辩证思维所引证出来的结论，它常常以辩证法为指导形成概念、作出判断、进行推理。例如，高中物理讲到光的波粒二象性问题，高中学生也需要有辩证的思维来理解。

物理学习的思维特征都在不同程度上体现着思维方式的客观、严密、理性，而人的个性与个体的思维方式有很强的直接的联系，就是说思维方式直接影响着学生的人生态度和个性品质即个性情感。理性思维特征对于个性情感有一定的迁移。

（1）物理概念的抽象性特征的核心在于个性与共性的问题，这种思考问题的方式也影响着高中学生思考自己生活中的困惑，能够将自己的困惑与高中生的普遍困惑结合起来思考，在个性特征上能有更清楚的自我认识。

（2）物理的推理性特征对人的交往表现在"以己推人、将心比心"上，学生受这种思维的影响，能够在生活中学会依据自己的体验来换位思考，学会理解别人的情感。

（3）物理思维的逻辑性特征强调事物之间的逻辑性，它对于学生个性的直接影响更是在处理事物时能多维地分析问题，能够为更好地完成事情作保证。

（4）受精确性特征的影响，学生在处理问题时能够尽可能地进行全方位的思考，特别是对于高中学生情绪上容易走极端的问题很有帮助。在精确性思维特征的帮助下，学生能周密地思考，谨慎地控制自己的种种冲动，加强自我控制能力。

（5）物理思维中辩证的特征对学生个性的影响也很大。辩证的思维避免了高中生容易出现的非理性的绝对化评价，特别是在与人相处方面，它能够帮助学生辩证地分析周围人的所作所为，从而使学生能处理复杂的人际关系。

以上分析简单地概括起来，如图3-2所示。

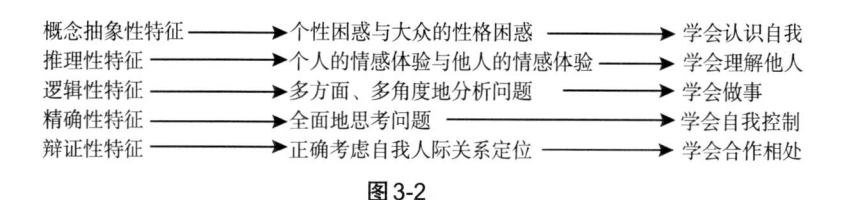

概念抽象性特征 ⟶ 个性困惑与大众的性格困惑 ⟶ 学会认识自我
推理性特征 ⟶ 个人的情感体验与他人的情感体验 ⟶ 学会理解他人
逻辑性特征 ⟶ 多方面、多角度地分析问题 ⟶ 学会做事
精确性特征 ⟶ 全面地思考问题 ⟶ 学会自我控制
辩证性特征 ⟶ 正确考虑自我人际关系定位 ⟶ 学会合作相处

图3-2

从某种意义上讲，物理思维的培养就是个性情感的培养。我们在注重物理学习思维培养的同时，也有必要将物理的思维特征向有助于个性情感的领域迁移，有意识地培养学生的个性情感。

第六节 利用教学内容激发学生的高级社会性情感

高中物理的教学内容蕴涵着很多可以用来激发学生的高级社会性情感的内容，主要体现为以下几点。

一、道德感的培养

物理学是自然科学的基础学科，物理学中渗透着科学家们辛勤的汗水、超人的智慧和高尚的品德。我们可以挖掘物理教学内容里的古今中外的有关材料，特别是我国的科技成就以及世界各国物理学家的科学研究历程。通过这些知识的介绍，帮助学生培养正确的道德标准和价值观，形成高水平的道德感。

其一，我们可以通过介绍我国古代科学技术成就，让学生充分了解中华民族的灿烂文化，树立民族自豪感。例如，在讲机械运动时，可以介绍我国古代关于运动的认识。先秦时，公孙龙曾提出"飞鸟之影未尝动也"的见解，这是对运动瞬时性的深刻理解。西汉时我国人民对运动的相对性原理已有一定的认识，西汉末的《尚书纬·考灵曜》中载："地恒动不止而人不知，譬如人在大舟中闭窗而坐，舟行而人不觉也。"这不仅认识到地球在动，而且对相对性的认识也是相当正确的。在讲磁场时可以告诉学生我国关于磁现象的研究在时间上和应用上都先于世界其他国家。我国先秦时期的

《管子·地数》载:"山上有慈石（磁石）者,其下有铜金。"这是世界上有关磁石的最早记载之一。到了汉朝,人们就已经知道同性磁极相互排斥、异性磁极相互吸引的知识。北宋沈括的《梦溪笔谈》中载:"方家以磁石磨针锋,则能指南,然常微偏东,不全南也。"这是关于利用天然磁体进行人工磁化以及地磁偏角的最早记载。公元1695年,清初刘献庭的《广阳杂记》卷1中写道:"磁石吸铁,隔碍潜通,……唯铁可以隔之耳。"这是我国关于磁屏蔽的最早记载。另外我国古代关于力和运动的见解、物体无限可分的观点、光学知识中的透镜面镜的研究成果都有史可究,可以在教学相关内容时穿插进去。

其二,还可以结合物理教学,展现现代科学技术的新成就,弘扬中华民族创新精神,增进学生的民族自信心和爱国主义情感。例如,在讲动量（反冲）部分时可以介绍长征系列运载火箭的有关情况；在学习电场加速时可以介绍我国第一座高能加速器——北京正负电子对撞机首次对撞成功的情况；在学习热力学低温知识时可以向学生介绍中国科技大学在高温超导（130K左右）的超导研究情况；在学习原子物理（裂变、聚变）时可以介绍我国两弹的研究情况。

其三,还可以帮助学生利用一定的道德评价标准建立正确的科学道德观。高中物理学习给学生留有很深的印象,也产生了对于科学的态度的雏形。现在,我们越来越清楚地看到科学是一把双刃剑,给我们的生活带来极大便利的同时也给人类带来可怕的威胁。例如,人们对原子物理的掌握,使我们能有效地控制核的能量,但是核能量在给人类带来高效清洁的能源的同时也给人类带来地球毁灭的威胁。如果能够把一些类似"要不要核能""如何控制核能"等讨论或者辩论的题目留给学生,让学生能在科学、技术和社会之间作一些思考,也有助于培养他们建立健康的科学道德观。

二、理智感的培养

物理学中还蕴涵着丰富的辩证唯物主义的内容,结合教学对学生进行唯物主义教育,帮助学生树立科学的世界观、人生观、科学观。学生可以在物理的学习过程中产生求知兴趣的内驱力,形成较强的求知欲、追求真理的兴趣等理智感。

其一，可以结合物理教学进行唯物辩证主义教育，培养科学的科学观、世界观。①高中物理从开始到结束都强调世界的物质性以及物质在不停地运动变化的规律。我们的物理学中提到的从大的天体到小的基本粒子，从实体到各种场都是客观的物质。物质在不停地运动变化，如物体的机械运动、分子的热运动、电磁振荡以及光的传播等都是不同形态的物质的不同运动形式，而且不同的运动形式在一定条件下又可以相互转化，如利用电动机把电磁运动形式转化为机械运动形式，而发动机又可以把机械运动形式转化为电磁运动形式。另外，多样的物质运动形式都有自己的规律，科学的任务在于研究、揭示这些规律，并运用规律能动地改造世界。例如，牛顿运动定律、欧姆定律、能量的转化和守恒定律、电磁感应定律等都建立在实验的基础上，都对物质生活产生很大的影响。②世界上任何事物的变化都遵循量变质变规律，在物理知识的教学中应该抓住机会进行教育，如三态的变化（晶体吸热温度升高，到了一定程度变成液体，再吸热，温度升高到沸点时液体变成气体）、弹簧秤的弹性限度（当受力超过这个限度，弹簧无法恢复原状）等。③对立统一规律。在高中物理学中，如物质的溶解与凝固、物体间的作用力与反作用力、分子间的引力与斥力、气体的膨胀与压缩、原子的正与负电荷等都说明世界上任何事物都存在矛盾，矛盾双方的对立统一具有普遍性。

其二，结合教学内容可以进行科学态度的培养，特别是尊重科学、严肃认真、实事求是地按科学规律办事的态度。例如，在高中第二章讲到自由落体运动时，可以强调伽利略对自由落体的研究经过，让学生感受科学家们不畏权威、敢于创新、孜孜不倦地用实验说明问题的科学态度，从中体会到学习研究的喜悦感。再如，在高中课本"牛顿第二定律"一章"研究加速度与力、质量的关系"的教学中，可以在培养学生科学的思维方法和研究问题的科学方法的同时，以科学研究的态度激励学生创造发现的探求欲望。

其三，还可以通过介绍物理学家坚持真理的事例，培养学生高尚的追求真理的科学精神。科学家是一个散发着迷人光辉的字眼，许多科学工作者为了给人类做出贡献，造福于后代，不惜一切，甚至把生命献给了科学事业。如果不了解以往的科学家为追求科学真理而不屈不挠甚至英勇献身的事迹和精神，也就无法明白科学家令人崇敬的原因，同样也就无法理解人类的伟大。在科学发展史上，曾有许多先驱者前仆后继，用自己的鲜血和生命，浇灌和培育了科学之花，他们的献身精神十分令人钦佩。像哥白尼、布鲁诺、伽利略、牛顿、爱因斯坦、居里夫人等伟大的科学家，每一个闪光的科学家的名字以及他们的探求真理的事迹都可以感染、影响无数的学生。

三、美感的培养

居里夫人说过，"科学的探讨研究就含着至美，其本身给人的愉快就是报酬，所以我在我的工作中得到了快乐"。物理学家狄拉克认为爱因斯坦的相对论是一种科学成果的美，他说"信仰这个理论的真正原因就是在于这个理论本质的美"。高中物理涉及的很多内容能给人带来美感，在物理教学中要充分挖掘物理学内容的内在美和科学本身的美，让学生获得高尚的审美享受，同时提高学生的审美能力。

首先，物理学概念、物理知识的美可以给学生带来美感。例如，前文提到的一些对称的概念：引力与斥力、作用力与反作用力、光的汇聚与发散、聚变与裂变等，还有处理物理问题的常用的对称的方法，如力的合成与分解，运动的整体法与隔离法等，这些可以让学生感受到对称的和谐美。物理知识的简洁与多样统一也可以带来美的享受。例如，无论是力的合成与分解还是速度的合成与分解都可以用矢量的平行四边形法则，无论是功能转换还是电场能与电势能的转化都可以考虑到能量守恒定律。

其次，物理问题的探究方法能给人美的享受。物理学科的美与艺术的形象美有所不同，它常常在求"真"的过程中让人感受到美，高中物理中也有很多例子。例如，伽利略对自由落体的研究：他先用巧妙的推理让亚里士多德的理论陷于自相矛盾的境地，然后提出假说、引用数学推理，最后用实验证明后再合理外推，这一整个流畅的研究过程在给我们展示了看似平淡的研究过程的同时，也展示了研究的美。再如，牛顿对万有引力的研究：他能够把匀速圆周运动与开普勒第三定律联系在一起，然后再合理推广到自然界任意两个物理之间的万有引力定律。这一过程同样也洋溢着科学探究的奇妙美感。还有值得一提的麦克斯韦对电磁统一的方程组的研究，将对称美完美地应用在科学研究中，并建立极具对称美感的麦氏方程组。

第七节 美育背景下的教师角色转变

教学的本质是一种"沟通"与"合作"的活动。"沟通"指师生、生生、师生与教学资源、媒体的"沟通"；"合作"指师生间、学生之间的合作。教师的任务并不单是把自己的知识传授给学生，更重要的是带领学生自己去学，教给他们怎样去学的方法。

我们倡导专家型教师，但不提倡教师站在专家的高度去要求学生。教师要有甘当小学生的勇气，与学生共建课堂，与学生一起学习，一起快乐成长。教师不仅要成为学生的良师，更要成为学生的学友。

首先，教师必须"端正"自己的思想。不能认为自己是教学的权威者，对问题的结论一锤定音即可；不能认为自己是课堂教学的统治者，对一节课有至高无上的特权，学生完全处于被支配、绝对服从的地位；不能认为自己就是教材内容的阐述者，对知识点准确无误表述后，再深挖掘，然后精选相关例题，以固定的模式教给学生固定的思维。教师可以向学生学习，可以向学生承认自己不懂的问题，可以请学生帮助老师解决教学中的疑难问题，让学生消除学习的"神秘感"。教师不应该以"知识的权威"自居，而应该与学生建立一种平等的师生关系，让学生感受到学习是一种平等的交流，是一种美的享受。

其次，教师必须"约束"自己的行为。不能一直站在高高的讲台上，居高临下，从讲述概念到定律、定理的理解再到规范解题直至布置作业，整个人"一言堂"，牢牢把握住课堂的控制权，从上课铃声开始直至下课铃声结束，整个课堂教师的活动天衣无缝、无懈可击，学生在下面却是云里雾里、昏昏入睡、茫然不知所以。这样的话，教师完全成为了课堂的主人，注重的是如何把结论准确无误地讲清楚，要求所有的学生记忆、再现，却忽视了学生的参与，这显然与新课程的理念相悖。

最后，教师必须"纠正"自己的评价方法。单一地依靠期中、期末两次考试分数来定学生的好坏，作为评优、评三好的标准，忽视了学生在德、体、美、劳等其他方面的综合表现，评价体系不能以理服人，更何况一两次的成绩也不能说明成绩的优劣。这种评价方法完全背离了新课程的过程观。

新课程的改革要求教师：一要在教学中引导学生去发现、去探究知识，促使学生在教师的指导下主动地学习；二要让学生在"体验中学习"，把学生感到枯燥、乏味的教学内容放到现实情景中去学；三要以讨论、动手做实验、知识竞答等形式进行教学。教师在课堂上充当主持人的角色，把课堂教学的内容交给学生。转变教师的角色应具体地从以下几个方面着手。

（一）从课堂的主角转变为探究活动的平等参与者、合作者

在传统的教学过程中，教师扮演的是"课堂裁判""课堂权威"的角色，是课堂学习的指挥者、评判者、统治者。有不少学校，明确了课堂教学的责任制：任课教师就是一节课的最高长官，要求在45分钟的时间里，学生要绝对服从教师的管理，老师让学生站着听，学生就不能坐着；老师给了一个统一的标准答案后，就不容许学生再分辩，学生仅是配合老师。所谓课堂学习，仅是学生配合老师的"表演"，老师对课堂有绝对的控制权，学生的学习行为不是由好奇心的驱使而发动的，却是在老师的操纵下展开的；不是从内心来的力量而行动，却是对外部力量的绝对服从。"给老师说一说"，显示老师的权威角色，却忽视了同伴间的交流、认可或质疑以及实验的验证；"会回答的请举手"，一个"会"字直接使学生陷入正确与错误的选择与判断之中，由于担心自己的想法可能是错误的、被否定的，于是就放弃了表达自己想法的机会，回避了与大家分享、交流、"撞击出美丽的思维火花"的令人兴奋的时刻。

通过以上分析，我们看到，教师要走下权威的宝座，放下操纵学生探究思维活动的指挥棒，走进学生中间，平等地与学生对话、沟通、交流，成为学生探究活动的参与者、支持者、合作者。

【案例一】测定玻璃折射率的实验

如果让学生完全按照课本上的实验要求去做，学生完全能顺利地做完实验，但是，此实验的过程，许多学生是懵懂的，结果是模糊的，为了让学生明确实验原理，可设置以下问题与学生交流。

问题1：根据 $n = \dfrac{\sin i}{\sin r}$，欲测玻璃的折射率，需要测哪些物理量？

学生回答：真空中的入射角、介质中的折射角。

问题2：提供一块两面平行的玻璃砖、白纸、直尺、若干个大头针，在确定入射线后，书上是如何确定出射线的，请阅读并回答。

学生答：透过玻璃砖观察，后面的大头针依次挡住前面针的像，说明第三、第四针所决定的线就是相应的出射光线。

问题3：动手做一做，并回答为什么？

学生的回答千奇百怪，老师可一语道破：因为第一、二针的像就在出射光线的反向延长线上。

问题4：如何确定上表面的折射线？

学生答：上表面的入射点确定了，下表面对应的出射点可确定，两点的连线即是上表面的折射线。

问题5：如果没有量角器，而使用圆规，如何测折射率？

问题6：如果不是两面平行的玻璃砖，而是普通的玻璃，可以按照此方法测定玻璃的折射率吗？

学生答：不可以。原因是出射线与入射线不平行。

此时，老师可以进一步设问，以纠正学生的观点：即使是一般的玻璃，也可以用同样的方法确定出射线，因而可进一步确定上表面的折射线，当然可以测普通玻璃的折射率。

（二）从内容的阐述者、传递者转变为课程的开发者

在传统的教学论中，课程被理解为规范性的教学内容，它规定着学校"教什么"，而学校则规定老师"怎么教"。课程是事先规定的，教学则是对课程的忠实传递，不允许对课程做出任何调整和变革。在传统课程所倡导的教学观中，教师只是既定课程的阐述者和传递者，学生只是既定课程的接受者和吸收者。当课程由"专制"走向民主，由封闭走向开放，由专家研制走向教师开发，由学科内容走向学生经验时，课程就不只是"文本课程"，更是"体验课程"，即被学生和教师实实在在地体验到、感受到、领悟到、思考到的课程。新课程所倡导的教学观认为教师和学生是课程的创造者和主

体，是课程的创造者和开发者。鼓励教师要"用教材教"，而不要"教教材"，也鼓励学生围绕问题进行开放性的探究活动，学生自己有意识地对问题进行拓展和延伸。

【案例二】测电流计的内阻实验

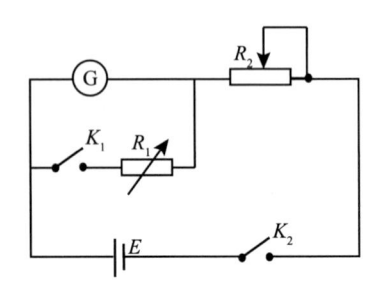

阅读物理课本中上的相关内容，按照实验步骤做一做，对照上图请学生回答：

问题1：R_2为什么远大于R_1？

问题2：R_1为什么采用电阻箱而不是滑动变阻器？

问题3：这个实验的误差是如何形成的？误差是偏大还是偏小？

在学生按照书上的方法测完电流计的内阻并解决以上问题后，有些同学立即会提出新的问题：如何测量一个电压表的内阻？

这时候，老师应当充分肯定学生的自主程度，应尽量使学生投入自己发现问题的活动中，促使学生完成科学型问题的探索，实际上，根据学生提出的新问题，可进一步引导学生自己设计实验的原理图，考虑需要哪些器材。

然后老师根据学生的设计，与学生交流原理的优劣，肯定大家的智慧，归纳不同的方法，选取以下两个原理图作讲解。

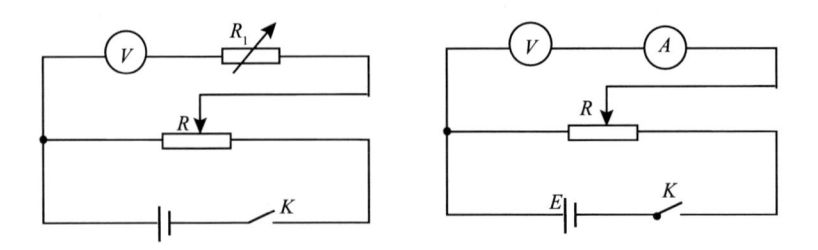

这一过程，老师与学生共同参与了以探究为目的的探究活动，老师与学

生一起相互促进、相互启发，完成了"测电压表内阻"的探究性学习，这一过程实际上就是开发了一节教材内容，老师陪伴学生共同成长，做学生学习科学权利的保护者。

（三）从单一的教材资源的传授者转变为科学资源的开发者

目前，教材一直是我国学校教育的主要课程资源，但人们常误以为是唯一的资源，学生上课就是学课本，把教材当作圣经一样解读、背诵。教师在教材所划定的狭小、封闭的空间里对知识进行"位移"——把书本上的内容转移到学生的脑海里，然后再把脑海里的知识转移到考卷上。学生想问、想学的，由于不属于教材范围，被教师"冷处理"了。学生喜爱探究的过程，教师则关注学习的结果，出现了师生之间的不一致、不和谐，以致学生失去了学习物理的兴趣。实施新课程标准以来，我们充分利用实验室为学生提供活动的空间；鼓励学生多去阅览室博览群书；带领学生深入工厂、社区参与社会实践；采用自制教具、结合网络视频音频等一系列渠道全方位地体验探究过程，切实帮助学生获取科学知识，形成科学素养。

（四）重视探究过程中态度、情感、技能、能力及结果的评价，改变"只重视结果，把结论是否正确作为唯一的评价指标"的评价方法

新课程要求，教师不仅要重视学生的学习结果，更要关注学生的学习过程。如果只求经历，而不在乎结果，新课程的学习难免沦落为一种形式上的机械训练；如果单看结果，而忽略过程，无法显示学生探究素质的水平。学生对学习的结果，要敢于大胆设想，而且对学习活动本身要有强烈的成功欲望，这样，才能调动学生的自主性。

由此，我们必须重视学生参与探究的愿望，重视学生发现问题的质与量，重视学生动脑设计、动手操作的水平，重视交换意见、沟通合作的能力，重视改进方案的递升能力，以及结果的完整性和期望值，也就是重视学习过程中态度、情感、技能、能力及结果的过程评价，绝不能把是否探究出结果、结论是否正确作为唯一的评价指标，更不能通过纸笔测验来加以评价，因为纸笔测验无法显示学生探究素质的水平。

第八节 物理美育课思想

一、美育与物理教育

物理学的基本使命是认识物质世界,并以概念、规律、方法、理论等形态客观地反映物质世界,以正确地揭示物质世界现象和过程的本质。物理教育的目的可表述为培养学生认识宇宙,学会从物质结构和运动的繁杂、无序之中整理出统一的、简洁的秩序和规律,找到认识世界、解决问题的途径和方法,从而为人类社会的进步、发展服务。

美育的目的在于按照美的标准和规律培养人的审美感受力、创造力以及提高审美趣味,其基本特征是形象化和情感性。广义上的美育是将美学的原理渗透于各个学科的教育中,培养学生具有正确的审美观和鉴赏美、创造美的能力,学生从零散、无序的艺术哲学之中整理出令人神往的秩序和规律,发现大千世界的美妙,成为内在心灵和外在表征都符合美的要求的人,促进人类社会的和谐发展。

这里所谓的"秩序"意味着真理与和谐。可见,二者的目的都是为了人类的和谐发展,都是为了追求"秩序、规律",只是学科不同,相应的教育方式和方法不同而已。

二、物理美育课的基本内涵

物理学科有自身特点,"物理美育课堂"是指面向全体、自主学习、和谐互动、民主合作、评价多元、满足个性的从事学习活动的课堂。

"物理美育课堂"的第一要素是"以人为本"。要求教师将目光关注全体学生,尊重每一个学生独有的认知水平和规律,以学生的认知起点和认知水平为基础,因材施教,让课堂真正成为学生的学习场所。

"物理美育课堂"的第二要素是"教学之道"。要求教师利用教材教会知识,还教会学习的方法、解决问题的能力,教会同学间互相合作的意识,教会师生、生生之间互相尊重的品质,帮助学生形成正确的价值观……

基于物理学科的特点,"物理美育课堂"的基本内涵可以概括为:"三观""四性""五个度"。

"三观"指生命观、差异观、发展观。多元智能理论告诉我们,智力有多种类型,各种智力并没有优劣之分,不同的人智力优势不同。"物理美育课堂"教学应充分尊重每个学生的特质,针对个体差异开展教学,真正做到因材施教;不仅追求课堂高效,更要从生命的高度、用发展的眼光看待教学、看待学生的成长,坚信不同的学生都可以获得不同的发展,因而要用欣赏的眼光看待每一个学生。

"四性"指尊重学生的天性、发展学生的个性、启迪学生的灵性、激发学生的悟性。学生的成长是符合自然规律的,高中阶段的学生已经进入青春期,已经有自己的思维方式和价值判断标准。"物理美育课堂"应尊重高中学生的天性,基于学生的认知规律和学生个人的愿望,根据学生的差异因地制宜地设置问题,采取多种评价方式,积极引导学生的个性化发展;采用多种途径、通过不同的活动引导学生自主探究、自主领悟知识,在合作交流中启迪灵感、激发兴趣、培养能力。

"五个度"指整合度、参与度、亲和度、练习度、达成度。整合度指知识与文化相融合,在传授知识的同时,塑造学生的文化品格,提高学生的整体素养;参与度指课堂上师生间、生生间多元互动,每个学生都踊跃参与到教学中来;亲和度指师生、生生之间情感的融洽、和谐,课堂上没有被遗忘的角落、没有被忽视的表情;练习度和达成度指通过有效的、不同层次的问题设置,使学生都能顺利解决问题,学有所获,使教学目标有效达成。

三、物理教育力求达到的目的

美与善是一致的,美以善为前提,善是美的本源,善又是真与美的家园。物理教育通过生动的事例、多样的方式、灵活的手段陶冶学生的心灵,起到以形悦心、以情感人、以美引善、以美育人的作用。

(一)物理教育有利于培养学生正确的世界观

物理学的美不是抽象的、空洞的,它与物质的结构与运动紧密联系。物质世界的美总是符合事物发展的规律,代表着物质发展的趋势。中学生进入青春期后，审美观发生了变化，开始从注重外表转向追求内在品位；视野开始由周围狭窄的生活圈子扩展到更广阔的世界；判断开始从具体到抽象、从感性到理性。

物理教育的目的，不光是传授知识，形成能力，更重要的是帮助学生形成正确的人生观和世界观。在教学活动中，适时培养学生对自然现象的审美情趣，以提高学生感受、鉴别和理解美的能力，是完全符合学生的成长规律的。所以，教学时，无论从教学内容，还是从教学方法来说，都应体现真、善、美的统一，让学生在美的氛围中，逐渐领悟到物理学简洁、对称与和谐之美，逐渐感受科学美对人类社会发展所起的巨大推动作用。教学过程中，师生间的交流和沟通是至关重要的，教师对科学美的引导，可以激发学生对美的认知，可以使学生产生探索物理的激情与创造的动机，进而让学生对审美对象产生情感反应，产生积极的联想和深刻的理解。这样一来，学生对学好物理学的兴致会更浓，学习潜能挖掘得更深，进而迸发出创造性思维的火花，并从品尝到的学习成果中，激励他们主动学习、刻苦钻研、勇于创新。可以肯定地说，对科学美的认识是诱导学生学好物理学的桥梁。同时，告诉学生，对物理美的感受不能光靠肉眼来辨析，更要靠心智去体验，这样有助于培养学生的想象力，进而在思维层次上养成良好的审美习惯。

（二）物理教育有利于培养学生高尚的情操

物理学中有许多优秀的物理学家，伽利略、居里夫人、爱因斯坦……这些物理学家虽然国籍不同，所处年代不同，各人经历不同，但他们身上都闪耀着真理的光辉。伽利略遭受审判、终身监禁后仍坚持着完成了现代物理的第一部伟大专著——《关于两门新科学的讨论》；居里夫人在镭提炼成功后自动放弃申请专利，将之公布于众，有效地推动了放射科学的发展；在从矿物中分离出新元素以后，她把新元素命名为钋，以此表示对惨遭沙俄奴役的祖国的深切怀念；爱因斯坦为捍卫世界和平一直不屈不挠地抗争……物理学家的生平事迹很多，他们克服困难、不怕挫折的拼搏精神，祖国至上、乐于奉献的敬业精神，不分敌我、互相协作的科学精神都是一部绝好的美育教材，能从不同的角度激起学生的共鸣。教学过程中，结合物理学家勇于探索的科学精神、顽强拼搏的不屈精神、不求索取的奉献精神、为捍卫真理勇于献身的精神，配上声音、图片和教师的肢体语言和知识一起穿插讲授，定能使学生耳濡目染，进而学习和仿效物理学家的精神风貌与美德，激发学生的爱美天性，促使学生树立远大理想，追求卓越人生，达到陶冶情操、净化心灵、追求美好的目的。这无疑是最理想的情感教育。

（三）促使学生养成积极主动的学习态度，学会学习

世界是发展的，事物是变化的，知识也在不断更新，如果仅依靠上课时老师的讲授，依赖课本，学生获得的知识远远不能满足社会的需要。我们教育的目的之一，就是促使学生养成积极主动的学习态度，学习物理学家研究问题的方法，学会向实践学习、向社会学习，养成终身学习的习惯，并在不断的学习过程中，获得进步、成长。

四、物理教育中的美育途径

物理学是建立在实验基础之上的，通过实验现象，总结自然规律，进而服务于人类的一门学科。无论是开展活动、动手做实验还是课堂教学，都要紧密结合物理学特点，通过深入探寻学科内在的知识体系，借助于物理学科具体的思维方式和学习方法，在追求教育形式美的同时，欣赏并探寻物理学科内在的科学结构美与内在逻辑美，在探究过程中激发学生对物理学科更加浓厚的求知欲望与兴趣，达到学科知识的学习与良好的审美情趣相结合，既提高课堂效率又促进学生人格完善的目的。

为此，在观念上，我们力求做到用美的内容启迪学生心灵，用美的教法激发学生求知欲望，用美的语言陶冶学生情操，用美的字体使学生感受美的熏陶。

（一）在准备阶段

教师要将熟悉的"课程标准"转换成适合学生的"学习目标"，然后据此设计与目标匹配的评价，由目标和评价设计学习活动。

准备的过程要依据学生的特征，准备的内容包括确定学习目标、设计与学习目标相匹配的评价、设计恰当的学习活动。准备的过程要体现美的思想，其中教学设计美往往体现为教学方案别具一格、新颖可行、富有成效。为此课前要精心备课，除遵循一般的教学常规以外，做到"三个把握"，即把握教材中

蕴涵的美育因素，把握学生审美心理特点，把握美感的表达方式。

1. 确定学习目标

首先弄清楚学生将获得什么，为什么要教这些内容，教到什么程度。然后，针对教材，教师要敢于取舍、增减、变换。准备的过程中，教师考虑最多的往往是预期的学习结果，而无法估计生成性的目标。因此预期的结果是教学设计时关注的重点，是教学过程的决定因素，也是教学效果中可评价的那一部分，而生成的结果具有偶然性，需要教师的教育机智。

其次，叙写学习目标。叙写要明确行为主体、行为动词、行为条件与表现程度。主体指学生，如"学生应该……"；行为动词指可测量的具体行为，如"写出、认出、绘制、解决"等；行为条件如"根据图像""在10分钟内做完……"；表现程度指学生对目标所达到的最低表现水准，如"至少想出三个解题方案"等。学习目标明确了，教学就有针对性。

2. 设计与学习目标相匹配的评价

学生学习最直接的目标是"应知"与"应会"。"应知"适合用纸笔测试来评价，这种评价常用习题、试题，便于检测和反馈；"应会"比较适合用表现性任务来评价，这种评价要求学生在课堂内外的真实情景中证明自己运用所学知识完成某项任务的能力，如设计一个方案，探究加速度与力、质量之间的关系。课堂上当堂检测是必不可少的评价手段，而且要因人而异地设计评价题目。

3. 设计适当的学习活动，使学生达成学习目标

学习活动设计前，教师要明确学生的认知水平、学习风格、个性特征。不同学生参与的活动内容不同，承担的任务有区别，要求的效果应不同。教师要合理地分解教学目标，采取措施帮助学生一步步实现目标。

（二）具体到教学过程

在物理课堂教学中，我们通常先让学生观察实验，然后总结知识规律。我们的美育课堂设计思路就是从现象入手，让学生感受科学的美。具体做法：从生活现象、实验现象出发，让学生体会物理学的现象之美；通过合作、探究，进而引领学生从现象中找到物理规律，提炼出理论，从而感受物理学的理论描述之美；利用数学建模法简化物理问题，继而引导学生进行严

密的逻辑推理，然后给予合理的解释，体验理论结构与运用之美。通过物理美育课的育化，提高学生的审美和人文素养。

美育课堂注重引导学生转变学习方法，要由被动听转到主动学；要结合图像、实物，充分利用声像媒体等多种方式呈现教学内容；要引导学生耳、眼、脑、口、手多种器官综合使用；要大力提倡小组合作学习，让学生在参与中掌握知识，生成能力；要尽可能地创造条件让学生向他人转授。学生转授，不仅要对内容相当熟悉，而且必须透过个体思维，将内容转化为让其他人能懂的表达方式，从而提升了学生潜在智能的发展。

教学过程应体现为开始能引起学生兴趣，全神贯注地投入；衔接能环环紧密相扣，别具匠心；转化能自然畅达，波澜起伏，引人入胜；结尾能令学生茅塞顿开，余味无穷，发人深省。为此，上课时我们做到"三个带进"：一是把情趣带进课堂，改变单一的教学模式，采用多种教学形式，激发学生感受美；二是把激情带进课堂，以饱满的热情和良好的心态上好每一节课，感染带动学生去感受知识的真谛；三是把情感交流带进课堂，与学生充分交流情感，引导学生加强合作，融洽师生关系。教学过程美体现在以下几方面。

（1）关键处板书。板书所提供的是学习内容的要点或一节课的结构，是课堂话语的一种"脚手架"，板书往往成为学生回忆、复述、理解学习内容的重要线索和认知地图。教师应随时随地观察学生的课堂反应，尤其是中下水平学生的反应，从而决定何时板书、板书的详略以及是否修正原先设计好的板书。而且书写要规范，字体要漂亮，布局要协调，重点要突出。

（2）教学语言美体现为无论书面还是口头语言都应该生动形象、言简意赅，精确明快，富有情感和幽默感。物理教师的语言是思维艺术的展露，精湛的语言能使物理规律表述得妙趣横生。尤其是具有直观性和启发性的形象化比喻手法，能激起学生展开想象的翅膀。当然，教学语言还要求有和谐的节奏，抑扬顿挫，注重轻重缓急，力争声情并茂。

（3）问题的难度要适中应发问次数频率要高。一堂课，45分钟要平均设计20个左右的问题；要留足候答时间，低难度问题候答时间为3~4秒，高难度问题应为15秒左右，这样学生有足够的时间思考，回答问题更有信心；选择一定形式（如座位、学号、姓氏）依次请学生回答，让每个学生都平等参与课堂，会比随机叫答方式效果好。

（4）使用多种方式强化信息。课堂上教师如果对所有学生都使用言语强化，那么强化作用将很快降低，所以教师可以结合身体动作、表情和姿势等方式传递信息，对不同学生的行为表现及时表示出赞赏和肯定。

（5）每个学生都会因目标的完成而享受成功的快乐，所以教师要学会欣赏每位学生；教师表扬越具体，效果越好，尤其对依赖性强、易焦虑的学生需要给予更多的鼓励和表扬，以形成师生之间相互信赖与激励的良好氛围。

（6）至于教态美则应体现为教师衣着打扮美观大方，仪态端庄，待人真诚，举止自然。当然，这些教学艺术还应该跟物理学自身具有的简单、对称、和谐的美学特征紧密结合，在学科教育中最大限度地渗透美育。

（三）授课结束后

课后，要做到三个关心：关心学生的疑难问题，及时答疑解惑；关心学生的情感世界，及时排解不良情绪；关心学生的发展，引领学生健康成长。

（四）物理美育教学实施途径

基于物理学的特点，物理教育中还有以下途径实施美育。

（1）在学校的教室、实验室、走廊里张贴体现物理美的挂图，或者带有哲理话语的物理学家头像的挂图，让学生时刻接受美的熏陶。

（2）在学校科技橱窗里展示优秀的物理实验制作和报道最新的科技前沿，让学生时刻受到激励和鼓舞。

（3）创设开放性实验室，让学生在活动中亲身感受实验美，以培养学生的创造性思维。

（4）在课外活动时，开设有关物理美学讲座，在思想上加深物理与美的联系。

总之，物理教育应通过积极调动学生的审美思维，启发学生的审美联想，激发学生的创造欲望，让学生树立起这样一种信念：广袤的宇宙存在着一种简单、对称、和谐的美，有待他们去发现、去揭秘、去丰富和发展，去"原天地之美，而达万物之理"。

第四章 "美的教育"的方法

教育是人的灵魂的教育,而非理性知识的堆积。

——雅斯贝尔斯

第一节　物理中的"数学建模法"

一、高中物理为何难学

高中学生普遍反映，物理内容课上能听懂，但题不会做，遇到问题，不知从何处入手。我们认真分析了高中物理难学的原因。

（1）学生由初中升入高中，生理年龄在十七岁左右，从认知角度看，已由具体运算阶段进入形式运算阶段，开始从具体事物中解脱出来，能在头脑中将形式和内容区分开来，能初步运用词语或符号进行逻辑思维，抽象思维能力有些发展。但是，随着高中物理需要抽象思维内容的增多，学生还是对有些问题感到难以理解，如地球何时可当作质点，何时不能当作质点，为什么采取控制变量法研究加速度与力、质量的关系，以及对电磁波物质性的理解……学生的认知水平仍不够高，思维还常常与具体事物相联系，离不开具体经验，缺乏概括能力，抽象推理能力尚未发展，不能很好地进行命题运算。

（2）高中数学知识的编排明显落后于物理内容的学习进度。高一物理开始后，很快学习"矢量"这一概念，而数学上向量的概念在高一必修四才讲述，学生理解物理矢量的概念很困难；高一物理用 V-t 图求加速度，却无法直接用直线的斜率来描述加速度，因为数学课本上的直线方程的斜率放在高二上学期才进行讲述；高一物理描述运动场上足球的运动需要建立空间直角坐标系，而数学上空间几何安排在高一下学期必修五……数学知识的编排明显落后于物理内容的学习进度，致使学生理解物理概念不到位，利用比值定义法、极限法、微元法处理物理问题十分困难。

（3）物理学习上量化计算陡然增多。物理学习的一个特点就是数学运算，物理题的解题过程本身就是运用物理原理和数学运算来解决问题的过程。进入高中后，物理学习上量化计算陡然增多，而学生的数学应用能力往往较差，不能很好地推理、分析和综合。有时，即使学生对题目考查的物理知识点非常了解，但由于学生数学知识运用水平低，不能很好地使用题目给出的已知条件，找到各个量之间的函数关系，快速地解决问题，导致物理学习很困难，达不到高考物理学科考查的能力要求。

二、"物理学习时受数学知识的影响情况"调查

为了了解不同层次的学生对物理学习时受数学知识影响程度，选取瑞景中学高一所有新生共404人参与问卷调查。根据探究的内容，我们自行设计了问卷，利用问卷调查法和个人问谈法进行调查。

调查结果显示：

83%的学生知道数学为物理学习的基础学科，只有17%的学生不知道；对于新课中遇到的数学知识，5%的学生会想到主动查阅，42%的同学课后会请教老师，36%的同学抱着以后慢慢懂得的心理，17%的学生存在不懂也没关系的态度；14%的学生遇到物理公式会自己推导，63%的学生偶尔会推导，23%的学生从没想到推导；对于解答物理问题时遇到的数学方面的困难，20%的同学选择放弃，66.5%的同学有时会放弃，13.5%的同学几乎不会选择放弃。

虽然大部分学生知道数学为物理学习的基础学科，但是，对于新课中遇到的数学知识，超过半数的同学不会主动去弄懂，而是消极等待，甚至抱着无所谓的态度，说明学生学习主动性不够，对数学的工具性重视不够；对于物理公式，自己推导的学生很少，有一部分学生从没想到推导，说明学生尝试用数学知识理解物理表达式意识不够，也说明学生的逻辑思维能力缺乏；对于解答物理问题时遇到的数学困难，选择放弃的学生超过坚持克服困难的学生，说明学生的意志力薄弱，同时缺少方法。

数学是基础学科、工具学科。数学思想可以为学习物理服务，数学方法可以用来解决许多现实问题，但是学生没有这个意识，这一点需要培养；学到新的数学知识，不主动用来解决实际问题，学生求解问题的意识和理论联系实际的能力要加强；学生战胜困难、一往无前的勇气需要激励。教学过程中，应充分发挥"数学"优势，利用数学思想为物理学习服务，加强数学与物理之间的学科关联性，从而培养学生解决实际问题的能力，这是我们努力的方向。

三、"数学建模"的理论依据

斯皮罗认为，建构包含两方面的含义：其一，对新信息的理解是通过运用已有经验，超越所提供的信息而建构成的；其二，从记忆系统中所提取的信息本身，也要按具体情况进行建构，而不单是提取。学习者主动创造意义而不是获得意义，而教学的作用则是向学习者展示如何建构知识，促进互相合作，分享、交流不同的认识。帮助学生建构意义就是要帮助学生对当前学习内容所反映的事物的性质、规律以及该事物与其他事物之间的内在联系理解得更加深刻。

课堂教学在帮助学生获得信息、知识、技能、思维方式及表达方式时，也在教学生如何学习；教学追求的目标和结果，应由学生的"学"体现出来；教育效果的好坏，不仅要看它是否达到了具体的目标（如知识、技能、信息），而且要看它是否能够提高学生的学习能力。在此理念的基础上，我们提炼出了"数学建模"解决物理问题的思想方法。

四、物理问题中的"数学建模法"

（一）"数学建模法"解决物理问题的四个环节

"数学建模法"解决物理问题的四个环节，如图4-1所示。

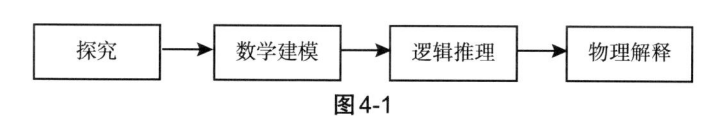

探究 → 数学建模 → 逻辑推理 → 物理解释

图4-1

（1）探究。认清实际问题，包括分析原型的结构、要达到什么目的以及能给我们提供什么信息，让学生对情景所反映的性质、规律，以及事物之间的内在联系有较深刻的理解。

（2）数学建模。分析处理资料，确定现实原型的主要矛盾，忽略次要因素，超越情景信息，进行科学抽象和概括，运用数学工具建立各种量之间的关系。

（3）逻辑推理。根据所采用的数学工具在原有经验的基础上，进行严密的逻辑推理或求解，找出数学上的结果。

（4）物理解释。将数学结论带到实际问题中，即根据数学上的结论主动创建意义，对现实问题给以解释，由此判断数学模型是否正确，或者进行修正。

（二）数学建模的流程

数学建模的流程，如图 4-2 所示。

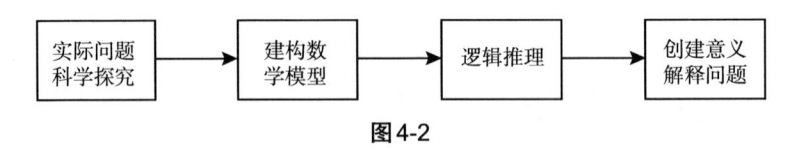

实际问题科学探究 → 建构数学模型 → 逻辑推理 → 创建意义解释问题

图 4-2

构建数学模型，解决物理问题的关键在于：将物理问题数学化，在分析物理情景、理解物理问题要素的基础上，通过列表、画图、建立直角坐标系等方式把物理问题转化为数学问题，建立数学模型，把文字语言翻译成数学语言，然后对得到的数学模型进行求解，得到数学解。

【案例一】

如图所示，圆柱形的仓库内有三块长度不同的滑板 aO、bO、cO，其下段都固定于底部圆心 O 而上端则搁在仓库侧壁上，三块滑板与水平面的夹角依次是 $30°$、$45°$、$60°$。若有三个小孩同时从 a、b、c 处由静止下滑，忽略阻力，则（　　）

A. a 处小孩最先到 O 点。

B. b 处小孩最先到 O 点。

C. c 处小孩最先到 O 点。

D. a、c 处小孩同时到 O 点。

思考：三个小孩的运动情境一样，都成侧壁开始运动到圆心，应该服从共同的规律，可以考虑建立时间-角度的数学函数模型。

①设圆柱底的半径为 R；

②光滑斜面上物体的加速度为 $a = g\sin\theta$；

③从顶部到圆心位移-时间函数关系为 $s = \frac{1}{2}at^2$；

④由数学几何关系可知 $\cos\theta = \frac{R}{S}$；

⑤时间-角度的数学函数模型表达式为 $t = \sqrt{\frac{4R}{g\sin 2\theta}}$。

分析求解知：$\theta = 45°$ 时，t 最小；当 $\theta = 30°$ 和 $60°$ 时，t 相等。

结合具体的情境，b 处小孩最先到 O 点；a、c 处小孩同时到 O 点。答案为 B、D。

首先，建构时间-角度的函数模型后，简化并归纳出同类问题的研究模式，使同类问题的思维程序化，避免了烦琐的运算（一个接一个地运算）；更有意义的是，建模首先需要学生提取要素，找出关键词。其次，就要穷究其理，找出根源，弄懂原因。再次，要求学生把概念与概念的关系理顺，把模糊的知识点梳理清楚。最后，需要思维统筹、整体架构，调整逻辑次序。由此可见，建模能够培养学生从"宏观"上把握事物的能力。

（三）建立多种数学模型

随着力、电、磁、光、原子等物理知识学习的深入，出现越来越多的复杂的物理问题，需要学生构建多种的数学模型以解决，如函数模型、三角模型、图像模型、不等式模型、一元二次方程模型、圆与切线模型。振动现象、波动过程常用双曲型偏微分方程描述；对于或然现象（如核外电子的分布），则用概率论与数理统计来描述等。

五、用"数学建模法"发现物理规律

【案例二】"机械能守恒定律"的建立

思考如下几个物理情景：

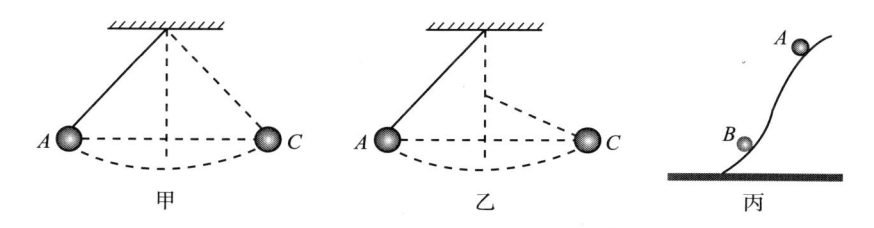

甲　　　　　　　乙　　　　　　　丙

①把一个小球用细线悬挂起来，把小球拉到一定高度的 A 点，然后放开，小球在摆动过程中，可以摆到跟 A 点等高的 C 点，如图甲。

②如果用尺子在某一点挡住细线，小球虽然不能摆到 C 点，但摆到另一侧时，也能达到跟 A 点相同的高度，如图乙。

③某物体沿光滑曲面滑下，选取整个过程中的任意两点 A 和 B，如图丙。

引导学生发现上图三个过程中共同的特征，引导学生建构数学模型。

提要素：物体受几个力？但只有重力做功。

挖本质：重力势能变化伴随动能变化。

理关系：$E_{k1}+E_{p1}=E_{k2}+E_{p2}$。

建立函数模型，构建机械能守恒定律：在只有重力做功的物体系统内，动能与势能可以互相转化，而总的机械能保持不变。可将关系式中各变量间的依赖关系，用解析式清晰地表达出来。由于数学表达形式简洁，内涵丰富，用较少的符号就能言简意赅地说明问题，在物理概念、规律的建立过程中被广泛采用。

六、学生的变化及笔者的一些思考

"数学建模法"充分利用数学思想为物理学习服务，引导学生使用数学眼光，通过"渗透—体验—积累—内化"的过程有目的地培养和提升学生运用"数学建模法"解决物理问题的能力，学生的可喜变化表现为以下几方面。

首先，学生学习物理的兴趣提高了，学习态度有了明显改善。从天津市统考、高考的反馈中发现，笔者所执教的学校物理成绩排名不断提升，与其他学科相比，物理学科在优秀率、及格率、平均分等方面有明显的优势。

其次，思维得到发展，能力得到培养。学生养成了自己推导物理公式的习惯；对于新的数学知识，学生学会思考它在物理上的应用；当物理学习中涉及不理解的数学运算时，学生知道主动查阅数学知识的出处，促进数学知识的学习和掌握；学生们学会了交流、共享。

最后，对于生活中的现象，学生知道了结合数学的观点来思考和处理；知道借助数学理解物理概念；知道采用精确的数学分析结合实验数据来研究物理问题；知道积累数学知识和数学方法为物理学习服务。

物理问题解决的一个重要方法是建立数学模型，而高中物理理论的建立广泛地运用了数学中的公理化方法，我们突出了数学建模法，但对公理化方法的运用突出不够；同时，物理学以实验为基础，对实验数据的研究还有列表法、图解法等，这些方法在物理的教学中都要引起学生的关注。为了提高学生的物理能力和水平，在教学过程中应该有目的地培养和提升学生运用数学知识和方法解决物理问题的能力，我们不仅要讲述用数学知识为物理服务的技巧，也适时讲述数学的精神、价值，以及数学对物理进步所起的作用，从而鼓励学生从更高的境界认识数学思想、方法对物理学习的影响。

七、培养跨学科建构知识的能力

（1）积极开展研究性学习。在讲述新的物理概念前，把新章节中要用到的数学知识，指导学生从数学教材中一一找出来，弄明白这些知识点的数学意义，为建构数学模型做好铺垫。

在讲述矢量及运算前，教师要求学生找到数学必修四课本，指导学生预习数学上的向量概念和运算法则；学习 $V\text{-}t$ 图、$X\text{-}t$ 图前，指导学生认识直线斜率的意义；在学习力的合成与分解前，告知学生任意角的三角函数与反三角函数……；像函数的对称性、周期性，等差数列、等比数列及求和，正弦定理、余弦定理，重要的不等式，直线和圆，抛物线的几何性质和椭圆，排列，函数极限，导数与极值等这些数学知识点，高中物理都要用到，教师在讲述物理内容前，引导学生了解新章节中的数学知识，借助于数学理解物理概念。

（2）在物理教学过程中，对用到的数学知识，给学生做准确的示范和描述，启发学生学会用数学语言表述物理概念，用数学方法构建物理规律。

数学上的三角函数知识在高中物理学习上有着极为广泛的应用，无论是物体平抛运动轨迹中的边角关系，还是渡河类问题中的速度关系，都要用到三角函数，但学生往往不清楚物理情景中的几何边角关系，三角函数的计算也常常出现错误，每当教学中遇到这样的问题，教师及时地补充矢量三角形、正弦定理、余弦定理知识，帮助学生理解；在讲述通电导体在磁场中受安培力方向时，教师恰到好处地展现空间几何模型；尤其是带电粒子在匀强磁场中的运动轨迹更是与圆的知识紧密联系，遇到这样的情况，教师适时讲解圆、弦、切线的几何性质，给学生做准确的示范，通过加强数学基础知识的教学为物理学习服务。

（3）选取典型例题、习题，指导学生尝试利用"数学建模"简化物理问题，引导学生进行严密的逻辑推理，然后给予合理的解释。

如追及与相遇问题，用到一元二次不等式的解法，可以建立"一元二次方程模型"；也可以由 $V\text{-}t$ 图通过计算面积、建立"图像模型"来判断是否追上。通过典型问题，启发学生的思维向纵深发展，依次的顺序如图4-3所示。

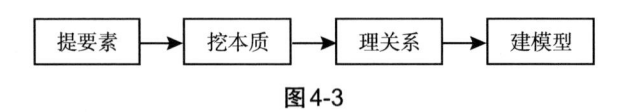

提要素 → 挖本质 → 理关系 → 建模型

图4-3

（4）创设开放性实验室，让学生进行实地测量、分析，在具体的情景中学会构建数学模型，体验用建模法解决问题。

实验室内存有生物标本，如何推算生物死亡的年代？对于这一问题，可以利用放射性衰变的规律来求得。^{14}C是β衰变核素，半衰期$T=5730$年，大气中的^{14}C与^{12}C之比近似为一常数，活的生物体通过呼吸和光合作用与大气进行碳交换，使生物体内^{14}C和^{12}C与大气中有相同的比例，一旦生物体死亡，这种碳交换停止，在生物体内的碳只有衰变，没有生成，其放射性活度将按指数规律下降。所以，只要测得死亡生物体每克碳的放射性活度，就可算出标本死亡的年代。利用放射性衰变的规律也可推算出落到地球上陨石的年龄，进而估算太阳系的年龄。

（5）利用活动课，让学生逐步尝试构建多种数学模型，鼓励学生交流和讨论，利用建模法解决学习和生活中遇到的问题。在活动课上，笔者经常提供类似这样的真实情景。

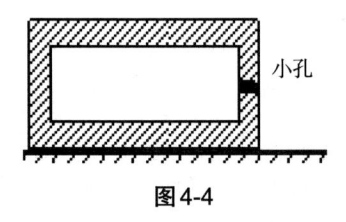

图4-4

如图4-4所示，把一个真空罐放于光滑水平面上，当其右则被刺破一个小孔时，罐子将做什么运动？

对于这样一个活生生的具体问题，如果不进行简化是很难描述的，那么，应如何识别并建构数学模型呢？

分析可知，罐子的运动情况与和它相互作用的空气有关，若以真空罐和最终进入罐内的空气组成的系统为研究对象，这一系统合外力为零，遵守动量守恒定律，通过构建"二体碰撞"模型来处理：向右先加速再减速，最后匀速。学生观察可看到现象，但分析起来，若没有"人船模型"的概念，很难思考此类问题。

（6）利用课外活动，对学生开设有关数学对物理发展影响以及创新方法教育的专题讲座等。

第二节　由"学习金字塔"引起的思考

一、什么是"学习金字塔"

美国缅因州国家训练实验室发现了"学习金字塔"（Cone of Learning）（图4-5），以语言学习为例，两个星期后平均学习保持率的"金字塔"效果如下图所示。

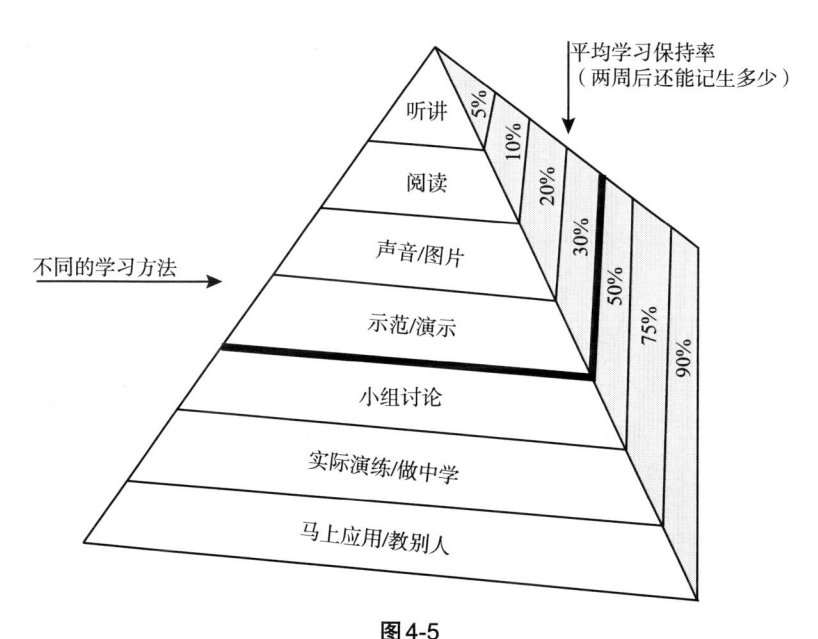

图4-5

在塔尖，是第一种学习方式——"听讲"，也就是老师在讲台上面说，学生在下面听，这种我们最熟悉、最常用的方式，学习效果却是最低的，两周以后学习的内容只能留下5%。第二种，通过"阅读"方式学到的内容，可以保留10%。第三种，用"声音、图片"的方式学习，可以达到20%。第四种是"示范",采用这种学习方式,可以记住30%。第五种,"小组讨论"可以记住50%的内容。第六种,"实际演练",记忆内容可以达到75%。

最后一种在金字塔基座位置的学习方式,是"教别人"或者"马上应用",可以记住90%的学习内容。

由此研究可知,如果一个学生能把自己学的东西给别人讲出来,那么,他对这项学习的保存率高达90%。

二、学习金字塔的启示

"学习金字塔"理论倡导学生主动参与,促使教师转变教学方式,学生转变学习方法。

首先,在教学中要做到精讲,在知识关键点和学生疑惑点加以点拨。其次,要限制讲授时间,尽量给予学生足够的时间去思考、自主讨论,鼓励学生阐述自己的思想、对问题的看法和解题思路,使他们的思维得以发挥、发展。最后,也是最重要的,就是创造机会,让学生在运用中学习,并把所学知识加以应用,做到从生活走向课堂,又由课堂走到生活中,从而激发学生的学习兴趣,培养学生独立思考、自主学习的能力,真正实现从知识到能力的转化。

然而,实际情况是,身边触手可及的东西,以及很容易接触的东西,学校也很少让学生们去探索,去接触,去摆弄,去动手,去拆解,而是照本宣科。背、读、听已经成了学生包括家长和老师的一种根深蒂固的学习习惯。我们通常意识上的上课,基本等同于听课。老师带张嘴,动动口就把课上完,学生带只耳朵听就可以了,即便生活中处处都是可以用来辅助教学的用具,也不会拿来为教学所用,而是习惯于从书本到书本,习惯于灌输与聆听,结果孩子累、家长累、老师累,学习效率太低,学生没有兴趣、缺少动力,久而久之教师也产生职业倦怠,学生彻底失去学习激情。

根据"学习金字塔"所呈现的,只是听老师讲述学习内容,两周以后记住的内容只剩5%。为什么会这样呢?因为这是最被动的学习方式,学生的参与度是最低的,所以两周之后仍然记得5%就不错了。从上至下第一种至第四种的学习方式都是被动式的,学生的参与度非常低,所以学习的保存率都无法超过30%。金字塔的最底端,其教学效果可以高达90%,而这个方法是让学生教别人。如果学生有机会把课堂内容立即应用,或是让学生有机会当同学的小老师，记忆效果可高达90%。所以从"学习金字塔"中可看出，学生的学习效果以能够转教别人为最好。而且要学生以教师的身份对其他人进行教学，不仅要对内容相当熟悉，同时也要通过语言的呈现来进行沟通，所以学生在进行教学之前，必须通过个体思维，将内容转化为让其他人能懂的表达方式，这也提升了学生潜在智能的发展。

由"学习金字塔"的内容可以看出：学习方法不同，学习效果大不一样。因此，教师应该调整甚至改变教学方式和角色，充分尊重学生在学习活动中的主体地位，引导学生自觉地参加合作学习。学生要努力转变学习方法，要由被动听转到主动学；要多种器官综合使用，要耳、眼、脑、口、手并用。在教学中，老师要大力提倡小组合作学习，让学生在参与中掌握知识，生成能力，从而真正实现从知识到能力的转化，使学生真正将老师传授的知识记得多，记得准，记得牢；让学生在合作探究学习中展示自我、体验成功，从而提升学习兴趣。这样课堂教学就会变得高效，学生的学习也会变得高效，从而培养了学生的能力，提高了学生素质，为学生的终身发展奠定了坚实的基础。

第三节　生活化教学

一、概念及理论依据

（一）物理生活化概念简述

所谓物理生活化教育，是指从学生经验背景出发，帮助学生对学科知识进行建构，把学科知识运用生活实际，以培养学生运用知识，分析、解决实际问题的能力和方法。与传统物理教育相比，它呈现出新的特点。传统的物理教学是以讲授知识为主，以掌握教学目标为重点，学生活动少，课堂成了教师讲课的场所，学生主体性不够，学生运用知识分析、解决实际问题的能力得不到培养，更谈不上学生理论联系实际的科学精神和对客观事物积极探索的态度的培养。而物理生活化教育强调在理论与实际相结合中学习，形成科学思想、科学精神和科学方法。它体现了以人为本，促进学生身心全面发展的教育思想。

（二）物理生活化的理论依据

建构主义理论认为，学习与学习者发生的情境紧密相连。学生学习的本质就是借助于学习情境的帮助，实现学习者对知识意义的主动建构。生活化物理教学能使学习者在真实的问题情境中进行自主学习和自主探究，从而获得认知感悟，以促进学习者对知识的主动建构。

心理学研究表明：当学习的内容和学生熟悉的生活情景越贴近时，学生自动接纳知识的程度就越高。

教育家陶行知的"生活教育"理论，其主体就是"生活即教育"。这一理论为我们指明了物理教育的方向，也是教育的最终目的；并且向我们表明，物理就在我们身边，生活需要物理。

二、以生活中的实例引入物理问题

心理学研究表明：当学习的内容和学生熟悉的生活情景越贴近时，学生自动接纳知识的程度就越高。所以，教师要善于挖掘物理内容中的生活情景，让物理贴近生活，尽量地去创设一些生活情景，从中引出物理问题，并以此让学生感悟到物理问题的存在，引起一种学习的需要，从而能够使学生积极主动地投入学习、探索之中。

例如，在学习人教新版物理教材选修3-2"互感和自感"时，笔者刚写完题目的板书，有些同学就开始议论起来了，什么是自感？什么是互感？互感和自感只是电磁感应现象中比较常见的两个物理现象，但对于刚接触这一现象的学生来说还是充满了神秘感。上课一开始笔者就说："什么是互感？所谓互感就是互相感动。"刚一听到这种说法，很多同学都笑了，学生的神态显示出他们有很多的疑惑与不解。笔者接着又说："某同学今天有件开心的事，他的情绪非常激动，坐在他旁边的同桌看到以后情绪也发生了波动，他也跟着高兴起来了，情绪也变得非常激动，于是也跟着笑了起来，这就是互相感动，情绪的互感。只不过我们今天要讲的互感并不是情绪的互感，而是电流的互感，接下来讲解互感的概念。"

"在电磁感应现象中，有一种想象和我们刚才提到的互相感动很相似，由一个线圈中的电流发生变化而使其他线圈产生感应电动势的现象叫互感现象。具体地讲，如果有两只线圈互相靠近，第一只线圈中电流所产生的磁通有一部分与第二只线圈相环链。当第一只线圈的电流发生变化时，则其与第二只线圈环链的磁通也相应地发生变化，那么在第二只线圈中就会产生感应电动势，这种现象就是互感现象。"学生理解起来很轻松，对这一现象也有了更加深入的理解。把学生引入学习的情景中，这样用学生身边的事情，呈现教学内容，增加了物理教学的趣味性和现实性，使学生在学习中不再感到乏味，增强了教学的实效。

三、利用生活化的实例巧妙突破难点

受生活的启迪，物理知识与学生生活有着密切的联系，在一定程度上，学生生活经验是否丰富，将影响着学习的效果。因此在教学中，教师要注重实验，借助学生头脑中已经积累的生活经验，让学生学会思考物理问题，从而强化学生的物理意识，培养学生的物理能力。比如，在讲解"能级、定态假设"时，把能级比作台阶，原子核外的电子只能处在量子化的轨道上就好比小孩只能站在台阶上一样，当小孩站在不同的台阶上时，小孩所具有的能量不同，电子在不同的轨道上能量也是不同的。另外，处在不同轨道上的电子不向外辐射能量，就好像站在台阶上的小孩很安全，不会从台阶上掉下来。这样一来，轨道假设、能级以及定态假设这几个不易理解的概念就可以轻松突破了（图4-6）。

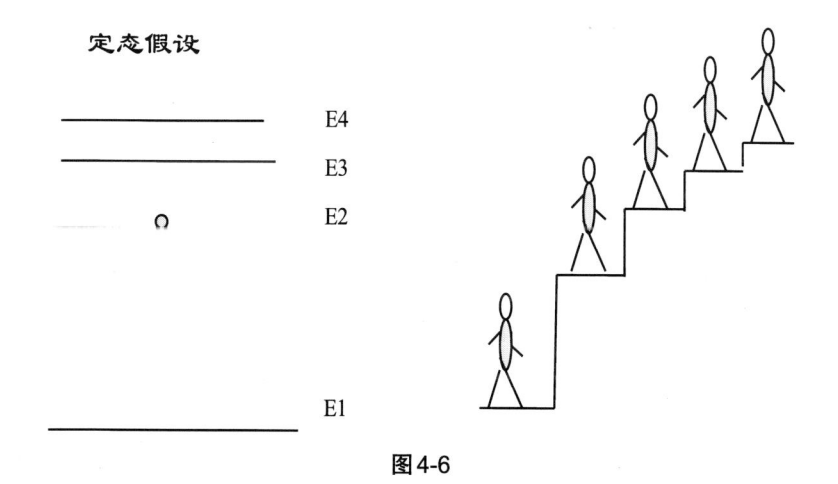

图4-6

再比如，在讲解人教新版物理选修3-5"核力与结合能"时，让学生理解原子核中质子与中子的比例问题是这节课的一个难点，为什么自然界中较轻的原子核，质子数与中子数大致相等，但对于较重的原子核，中子数大于质子数，越重的元素，两者相差越多？为了突破这个难点，笔者给同学举了这样一个例子：原子核的组成就好比做饭，当原子核太大（质子数较多），库仑力就会大于核力，受力不平衡，原子核不稳定，这就好比做饭时盐放多了就会咸，味道就不平衡了，这时我们可以再加点水，使这种味道重新平衡，而原子核中的质子就好比盐，中子就好比水，中子不带电就好像水没味道一样，它与质子之间没有库仑力，但存在核力，这样中子就可以起到这种调和平衡的作用了。从生活中的这个实例入手，学生就可以很轻松地理解这个问题，难点也就不攻自破了。

四、让物理回归生活

学以致用是物理教学的一个基本原则，《物理课程标准》中也明确指出："物理课程应贴近学生生活，符合学生的认知特点，激发并保持学生的学习兴趣，通过探索物理现象，揭示隐藏其中的物理规律，并把其应用于生活实际，培养学生终生的探索乐趣、良好的思维习惯和初步的科学实践能力。"因此，我们在物理生活化的学习过程中，特别要注重引导学生领悟物理"源于生活，又用于生产生活"的道理。有些物理知识完全可以让学生在生活实际中感知，学会从生活实践中悟出相关的道理，解决有关的物理问题。例如，在教学"科学探究：物质的比热容"时，笔者就创设这样一个情景：给学生播放了一段影片，中国泉州闽台缘博物馆的景观广场，占地三万多平方米，是博物馆的门户，地面是本地的石材，中心是个巨型的水池，在炎热的夏天，是市民玩耍的好去处，为什么很多人喜欢到水池里玩，而站在石材上就觉得很烫脚？要解决这个问题的关键是弄懂石材和水吸热相同的情况下，温度却不一样。像上述的例子，将学生要学的知识返回日常生活中去，又从生活实践中弥补了课本上学不到的知识，满足了学生的求知欲，同时也让学生在生活实践中学会了解决物理问题，又巩固了教学知识。

五、生活化教学模式应遵守的几个原则

（一）针对性原则

创设情境和确定问题的质量是开展生活化教学的原动力，所以创设情境和确定问题要精选。教师在进行教学时要重视感性认识，但并不是例子越多越好。因为这不仅是不可能的，也是不必要的。更重要的是，在每个概念和规律所包含的大量事例中，有的本质联系比较明显，有的非本质联系却很鲜明。在教学中，为了使学生所学的物理知识能在感性认识的基础上进行分析，教师就必须从包含有关概念和规律的大量事例中，精选那些包括主要类型的、本质联系明显的，或者与日常观念有突出矛盾的典型事例来进行教学，这样才能收到预期的效果。

（二）层次性原则

教学目标的实现必须依靠统筹安排，做到计划性、目的性和连贯性的统一。教师在教学中要强调联系社会、联系生活实际，除了巩固知识之外，还要有计划、有目的地使学生逐步掌握方法、训练思路、培养能力，在发展学生解决实际问题方面达到一定水平。这些都要统筹安排，主要是依据学生原有的经验和心理发展水平，在不同的阶段、不同的学期提出不同的要求，做到逐步提高水平，使学生各方面的能力扎扎实实地不断提高，并落实到每一个学生身上。在课外物理活动中，教师可以安排一些难度稍大的项目，或对相关知识进行补充，或对同类知识进行拓展，或对本学科知识进行整合，以丰富知识、拓宽视野、开阔思路，提高学生对知识的综合运用能力。

（三）开放性原则

教师应树立新观念，改变"一言堂"的状况，在课堂中为学生创设互动式的可操作情境，让学生自己去实践、研究。教师要给学生探索的线索，但不直接给出探索的方向；还应当鼓励学生产生多种多样的想法，允许学生得出不同的结论。开放性原则体现在课堂教学上，就是没有千篇一律的格式，可根据具体的教学内容和教学对象灵活多变。教师应鼓励学生走出课堂，面

向生活，将课内与课外、学校与社会、学习与生活、现在与未来相联系，让学生积极探索，获得关于社会的、自然的、生活的、综合的知识和能力，而不仅仅是学科知识。开放性原则体现在教学组织形式上，就是要沟通课内与课外、校内与校外，使学生学习向社会生活延伸，解决热点和难点问题。课外形式主要有课外兴趣小组、科技活动小组等，通过这些形式，可使学生在宽广的社会生活课堂中学习、成才。开放性原则体现在教学方法上，就要求物理教师精心设计教学情境，给学生创造一个民主、宽松的学习心理环境，提出能启发学生发散思维的问题，创造促进学生自由发表见解、讨论热烈的气氛，鼓励学生发挥独创性。

物理教学要走生活化道路，缩短知识与生活的距离，让学生在生活的实际情景中体验物理问题，让学生自觉地把物理知识运用到具体的生活情景中，感受科学和社会、生活的联系，使学生的物理素养得到切实地提高。

第四节 "问题—探究"式新课教学模式

一、问题提出

（一）课改难在何处？

当务之急是建立一套符合自主学习的理念，科学化、本土化的新课堂操作模式，充分发挥模式的价值。离开模式什么都是"浮云"。这个时期或者未来时期，教育的核心竞争力取决于这个学校有没有具有核心竞争力的课堂，有没有具有核心竞争力的课堂教学模式。

（二）什么是教学模式？

李秉德教授明确提出了教学模式的概念："教学模式就是在一定的教学思想指导下，围绕着教学活动中的某一主题，形成相对稳定的、系统化和理论化的教学范型。"

他首先用排除法界定了教学模式的概念："第一，模式不是方法，它与讲授、谈话等教学方法不属于同一层次；第二，模式不是计划，计划只是它的外在表现，仅此不足以揭示其内含的教学思想或意向；第三，模式也不是理论，至少不仅仅是理论，它还内含着程序、结构、方法、策略等远比纯理论丰富得多的东西。"那么教学模式是什么呢？

"模式是在一定的教学思想或教学理念指导下建立起来的、较为稳定的教学活动结构框架和活动程序。它是教学理论的具体化，又是教学经验的一种系统的概括。它既可以直接从丰富的教学实践经验中通过理论概括而形成，也可以在一定的理论指导下提出一种假设，经过多次试验后形成。"

"课堂教学有模式而不唯模式"。这种提法是辩证的、科学的。对于大部分普通教师特别是青年教师来说，需要有一个教学模式作参照，先入模，再出模。

二、理论依据

科学的发展始于提出问题。学习和思维是从疑问开始的，正是由于问题激发人们去观察、思考、探索，而在寻求答案的过程中试探性地提出猜想和假设；在判断猜想和假设是否正确时，要进行检验；在一些假设被淘汰、另一些假设被证实的过程中，归纳形成新理论，进而提高人的科学素养和人文素养、丰富人的内心世界。

教学追求的目标和结果，要由学生的"学"体现出来。教育效果的好坏，不仅要看它是否达到了具体的目标，而且要看它是否能够提高学生的学习能力，是否能够触动学生的心灵、提升学生的境界。

课堂教学在帮助学生获得信息、知识、技能、思维方式及表达方式时，也在教学生如何学习。

教学的设计应以"学生的发展"为本；教学的价值应以学生发现问题、探究问题、解决问题、突破认知过程、丰富人与人之间的交流、达到人格完善为目的。

在此理念的基础上，我们提出了"问题—探究"式的新课教学模式。

三、"问题—探究"式新课教学模式

（一）概念

"问题—探究"式教学模式是指在课堂教学中，教师依据课标和教材，精心设计问题，以问题激发学生的学习兴趣，以问题引导学生自主学习与合作探究，从而达成教学目标、提高教学效率的方法。

（二）特点

以问题解决为中心，突出学生的独立活动，着眼于学生的思维能力的培养，注重融入深层次的心育活动。

（三）基本程序

教学流程：问题—假设—推理验证—总结提升（图4-7）。

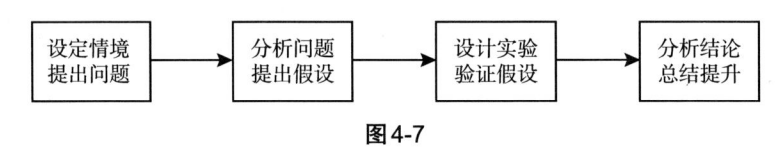

设定情境提出问题 → 分析问题提出假设 → 设计实验验证假设 → 分析结论总结提升

图4-7

（1）设定情境、提出问题。这里所创设的问题是指实际问题或物理内部的问题。在教学中，教师的一个普遍缺点是只顾提出问题和寻找答案，而忽略了指导学生怎样去回答问题，或者怎样更高层次地自己提出问题。因而在教学中，教师就要把凝练的知识"活化"，创设生动性、形象性、创造性的问题，以利于学生通过思维过程来理解知识。

（2）分析问题、提出假设。假设不是随便提出的，它要与客观实际相联系，以一定的事实或科学知识为基础；假设要有预见性，它可以作为推理的前提和根据；假设作为一种认识过程而存在，是随着认识的发展而发展的；假设经过多次检验、层层淘汰，最终转化为理论。科学的假设是引导研究走向深入、启发科学思维的重要方法。

（3）设计实验、验证假设。先由物理概念和规律分析问题所描述的具体情境（这是演绎），然后依据题目描述的特殊的物理过程推导出物理现象最终会出现的结果（这是归纳）。

推理、验证的过程常采取"数学建模法"。数学建模法重在根据具体的物理情景，找到现实原型的主要矛盾，舍弃次要因素，依据已有的知识，建构数学模型，在此基础上生成新的知识。即将物理图景、本质相近的问题归为一类，将它们的条件、过程进行合理的抽象、简化，并归纳出同类问题的研究模式，使同类问题的思维程序化。

数学建模法分四步，如图4-8所示。

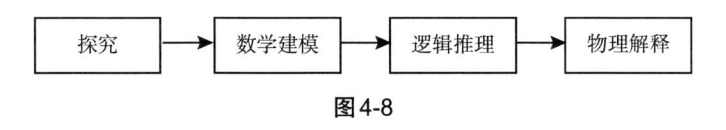

```
探究 → 数学建模 → 逻辑推理 → 物理解释
```
图4-8

①探究：寻清实际问题，包括分析原型的结构、要达到的目的以及能给我们提供的信息等。

②数学建模：分析处理资料，确定现实原型的主要矛盾，忽略次要因素，进行科学抽象和概括，运用数学工具建立各种量之间的关系。

③逻辑推理：根据所采用的数学工具进行严密的逻辑推理或求解，找出数学上的结果。

④物理解释：把数学上的结论返回实际问题中，即根据数学上的结论对现实问题给以解释，由此判断数学模型是否正确，或者进行修正。

该方法充分利用数学思想为物理学习服务，引导学生结合数学眼光，从数学角度观察和阐释物理现象，借助于数学理解物理概念，通过"渗透—体验—积累—内化"的过程让学生掌握良好的思维方法，形成良好的思维习惯。

（4）分析结论、总结提升。由学生归纳总结形成规律，目的是指导学生形成概念的同时教给学生概念，以及学会对概念的拓展应用，也包括世界观、人生观的提升。

四、教学原则

建立一个民主、宽松的教学环境，充分发挥学生的思维能力，教师要掌握学生的认知特点和学习习惯。

五、教学效果

（1）优点。能够培养学生自主学习的能力；能够培养学生的民主与合作的精神；能够培养学生创新能力和思维能力。

（2）缺点。一般只能在小班进行，需要较好的教学支持系统，教学需要的时间比较长。

六、思考

（1）学生带着自己脑中储存的知识和经验，包括长期形成的复杂的行为模式走进课堂，教师试图走进学生的心里去探究学习可能产生的影响及学生是否做好了新的学习的准备，但实际上教师很难走进他们的内心，只能根据看到的、听到的进行推理，所以教学模式的建立仅依靠对学生的心理活动的猜测上是远远不够的，还需要永无止境的探索。

（2）此模式适用于物理概念即本源性知识（如速度、力、加速度、电场、磁场、功、功率等物理诸多概念）为主的新课。对于派生性知识，如动量定理、动能定理等，按照教学活动和学生认识过程的特点，则要采取论证、推理、分析的方法。其基本环节包括情景导入、问题探索、逻辑推导、归纳分析、应用拓展。该课型可以归纳为四步骤课堂教学模式：设问、探究、归纳、升华。

（3）以收集信息、处理信息能力为主的物理学史课。如"划时代的发现""行星的运动""经典力学的局限性""追寻守恒量"，该课型可采取"自学—辅导式"教学模式。

自学—辅导式的教学模式是在教师的指导下自己独立进行学习的模式。这种教学模式能够培养学生的独立思考能力，在教学实践中也有很多教师在运用它。自学辅导式的教学程序：自学—讨论—启发—总结—练习巩固。

【案例】自由落体运动教学过程

一、通过演示实验，引出要探究的问题

（一）概括落体运动是竖直向下的直线运动

（1）悬挂在铁架台上的小球，它受到几个力的作用？

演示：用火将悬线烧断，引导学生观察小球的运动

（学生观察到：小球在重力作用下，沿竖直方向作直线运动。）

（2）落体运动是最常见的一种运动。

演示：石块、粉笔头从手中落下。

（3）结论：任何物体在重力作用下自由下落，都是沿着竖直方向作直线运动。

（教师过渡：这节课，我们就来学习一种特殊的下落运动。）

【板书】自由落体运动。

（二）物体下落快慢的因素分析

【问题】 究竟是重的物体下落快还是轻的物体下落快呢？

演示：等大铁片和纸片同时、等高、无初速下落。

（学生观察到：重的铁片先落地）

（1）得出"物体越重下落越快"的结论。观点是否正确呢？能否设计实验证明自己的观点？

（2）让学生上讲台演示其设计的实验，并说明其观点。

学生演示：较重的铁纸片和轻小纸团同时、等高、无初速下落，或等大的铁片和纸片叠在一起无初速下落。

（学生观察到：轻小纸团比较重的铁片下落快，或铁片和纸片一样快）

（3）引导学生得出正确结论。

【提问】 物体下落的快慢跟重力的大小有什么关系呢？（生：没有关系）那怎么解释前面的实验现象呢？（生：空气阻力影响了物体下落的快慢）

【提问】 如果完全没有空气阻力的影响，轻、重物体谁下落得快呢？

科普知识：1971年美国宇航员斯科特在月球上让一把锤子和一根羽毛同时下落，观察到它们同时落到月球表面。

演示：真空管落体实验。

（学生观察到：在抽去空气的真空管内，轻重不同的铁片、羽毛同时落下）

结论：在没有空气阻力时，物体下落的快慢跟物体重力无关。我们把这样的运动称为自由落体运动。

【板书】 定义：物体只在重力作用下，由静止开始的下落运动叫自由落体运动。

（4）得出结论。在日常生活中，我们平时见到的落体运动由于大气层的存在，自由落体运动是一种理想运动，当空气阻力不太大，与重力相比较可以忽略时，实际的落体运动可以近似地当做自由落体运动。

演示：体积相同的小木球和小铁球同时、同高、无初速落下。

（学生观察到：两球几乎同时落地）

【板书】 自由落体运动的条件：a.从静止开始下落，初速为零；b.只受重力，或其他力可忽略不计。

(三)那么自由落体运动是什么性质的运动呢?它的加速度与落体质量有关吗?

二、分析问题,提出假设

【猜想】

(1)落体运动既然是自然界最常见、最普遍的一种运动,那么其中必然蕴藏着最简单的规律。

(2)让学生大胆猜想自由落体运动是一种最简单的变速运动——初速度为零的匀加速直线运动。

(3)怎样研究落体运动的规律?

对于初速度为零的匀加速直线运动,加速度为常量,物体运动的位移x、时间t、速度v之间存在如下关系:$v=at$;$x=\frac{1}{2}at^2$;$v^2=2ax$,如果自由落体运动位移x、时间t、速度v之间满足这些关系,说明自由落体运动的确是匀加速直线运动。

三、设计实验方案推理验证

(教师引导,学生通过分组合作讨论,提出设计方案)

【方案】 用打点计时器记录的纸带研究物体的自由落体运动。

【问题】

(1)如何提高本实验的准确度?

(2)完成实验后,对纸带进行分析,如何判断物体的运动性质?

(3)如何利用实验来说明不同物体的自由落体运动规律?

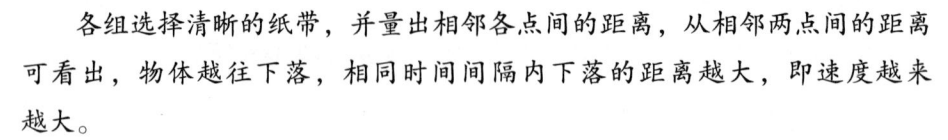

各组选择清晰的纸带,并量出相邻各点间的距离,从相邻两点间的距离可看出,物体越往下落,相同时间间隔内下落的距离越大,即速度越来越大。

(教师引导:可以建构"数学模型"来研究重物的运动)

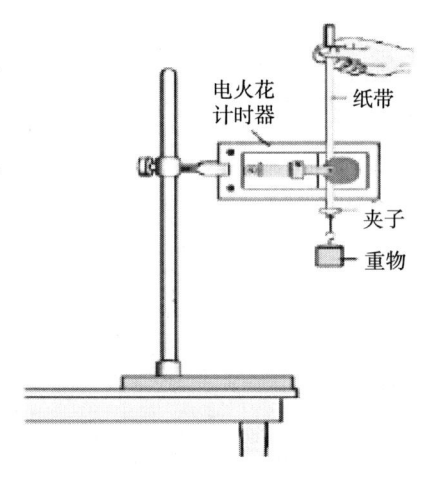

【小组讨论、交流】

各组建构了不同的模型，由各个小组描述自己建立的数学模型。

下面是一个小组的"位移-时间函数模型"思路。

（1）可以选定一些点，测出相邻两点间的距离，求出时间中点的瞬时速度，建立直角坐标系，利用"描点法"做出重物运动的图像。根据图像可以判断重物运动的情况。

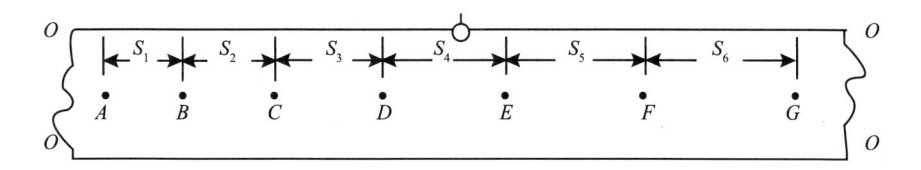

教师在纸带上选定 A、B、C、D、E、F、G 七个点，然后找两名学生上讲台测量。两名学生一个读数，一个填写表格。整个过程用实物投影仪展示给全体学生。

（2）学生依据纸带确定时间间隔，计算 B、C、D、E、F 各点的速度，做出图像。教师用多媒体出示所示的图像，让学生从图像中判断重物做什么运动？

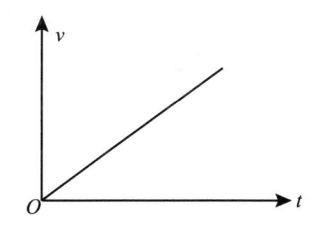

（3）进行物理解释。学生进行交流后发现，在误差允许的范围内，v 与 t 成正比，说明自由落体运动的确是初速为零匀加速直线运动。

【板书】①运动性质是初速度为零的匀变速直线运动。

四、分析结论、总结提升

【问题】请同学依据图像计算重物下落的加速度。

（讨论如何计算：利用正比例函数的斜率）

发现不同物体所做的实验结论都相差不大，在实验误差范围内可以认为相同。在同一地点，一切物体做自由落体的加速度都相同。

【板书】②自由落体的加速度——重力加速度g。强调"在同一地点"。就是说，在不同的地点，物体自由落体的加速度不同。下表说明了不同地点的重力加速度数值。

地点	纬度	重力加速度（单位：m/s²）
赤道	0°	9.780
广州	23° 06′	9.788
武汉	30° 33′	9.794
上海	31° 12′	9.794
东京	35° 43′	9.798
北京	39° 56′	9.801
纽约	40° 56′	9.803
莫斯科	55° 45′	9.816

【讨论】此方案得到的加速度值都偏小，为什么？原因是阻力影响较大（纸带与限位孔、空气阻力等）。

【板书】③通常计算中，$g=9.8\text{m/s}^2$，方向：竖直向下。

【知识结构】由学生利用思维导图整理知识结构图

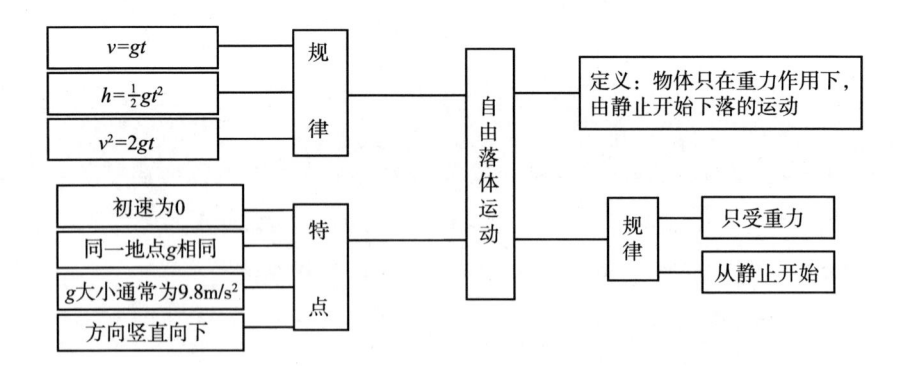

- 规律
  - $v=gt$
  - $h=\frac{1}{2}gt^2$
  - $v^2=2gt$
- 特点
  - 初速为0
  - 同一地点g相同
  - g大小通常为9.8m/s²
  - 方向竖直向下
- 自由落体运动
  - 定义：物体只在重力作用下，由静止开始下落的运动
  - 规律
    - 只受重力
    - 从静止开始

第五节　物理复习课教学模式

一、工作定位

以学生成长和发展为前提，打好基础，提高能力，力争取得好效果。

二、复习指导棒

标（新课标）、纲（新考纲）、题（历年高考题）。

三、教学模式

（1）一轮复习模式。先学—再讲—后练。让学生课下先预习要复习的知识，做出基础知识题组练习，课上师生合作进行基础知识梳理和高考考点规律总结，再通过相关练习，巩固、反馈、提高。以题带点，能准确把握教学大纲和教材，制定合理的教学目标；能根据学生的具体情况，及时调整教学计划和状态，改进教学方法，自始至终以培养学生的思维能力，提高学生分析、解决问题的能力为宗旨；根据学生的个性差异，因材施教。针对多数学生都觉得高中物理"难"这种心理，消除学生这种心理是他们学好物理的前提。我们从提高学生学习物理的兴趣入手，从最基础的知识入手，为学生学好物理打下基础。对高考复习，笔者一样强调基础，因为没有好的基础就根本谈不上能力。让学生明白内容的重点，不求快，以对知识的过关为原则，充分调动学生的积极性，变被动为主动。

基本思路：知识梳理—考点讲解—例题练习—巩固练习—作业练习。

（2）二轮主题复习模式。突出重点，关注热点，先讲后练。根据考纲和历年高考原题，找出本主题的考试重点、出题热点，并把规律、方法加以总结；精选例题和习题，以点带面，触类旁通；同时，不断地鼓励学生。在教学上，要特别注重问题的归纳、方法的归纳，做到条理清楚。笔者常采用"板块"式的复习方法，帮助学生对不同部分知识作出总结。

（3）三轮试卷讲评课：归类讲评，变式训练，规范答题，检查反馈，注重学科内综合。

【案例】动能定理及其应用

一、考点梳理

（一）考纲要求1——动能

(1) 定义。物体由于运动而具有的能。

(2) 表达式。$E_k=\frac{1}{2}mv^2$。

(3) 物理意义。动能是状态量，是标量。

(4) 单位。动能的单位是焦耳。

【思考】 如何理解动能的相对性？

对不同的参考系，物体的速度具有不同的瞬时值，也就有不同的动能，在研究物体的动能时一般都是以地面为参考系。例如，鸟与飞机相撞的过程：鸟本身的速度不大，质量也不大，对地动能不大，但相对于飞机来说，由于飞机速度很大，所以两者的相对速度很大，具有很大的相对动能，一只1.8kg的鸟撞在速度为每小时700km的飞机上，产生的冲击力比炮弹的冲击力还要大，严重的甚至可能造成机毁人亡的事故。

【思考】 物体的速度改变了，动能一定改变吗？怎样才能改变物体的动能？外力做功与物体动能变化有何关系？

（二）考纲要求2——动能定理

(1) 内容。合外力对物体所做的功等于物体动能变化量。

(2) 表达式。$W=\Delta E_k=E_{k2}-E_{k1}$

【注意】 动能是状态量，动能的变化量是过程量。

(3) 意义。动能定理说明了做功是物体动能变化的原因，外力对物体做正功，物体的动能就增加，意味着其他物体通过做功的方式向研究的对象输送了一部分能量；外力对物体做负功，物体的动能就减少，意味着研究对象向外输送了一部分能量。总之，动能变化的多少由合外力做功的多少来量度，一个物体的动能变化与合外力对物体所做的功具有等量代换关系。不可理解为功转变成了物体的动能，动能定理中也不涉及其他形式的能。

二、考点自测

（1）下列关于运动物体所受合外力做功和动能变化的关系正确的是（　　）。

A. 如果物体所受合外力为零，则合外力对物体做的功一定为零

B. 如果合外力对物体所做的功为零，则合外力一定为零

C. 物体在合外力作用下做变速运动，动能一定发生变化

D. 物体的动能不变，所受合外力一定为零

答案：A　考查：做功的两个因素、动能的标量性。

（2）一个质量为0.3 kg的弹性小球，在光滑水平面上以6 m/s的速度垂直撞到墙上，碰撞后小球沿相反方向运动，反弹后的速度大小与碰撞前相同，则碰撞前后小球速度变化量的大小Δv和碰撞过程中墙对小球做功的大小W为（　　）。

A. $\Delta v=0$　　　B. $\Delta v=12$ m/s　　　C. $W=1.8$ J　　　D. $W=10.8$ J

答案：B　考查：速度的矢量性、动能的标量性。

（3）人用手托着质量为m的物体，从静止开始沿水平方向运动，前进距离l后，速度为v（物体与手始终相对静止），物体与手掌之间的动摩擦因数为μ，则人对物体做的功为（　　）。

A. mgl　　　B. 0　　　C. μmgl　　　D. $\frac{1}{2}mv^2$

答案：B　考查：动能的相对性、变力的功。

（4）子弹以某速度击中静止在光滑水平面上的木块，当子弹进入木块的深度为S时，木块相对于光滑水平面移动的距离为$3S$，求木块增加的动能ΔE_{k1}和子弹损失的动能ΔE_{k2}之比。

答案：34　考查：动能定理、位移的相对性。

三、规律方法

（1）动能定理以地面为参考系。

（2）计算式为标量式，不能在某一个方向上应用动能定理，但牛顿第二定律是矢量式，可以在互相垂直的方向上分别使用分量式。

（3）关注力在整个位移内的功和这段位移的始末两态的动能变化，无须注意其中运动状态变化的细节，使用方便；又由于不涉及加速度和时间，在解决力的位移效应问题时比使用牛顿第二定律和运动学公式求解方便；当物体受变力作用，或做曲线运动时，可以把运动过程分解成许多小段，认为物体在每小段运动中受到的是恒力，运动的轨迹是直线，也能得到动能定理。

所以无论是直线运动还是曲线运动都能使用。

（4）一般应用于单个物体，或者可以看成单一物体的物体系，或几个处于相对静止状态的物体组成的系统。

（5）合外力所做的功亦即各个外力对物体所做功的代数和，外力可以是重力、弹力、摩擦力，也可以是电场力、磁场力或其他的力，动能定理适用于恒力做功，也适用于变力做功，力可以同时作用，也可以分段作用。物体动能的变化指的是末动能与初动能之差。

（6）总功的计算方法。

①先由力的合成或根据牛顿第二定律求出合力$F_合$，然后由$W=F_合 l\cos\alpha$计算。

②由$W=Fl\cos\alpha$计算各个力对物体做的功W_1，W_2，…，W_n，然后将各个外力所做的功求代数和，即$W_合=W_1+W_2+…+W_n$。

四、解题步骤

（1）选取研究对象，明确它的运动过程。

（2）分析研究对象的受力情况和各力的做功情况。

（3）明确研究对象在过程的始末状态的动能E_{k1}和E_{k2}。

（4）列出动能定理方程$W_合=E_{k2}-E_{k1}$及其他必要的解题方程，进行求解。

题型一　动能定理分析单一过程问题

一架喷气式飞机质量为$5.0×10^4$kg，起飞过程中从静止开始滑跑。当位移达到$x=5.3×10^2$m时，速度达到起飞速度$v=60$ m/s。在此过程中飞机受到的平均阻力是飞机重力的0.2倍（g取10 m/s²）。求飞机受到的牵引力。

分析：这是一道位移问题，利用动能定理求解很方便，也可以利用牛顿第二定律和运动学公式求解，只是需要求出加速度，利用加速度作为桥梁，这是二者的区别。答案：$F=2.8×10^5$N。

题型二　用动能定理分析多过程问题

如图所示，质量$m=1$ kg的木块静止在高$h=1.2$ m的平台上，木块与平台间的动摩擦因数$\mu=0.2$，用水平推力$F=20$ N使木块产生位移$x_1=3$ m时撤去，木块又滑行$x_2=1$ m时飞出平台，求木块落地时速度的大小。

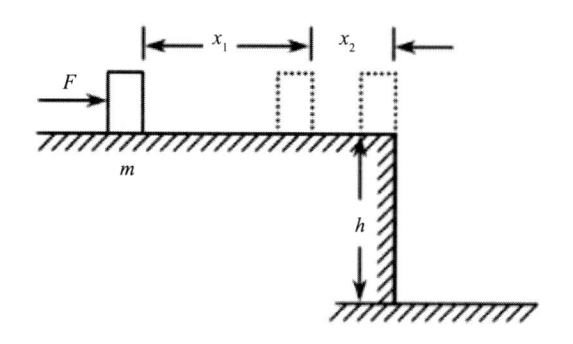

分析：在全程中利用动能定理比分段求解要简洁。但全程利用动能定理求解时只能求出落地时速度的大小，无法求出速度的方向，这是动能定理的缺陷，这进一步突出了动能定理的标量性。

答案：$v=8\sqrt{2}$ m/s。

题型三　用动能定理求解往返运动的路程问题

如图所示，轻弹簧左端固定在竖直墙上，右端点在 O 位置。质量为 m 的物块 A（可视为质点）以初速度 v_0 从距 O 点右方 x_0 的 P 点处向左运动，与弹簧接触后压缩弹簧，将弹簧右端压到 O' 点位置后，A 又被弹簧弹回，A 离开弹簧后，恰好回到 P 点，物块 A 与水平面间的动摩擦因数为 μ。求：

（1）物块 A 从 P 点出发又回到 P 点的过程，克服摩擦力所做的功。

（2）O 点和 O' 点间的距离 x_1。

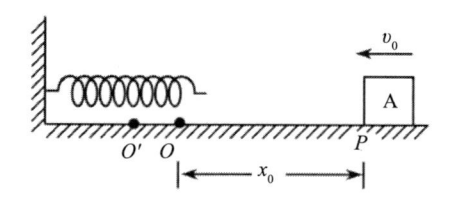

分析：物块从 P 点出发又回到 P 点，全程只有摩擦力做负功，利用动能定理直接求解很方便，而且摩擦力做功用路程计算。

答案：$W=\dfrac{1}{2}mv_0^2$；$x_1=\dfrac{v_0^2}{4\mu g}-x_0$。

题型四　用动能定理求变力做功

例：如图所示，质量为 m 的物块与转台之间能出现的最大静摩擦力为物体重力的 K 倍，它与转轴 OO' 相距 R，物块随转台由静止开始转动，当转速增加到一定值时，物体即将在转台上滑动，在物块由静止到开始滑动前的这一过程中，转台的摩擦力对物体做的功为多少？

分析：静摩擦力为变力，该力做功等于物块动能的变化；刚要滑动瞬间，最大静摩擦力提供向心力。

答案：$W=0.5KmgR$。

第六节　物理试卷讲评课模式

试卷讲评课是以分析学生考试情况，纠正考试中存在的共性错误，弥补教学上的遗漏，帮助学生牢固掌握所学知识和提高能力的一种课型，是师生教学双方的"反馈—矫正"的互动交流的过程。它既要"讲"考查的知识点，更要分析答题思路，解题策略；既要评"不足"，评"误解"；又要评"好"的，评"亮点"，评出信心、激情，以利于学生继续学习。

那么老师究竟应采用什么样的方式讲评才受学生欢迎呢？笔者为此对高中物理试卷讲评课中教师的通常做法和学生的想法进行了调查分析，并结合自己所带学生的实际情况进行了一些有益的探索。通过与同组教师的合作，形成了包括"调查—导引—诊议—梳理—巩补"五个步骤的"五步法"教学模式与大家共享。

一、调查

对试卷进行如实的统计。对于选择题则借助于阅卷机的自动全数统计，包括单选题各选项的答题率、多选题的正确率等；对非选择题根据测试结果按不同层次进行抽样50份统计（按带3个班级150名学生计算）。了解学生出错的真实情况，确保讲评的针对性；同时，针对得分率在60%以下的题目创建教师的"学生错题集"。调查还包括学生的"测试后反应和情绪"，以及考后下发参考答案经学生自主消化和讨论交流后还存在的难点。以上调查要在讲评课前进行。

二、导引

根据调查结果，结合考试情况，对学生的"测试后反应和情绪"做针对性的导引。利用多媒体呈现调查结果和试卷情况，向学生介绍试题难度和成绩分布及往届学生在同类测试中的表现，介绍本次测试中同学们表现出的"亮点"和"不足"。如果本次成绩较理想，调查中又发现学生有"骄傲和自满"情绪，可以多介绍"往届同类测试中"成绩更理想的同学和成绩更理想的兄弟学校、兄弟班级，给学生分析"我们至少可以得到多少分，应该可以得到多少分，还可以得哪些分"；如果成绩不理想，调查中还发现学生有"气馁"现象，就多介绍"往届同类测试中"成绩更不理想的同学（这些同学后来取得了较好成绩）和成绩更不理想的兄弟学校、兄弟班级，给学生分析"我们一般可以得到多少分，还可以得哪些分，最多可以得到多少分"等；对于"症状"比较突出的学生，可以在调查中或课后做更周到、更有针对性的导引……通过导引让学生明白自己可以达到什么高度，现在又是什么高度！从而导出信心、激情，以利于学生继续学习。

三、诊议

"诊"包括"自诊""互诊"和"师生共诊"，即学生结合参考答案来"自我消化"，自我查找错误原因"自诊"；同时，对于部分"自诊"不了的问题，可以通过与同学讨论、交流来解决"互诊"；而对于"互诊"也很难解决或存在分歧的个别问题，那就需要老师来组织大家讨论、交流而解决了"师生共诊"。在"共诊"中，老师要做好组织和分析、引导的作用，最后问题的解决还是让学生来完成。这样才能真正帮学生树立信心，学生体会到这样难的问题都能够解决，从而对自己充满信！

"议"指组织学生就测试中某些"典型的解答"来展开讨论——教师通过抽样统计把测试中学生的"错误表现"做成PPT课件呈现出来，让学生来"议"，议论时一般先由"解答的主人"开始，然后其他同学来议，最后让老师来"小结"或"点睛";同时,教师还要组织学生从以往做过的例题或练习中列举与之相关试题类似的题。

这一环节是"五步法"中的核心,教师一定要利用好抽样统计结果和真正组织学生来"诊议",这样才能事半功倍!

四、梳理

梳理包括梳理出本次测试中所考查和涉及的知识点,最好做成知识网络,主要针对本次测试和往届的相关测试中哪些知识点出问题最多,错误表现主要有哪些,以及如何解决和避免等。这些若在教师做成资料后印发给学生,效果更好。

五、巩补

课堂讲评结束后,为了更好地提高讲评效果,应该需要对学生进行"跟进巩补"。

"巩"就是巩固练习。充分利用教师做的"学生错题集",针对测试的重点和学生出问题较多的题、易出问题的知识点,教师再组织相应的练习或类似的题并印发给学生让学生来完成,通常与"梳理资料"一起印发。

"补"就是"二次过关",针对测试中没有达到"过关"要求的学生而开展的,即重做类似测试,这种抽测时间最好在讲评后一周内进行效果会更好。

第七节 "实验探究法"教学模式

"实验探究法"是一种常见的物理教学模式,是以教师"启发引导"、学生进行"实验探索"为主的教学形式。其教学指导思想是以学生为主体,以能力培养为核心,以素质整体发展为取向,使学生的主动性、创造性和学习潜能得到充分的发挥。

一、教学结构

"实验探究法"的教学结构由"实验""研讨""讲解""演练"四个教法

要素组成。

"实验"主要是学生亲手做实验进行探索。这一教学环节的教学活动是创设问题情景，激发学习动机，诱发"探研"问题，进行实验探索，获取感知材料。从认知规律看，这一教学环节是输入信息，学生获得感性认识的阶段。

"研讨"就是研究讨论。在学生通过实验探索获得感知知识基础上，教师组织学生开展"分析、比较、推理、综合、概括"等思维活动，调动学生大脑储存器中原有的知识，对感知的材料进行处理，进而去寻求"已知"与"未知"、"现象"与"本质"之间的联系。从认知规律看，这一教学环节是完成信息处理与加工，由感性认识向理性认识过渡的准备阶段。

"讲解"就是归纳总结。通过教师的点拨启发，指引思路，引导学生由浅入深、由表及里地揭示事物或现象的本质，从而概括出概念和规律，并使学生学会用自己的语言准确地进行表达，使学生获取新的知识。这是认知过程中，由感性认识上升到理性认识的飞跃阶段。

"演练"就是练习巩固，学会应用。教师通过多种形式的课堂训练，引导学生应用所学的新的知识去分析和解决有关实际问题，实现信息反馈和知识的迁移，促使知识进一步强化和深化。

"实验探究法"的教学结构特点是始终以学生的"探研"性活动和思维活动为主体来组织和开展课堂教学，充分发挥学生学习的主动性和独立性。在施教过程中，要精心设计，使"实验""研讨""讲解""演练"四个教学要素合理安排，紧密结合，以求得最佳教学效果。

二、施教原则

"实验探究法"在施教过程中，必须贯彻好两个原则。

一是引导学生学习的原则。在各个教学环节中，教师要让学生通过自己的观察、实验、思维去认识客观世界，并由学生自己去发现问题、提出问题和独立地解决问题。为此，教师的主导作用主要体现为为学生的"实验探究"创设问题情景，激发学生学习兴趣，引导学生有目的地、积极主动地去探索，在"探研"过程中要给予及时的方法指导；要善于打开学生思路，启迪思维，使学生获得充分的动手、动脑、动口的机会，使学生的主动性、创造性和学习潜能得以充分发挥。

二是发展智能的原则。发展智能以培养学生的学习能力为主。因此在各个教学环节中，教师要有目的、有步骤地加强对学生学习能力的训练和培养。在"实验"中，注意训练学生的观察能力、实验操作能力及学会处理实验数据的能力。在"研讨"中，注意训练学生学会正确的思维方法，培养学生独立地获取知识的能力和创造性思维能力；在"讲解"中，注意训练学生抽象概括能力和口头、文字表达的能力；在"演练"中，注意训练学生分析问题和解决问题的能力。

三、施教实例简介

（一）实验引导

教师演示《电磁感应现象》的三个实验，并通过下列问题的讨论，引出探研究问题：①在各个实验中，所观察到的现象有什么不同？②当条形磁铁的某一极插入或拔离螺线管时，当滑动变阻器滑动片向不同方向移动时，感应电流的方向是否相同？③通过对各个实验现象的观察和对上述①、②两个问题的讨论，试判断感应电流的方向可能与哪些因素有关？

（1）实验探索。学生按教材要求进行实验，并提出下列问题给予具体的指导：①在实验中怎样确定螺线管B中感应电流的方向？②怎样确定实验中两个螺线管中电流的磁场方向？③当通过螺线管B中磁通量增加时，B中感应电流的方向如何？感应电流的磁场方向如何？当通过B中磁通量减少时，情况又如何？

（2）讨论研究。在学生积累了实验资料基础上，通过下面问题引导学生进行分析讨论：①各个实验中感应电流的磁场方向跟通过螺线管B中的磁通量变化情况有何联系？②画出各个实验中两个螺线管中电流磁场的磁感线，通过比较，你认为B中感应电流的磁场跟A中电流的磁场间表现出怎样的相互作用？

（二）归纳总结

要求学生根据上述讨论的结果，自行归纳出"楞次定律"，并结合下面问题的讨论，加深对"楞次定律"的理解：①感应电流的磁场对引起它的外加磁场间的相互作用，应该怎样用语言和文字进行表达？②你是怎样理解"楞次定律"中"阻碍"二字的物理含义的？

（三）演练巩固

通过实例演讲，要求学生自己总结出应用"楞次定律"来判断感应电流方向的方法，并通过练习加以巩固。

第八节　重视学生参与知识的形成过程

布鲁纳说："认知是一个过程，而不是一个结果。"教一个人知识，不是要他把一些结果记录下来，而是要他参与到知识构建的过程。教学中应尽可能多给地学生一些机会，让他们动手操作、各抒己见，变被动学习为主动求知。教师要在激活学生思维方面多下工夫。

一、多给学生空间，让学生动手做

让学生动手实验，不是撒手不管让他们自己去做，教师应做适当的引导，指出方向、思路。例如，在研究电磁感应现象一节中，大部分实验都可以让学生去完成，但是之前，教师应做好实验前的引导。

教师引导：由奥斯特实验知道"电"可生"磁"，那么"磁"能否生"电"呢？既然要"由磁生电"，那么，"磁"要有来源，"电"要有载体。所以首先要准备实验仪器。

（1）磁场的来源：a.磁铁；b.通电导线（通电螺线管）。

说明：由于"通电直导线"周围的磁场相对较弱，现象不易观察，所以选用通电螺线管。

（2）电的载体（谁可以导电→导线）：c.螺线管；d.直导线。

（3）检验电流的有无：与电流计相连（把c或d直接与电流计相连，其中切记不可接其他电源）。

由于实验方法较多，可将学生分为四大组，每组再分几个小组。

一组：用a和c实验。

二组：用a和d实验。

三组：用b和c实验。

四组：用b和d实验。

分组之后便可放手让学生去做实验。最后，让每一组派代表上来说明他们的操作和结论。

二、多给学生时间，让学生提出问题

好奇是学生在学习过程中的一个重要的心理特征，疑难能使学生心理上感到困惑，产生认知冲突，从而激发思维的活动。学生探究学习的积极性、主动性，往往来自一个对于学习者来讲充满疑问和问题的情境。所以在物理教学中，教师要抓住突破点，适时创设有针对性、启发性的问题情境，有效地启发、诱导学生的好奇心。如果学生自己能够自己主动提出问题，那么教师就不要替代学生说出问题，这样可以使学生尽快地进入学习物理的情境之中，主动去探索知识，进行创造性思维，使物理课堂教学达到一个新的高度。

例如，当我们学习曲线运动第一节有关曲线运动的基本概念时，因为内容比较容易理解，就可以给学生更多自主提问、自主学习的空间。教师加以适当的引导，启发学生主动思考从而提出问题。教师可以这样引导：

在讲这一节之前，想先询问大家，当你看到"曲线运动"这四个字的时候，脑子中会存在什么疑问，或者说你想知道关于"曲线运动"的什么问题？而当你遇到一个问题时，在你的脑子中首先要想的是关于这个问题，你的疑问在哪？你只有先提出问题，而后才能去解决问题。

学生经过这样的引导，一般都可以提出以下的问题：①什么是曲线运动？②曲线运动的速度方向如何？③什么情况下做曲线运动？而教师可以告诉学生：此节课的内容就是主要解决这些问题。这些问题的答案也可以先让学生自己去思考、去寻找，让学生自己来回答这些问题。引导他们主动去思考，让他们感受到在学习中的主体地位，进而激发他们学习的主动性。

三、多给学生机会，让学生找到方法

在教学中，给学生讲十道题往往不如学生自己做出一道题。学生能够独立解决问题，不仅可以显示出学生真正的能力和水平，而且可以大大激发学生学习的热情。

在前面提到的电磁感应现象的教学中，教师做好引导后，让学生自己分组实验，实验中如何操作、如何记录、如何得出结论都需要学生自己去做。最后当各组表述完自己的操作和观点后，教师在做好记录未做总结前，也可以让学生自己尝试去寻找可以全面概括的结论，提高学生的能力。

在高一物理第二章学习"匀变速直线运动"时，有这样一个题：一辆汽车以10m/s的速度沿平直公路匀速行驶，因遇障碍物而须立即刹车，以$2m/s^2$的加速度做匀减速运动，则经过6s后汽车的位移是多少？学生第一次看到这样的题，一般都是代入6s的时间马上计算出是24m，这时教师可以适时提醒学生这道题可不是看上去那么简单，它是一道智力测验题，看看大家能不能计算出正确答案！经过这样一激，有些同学经过思考就可以自己得出正确结果25m，因为车用了5s就停下来了。这样经过学生自己思考找到思路，得出结论，记忆会更加深刻，学习效果会更好。

四、多给学生磨练，让学生辨析错误

在讲到牛顿第三定律时，有这样一句话让学生判断：用鸡蛋碰石头，鸡蛋破而石头不损，说明石头给鸡蛋的力大于鸡蛋对石头的力。学生若对牛顿第三定律的理解不够透彻，以及平常生活中的错误想法就会认为这句话是对的，而有些同学理解能力较强的就可以判断出这句话是错误的。这时班里就会出现两大阵营，教师可以让他们分别发表自己的观点说出自己的根据，驳倒对方，通过学生自己的辩论，有很多同学就可以纠正自己的错误观念，教师最后总结，进一步深入说明，就可以使学生对作用力与反作用力的理解更加透彻。然后教师可再给出更难分析的一句话，让学生自己分析辩论：马拉车时车能够被拉动说明马拉车的力大于车拉马的力。这个问题针对平时学生分析问题、概念、方法容易出错的地方。有很多同学对物体进行受力分析时，会把研究对象给其他物体的力分析到研究对象身上，然后再去找合力。

通过对马拉车问题的分析，可以让学生自己把存在的问题充分地暴露出来。可以让学生更加清楚地认识到分析物体运动时不能只看一个力，而应该看所有外力的合力，作用在不同物体上的力不能求合力，而且作用力和反作用力不管物体处于何种情况大小一定相等。

五、多给学生权力，让学生评好坏

在楞次定律的教学中，教师准备好器材，可以放手让学生自己去做实验。教师做好适当引导，最后让学生自己总结规律，这样可以更好地激发学生自主地分析问题、解决问题的积极性。让学生评价其余组的优、缺点，这样可以提高他们分析问题的能力。通过这样一节课的教学，从不知如何下手到最后得出精练的结论"增反减同"，让学生深刻体会到每一个简单的物理结论，都是科学家经过大量的研究总结出来的，进而明白想要有所成就要付出艰苦的努力的道理。

第九节 以美的方式"导入"新课

精彩的导入能扣住学生的心弦，吸引学生的眼球，以达到使学生全神贯注投入新课的目的。

一、用挂图、实物展示多彩的现象

物理知识体系中充满了各种形式美的因素，可充分利用物理学科自身的资源，引入新课，如力学中的回音、共鸣，热学中的结晶体的多样化，水在不同温度下呈现出的水蒸气、水纹、雪花、冰块，光学中的光的色散、干涉和衍射图样，展示这些实物或挂图，可以给人以美的享受。

二、利用多媒体，引起学生感官的刺激

在讲授"牛顿第三定律"时，让学生观看"嫦娥三号"的发射与着陆的视频，既引入了作用力和反作用力的概念，又对学生进行了爱国主义教育。

在开始"平抛运动"的内容时，播放特技演员驾车飞跃黄河的视频，给人以身临其境的震撼，可达到出其不意的引入效果。

三、利用精彩纷呈的现象"激趣"

物理与生活是紧密联系的，生活是精彩纷呈的，可通过很多有趣的现象引入新课。

在开始"楞次定律"的内容时，提前将一个小的条形磁铁藏到袖口里，用手对准带有轴尖的支架上横梁下的轻质铝环，做发功状。只见铝环会随着人的推进而后退；随着人手的回收而跟进。而请任何一位没有磁铁的学生上来，他们怎么也做不到像老师刚刚演示的效果。直到将磁铁拿出来，他们也解释不了其中的奥秘。由此引入该课题，这样就激发了学生学习探究的兴趣，提高了物理学习的自觉性。

在"向心力"的引课中，找一个一次性杯子做成"水流星"，就在老师要开始表演时，学生们一下子把书桌拉开得老远，都害怕水溅落到他们身上。可当一次性杯子运动到最高点时，杯中的水并没有下落，也没有溅出一点水滴。这一现象引发学生强烈的认知冲突，都争先恐后地要来尝试，由此进入了此节课的学习。

四、利用美妙的实验

物理是一门实验学科，易于使用简易的实验引入新课。

在"闭合电路欧姆定律"的引课中，用两个外形一样的一号电池分别点亮同一个小灯泡，结果一次很亮，一次微微发红，这是为什么呢？用电压表进一步测试可以知道，两个电池空载的时候路端电压相差不多，可见，两个电池的电动势相同，而接上小灯泡后，一个电池路端电压减少很少，结果灯泡很亮，另一个路端电压减少较多，所以灯泡只能微微发红，可见电源向外供电不仅跟电动势有关，还跟电源内部情况有关，从而引入对闭合电路的欧姆定律的研究。这样的直观教学使学生看得懂、记得深。

当然，新课的引入有多种方法，但是，美的方式方法可达到快入佳境的效果。

第十节　学会用"美的思维"思考问题

一、简化的思维

物质世界虽缤纷多彩，但都可简化为某一特征模型。物理学习要善于抓住主要矛盾，舍弃次要的、非本质的矛盾，巧妙地从复杂的现实世界中，抽象出最简单的物理模型，这样有助于抓住问题的本质。

二、从感性材料中，抽象出事物本质的思维

在日常生活中人们对许多现象都有感性认识。例如，经常看到蜗牛缓慢地爬行，而人行走得比较快、汽车奔驰得更快。经过分析、比较，发现它们在相同的时间内通过的位移不同，从而进一步抽象出速度的概念，得到速度的数学表达式为 $v = s/t$。可见，在物理的学习中，学会从不严密、不精确的感性材料中，抽象出事物的本质规律，最后用严密的、准确的、简洁的物理语言和数学语言加以表达，可以形成简洁、明晰的概念，进而深入理解物理过程的规律。

三、概括推理的思维

物理规律反映了物质运动变化的各个因素之间的本质联系，物理学习需要高度的推理、概括能力。例如，在关于单摆周期的学习中，通过实验使学生定性地感知影响周期的因素，然后让学生经过分析、推理，提出自己的假说，再由学生设计实验去验证假说正确与否，最后，对实验数据进行分析处理，从而概括单摆的周期公式。如果没有良好的归纳、概括能力，学生就很难深入理解单摆的周期公式。这样的学习过程，不仅让了学生掌握了知识及知识的来龙去脉，学到了科学的研究方法，而且在发现中使学生产生成功的喜悦，从而获得美的享受。

四、对称的思维

（一）形象对称思维

依据一定的事实材料，运用形象思维构造出某种对称的模型，对客观事物作出相应的对称性预言，这种方法叫做形象对称法，物理学习需要这样的思维。

例如，关于原子模型的建立，汤姆孙认为：原子是一个球体，正电荷均匀分布在整个球体内，电子镶嵌其中，其对称中心在"正电球"的球心上，是一种"枣糕模型"；后来，α粒子大角度散射现象否定了汤姆孙的"枣糕模型"，对称被打破，为了解释α粒子散射现象，卢瑟福在对称的基础上提出了原子的"核式结构模型"：电子绕核旋转，其对称中心在核上；但是，卢瑟福原子模型无法解释原子的稳定性，也无法解释原子光谱的分立特征，对称再次被打破，人们再次根据对称性发现"核外电子的分布有一定地统计规律"，提出"电子云模型"——仍有一定的对称中心。可见，正是有了对称性的思考，才有了原子模型的逐步建立。

（二）抽象对称思维

一个概念如果仅仅反映了客观世界一个方面的性质，而没有反映与之对称的另一方面的性质，假设存在一个与已知方面相对称的未知方面，这就是一种抽象对称思维；如果一个命题，对客观事物对称的两个方面都有反映，但是两个方面的性质处于一个不自然的非平衡地位，从而显示出不对称来，为了使两个方面基本处于平衡地位，于是提出一种具有更高的对称性，也是一种抽象对称思维。

例如，19世纪初，物理学强调了实物的粒子性，德布罗意考虑到普朗克能量子和爱因斯坦光子理论的成功，他把光的波粒二象性推广到实物粒子，他认为："在光学上，强调了波动性，而忽略了粒子性；在实物理论上，是否发生了相反的错误？过于强调粒子性而忽略了波的特征？"于是，他提出：实物粒子也具有波动性，从而把物质的波动性添补到物理学关于实物的基本理论中，德布罗意很好地利用了抽象对称思维来处理物理问题。

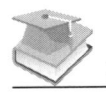

（三）数学对称思维

若某一规律通过数学的演绎——变换而不改变，则该规律具有在该变换下的对称性，这种方法叫数学对称法。

例如，如果有一种仪器按一定的方式工作，现在把这台仪器放在匀速直线行驶的汽车里，那么汽车中所出现的物理现象并不会有什么不同，物体的位移、速度等物理量有可能因为所选参考系的不同而不同，但是它们所遵从的物理规律却是相同的，爱因斯坦采取的是数学对称法解决物理问题，同一事件在两个惯性系中的物理规律是不变的，即狭义相对论的物理规律在洛伦兹变换下具有对应的对称性，当爱因斯坦要克服惯性系与非惯性系二者出现的不对称性，而洛伦兹变换又无能为力时，爱因斯坦再次引入非线性变换，从而创立了广义相对论。

实际上，我们在物理学习中常用对称法分析解决问题。

【案例】

ab 是长为 L 的均匀带电细杆，P_1、P_2 是位于 ab 所在直线上的两点，位置如图所示。ab 上电荷产生的静电场在 P_1 处的场强大小为 E_1，在 P_2 处的场强大小为 E_2。则以下说法正确的是（ ）

A. 两处的电场方向相同，$E_1 > E_2$
B. 两处的电场方向相反，$E_1 > E_2$
C. 两处的电场方向相同，$E_1 < E_2$
D. 两处的电场方向相反，$E_1 < E_2$

解法：假设把这根杆从左到右等分成四段，每等份的电荷量设为 q_1、q_2、q_3、q_4 且相等，对于 P_1 点，q_1 和 q_2 是完全对称的，所以在 P_1 处产生的电场相互抵消，也就是说现在只有 q_3、q_4 在 P_1 处产生场强，且产生的场强方向，相同且合场强大小为 E_1；q_3、q_4 在 P_2 处产生的场强方向相同，合场强大小为 E_3，且 $E_1 = E_3$。q_1、q_2 在 P_2 处产生的合场强大小为 E_4，且 E_3、E_4 方向相同，所以 P_2 处场强大小为 $E_2 = E_3 + E_4$，所以 $E_1 < E_2$；再因为 q_1、q_2、q_3、q_4 电性相同，所以两处场强方向相反。选择答案为 D。

再如，带电粒子在复合场中循环往复的周期性问题、简谐波传播的周期性问题等都要用到对称法解决。

五、对对称的研究推动物理学的发展

1871年，根据万有引力定律，赫歇耳发现了天王星，证明它绕太阳做圆周运动，轨道的对称中心是太阳，并且经过测量算出其轨道半径和周期。但是，根据万有引力定律计算出来的轨道与实际观测结果总有一些偏差，于是，有人推测，在天王星轨道外面还有一颗未发现的行星，它对天王星的吸引使其轨道产生了偏离，亚当斯和勒维耶坚信未知行星的存在，他们根据天王星的观测资料，各自独立地利用万有引力定律计算出这颗"新"行星的轨道，并在预言的位置附近发现了这颗行星——海王星，从而有力地证明了万有引力理论在太阳系内是正确的。正是由于"对称"的思考，才有了海王星的发现。

物理学家对空间平移对称的研究导致了动量守恒定律，一个物体的动量减少，另一个物体的动量增加，减少量与增加量相等，系统前后的动量不变；对空间转动对称的研究导致了角动量守恒，当质点对参考点的合外力矩为零，转动状态前后的角动量不变；对时间平移对称性的研究导致了能量守恒定律，能量从一种形式转化为另一种形式，或从一个物体转移到另一个物体，在转化或转移过程中总量不变。人们通过时空镜像对称性研究，发现了现存物质的反物质，如正电子、反质子、反中子……

质子与质子之间、中子与中子之间、中子与质子之间相互作用的合力部分完全相同，这里有一种核力对称性，对核力对称性的研究的结果，我们可以变换质子和中子，有时用中子代替质子，利用中子无电性，能很好地解决许多尖端问题，从而推动科学的进步。

爱因斯坦颇高明的地方在于他从一开始就从物理规律应有的对称性入手，找出对称性，然后根据对称性确定物理规律的表现形式，他没有像其他人一样从琐碎的具体问题入手，这是20世纪以来物理基础研究的路线，物理基础研究的高速发展与此紧密联系。

著名物理学家杨振宁有这么一段话："当我们默默考虑一下对称性所包含的数学推理的优美性和它的魅力的完整性，并以此对比它的复杂的、深入的物理成果，我们就不能不深深感到对对称定律力量的钦佩。"物理学家对物理学所引起的情感倾泻，使得他们对所探索的枯燥的物理内容，主观感情上引起美的感受，进而对物理产生痴迷和陶醉，这是许多物理学家之所以成功的原因。在物理学习中，充分挖掘生活中美的因素，通过美的思维，引导学生去发现、欣赏、创造美，积极培育和发展学生的物理美感，进而引导学生鉴赏美，从而激励学生进入一个更高的学习境界，可以激发学生对物理学事业的恋情与乐趣，也可以促进学生创新素质地发展。

第十一节　利用图像的"美"丰富物理教学

图像是数形结合的产物，是具体与抽象相结合的体现，具有直观、形象、简捷的美。利用图像的美可丰富物理教学。

一、利用图像简单、便捷、准确地寻求到物理规律

（一）在探究物理规律的过程中，利用图像拟合，以此来验证猜想，得出规律

例如，在"动能和动能定理"这一节之前，新教材中编排一节"功与物体速度变化的关系"。其中数据的处理采用图像法，做出 W-v，W-v^2，W-v^3……图像，从而得出"对一个静止的物体来说，力所做的功与物体所获得的速度的二次方成正比"的结论。简单、便捷又准确地寻求到物理规律，简化了大量计算。

（二）基于图像的特点，可充分利用图像展开教学

例如，用 V-t 图像研究匀变速直线运动，得到速度与时间的关系、加速度的含义、位移与时间的关系等，用 a-F 图像、a-m 图像、a-$1/m$ 图像探究加速度与力、质量的关系，用 F-L 图像探究弹性势能的表达式，用 v^2-h 图像验证机械能守恒规律，用伏安特性曲线探究导体、半导体的电阻随电流变化的规律，用振动图像、波动图像研究振动、波动规律，用正弦曲线研究正弦交流电的规律，用 I-U 图像研究光电效应规律等，都充分利用了图像具有直观、便捷的美来寻求物理规律。

二、利用图像简化计算，减小误差

例如，在"用单摆测重力加速度"的实验中，在测量摆长时如果每次多加一个小球的半径或少加小球的半径或重心不在球心，若利用公式 $g=\dfrac{4\pi^2 l}{T^2}$ 计算重力加速度，会使重力加速度 g 的测量值比真实值偏大或偏小，误差较大。而如果我们利用 T^2-L 或 L-T^2 图像的斜率求重力加速度 g，图像的斜率不会改变，图像法会使误差减到最小，而接近真实值。

三、利用图像的"点、线、面，交、截、斜"六点快速解决问题

许多物理习题，用公式计算的方式可能很难解决，甚至无从下手。如果充分利用图像的"点、线、面，交、截、斜"可使问题迎刃而解。"点"即图像上每一点的横纵坐标各表示哪个物理量。"线"即图线不管是直线还是曲线，它反映物理量间的什么规律。"面"即图像、坐标轴及辅助线包围的图形的面积表示什么物理量。"交"即两个图线的交点的含义。"截"即图像在横纵轴上的截距表示什么物理量。"斜"即图像的斜率表示哪个物理量。比如 $\varPhi$-x 图像的斜率表示电场强度在 x 轴方向的分量。当然在实际应用中六点不一定都需要，有时图像的面积是没有意义的，而应用最多的是斜率和截距。

例如，"在测定干电池的电动势 E 和内阻 R"的实验题中，U-I 图像的斜率是 $-r$，纵截距是 E，面积是 R 上消耗的热功率。而 $\dfrac{1}{I}$-R 图像的斜率是 $\dfrac{1}{E}$，纵轴截距是 $\dfrac{R}{E}$；物理教学中可结合数形结合的特点简化、解决物理问题。

四、利用图像的便捷开阔思维、培养学生创新能力

弄清楚图像的根本（六点）、条件（明晰图像反映的信息）、规律（体现物理量间的表达式），可以在常规问题的基础上加以创新，从而培养学生的创新能力。

（一）添加条件，创新问题

以最常见的v-t图像为例：已知一个物体沿直线运动的速度-时间图像，如图所示（图中所示各量为已知），由图4-9像可得到哪些信息：

①0~t_2时间内物体做何种运动；

②t_1~t_2时间内物体的位移；

③t_1时刻物体运动的加速度、初速度等。

这些问题学生都会解决。如果附加其他条件，又能提出和解决哪些问题？

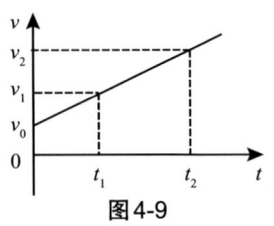

图4-9

比如，附加一个条件"已知物体的质量m"，能解决哪些问题：

①可求出某时刻的动能；

②求物体受到的合力；

③求某段时间内合力做功；

④可求出动量；

⑤可求出合力的冲量等。

给学生一个开阔的思考空间。由他们随意创新问题，培养了学生的创新能力。

（二）把图线化曲为直简化直观，创新问题

有些物理量间关系由图像表示时是曲线，对高中生来说解起来有些困难，可采取化曲为直的方法，使问题简化。比如，用a-1/m图像探究a与m的关系。用R-1/I求电源的电动势E和内阻r。用v-1/F图像求机车牵引力的功率。定性分析直观明了，为定量计算带来方便。

（三）新旧结合解题方法的创新

把图像与旧有知识或旧有模型相结合，创出新意。

例如，空间有一沿x轴对称分布电场。其电场强度E随x变化的图像，如图4-10所示，下列说法正确的是（   ）

A. O点的电势最低

B. x_2点的电势最高

C. x_1和-x_1两点的电势相等

D. x_1和x_3两点的电势相等

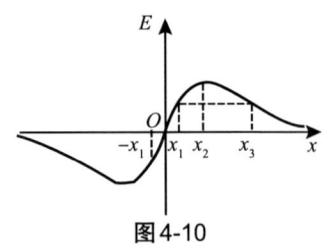

图4-10

此题是较罕见的 E-x 图像。信息量少，但是如果联想到 $U=Ed$ 知识，可利用 E-x 图像的面积求出电势的高低。如果和等量同种电荷电场线分布模型（图4-11）联系起来也可找到解题的方法。

这种创新，是从教材上学生熟悉的知识点、模型出发，结合图像，新奇而不怪异，既注重了对学生创新能力的考查，又拓展了思维。

图 4-11

第十二节　深入开展探究性学习

探究性学习是指学生在老师的指导下，在学科领域或现实生活的情景中，通过主动地发现问题、体验感悟、实践操作、表达交流等探究性活动，获得知识和技能的学习方式和学习过程。探究性学习的一般过程，如图4-12所示。

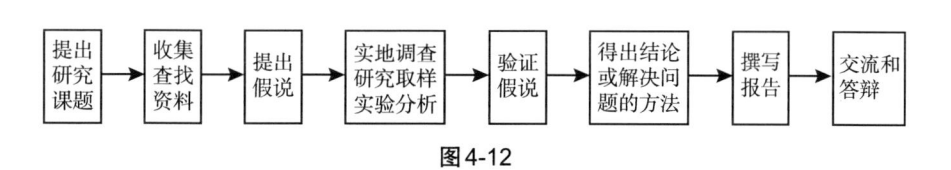

提出研究课题 → 收集查找资料 → 提出假说 → 实地调查研究取样实验分析 → 验证假说 → 得出结论或解决问题的方法 → 撰写报告 → 交流和答辩

图 4-12

探究性学习的核心要素是问题。探究性学习的过程就是发现问题、解决问题的过程。

一、课堂教学中应深入开展探究性学习

（1）讲述物理概念、规律、定理、定律等内容时，力求展示科学家的探究过程，潜移默化地引导学生掌握探究的基本方法。

物理教材中，出现了许多著名的物理学家，他们发现、总结了一系列的物理定理、定律。每一个概念的提出、每一个定律的完善，都经过许多人的亲身体验与实践，都是经严密的探索、缜密的思维、积淀而形成的，挖掘科学家们的探究要素，可以潜移默化地引导学生开展探究活动，使学生在学习的过程中掌握探究的基本方法。

【案例一】一标准大气压到底有多大

如果仅仅通过公式 $P=\rho gh$ 来说明它相当于10.3m的水柱产生的压强，相当于76cm水银柱产生的压强，相当于10^5帕斯卡，这些数字是空洞的，也是枯燥的，并不能在学生心目中留下深刻的印象。为了充分形象地说明大气压的威力，可利用投影片展示马德堡半球实验：在大气压的作用下，十六匹马在球的两侧各拴八匹，八个马夫扬鞭催马，背道而拉，难以把抽成真空的两个半球拉开，说明大气有压力且足够大。视觉效果足以冲击学生的大脑，大气压的威力给学生留下了难以磨灭的印象，也从另一个角度向学生展示了古人阐述物理问题的策略之一——动手做实验。

【案例二】关于轻重不同的物体下落快慢的问题

古代学者亚里士多德认为，物体下落的快慢是由它们的质量大小决定的，物体质量越大，下落越快。

伽利略对此提出质疑：假定大石头的下落速度为x，小石头的下落速度为$\frac{1}{2}x$，当把两块石头拴在一起时，下落快的会被下落慢的拖着而减慢，下落慢的会被下落快的拖着而加快，结果整个系统的下落速度应该小于x，但两块石头拴在一起，加起来比大石头还重，因此重物体比轻物体的下落速度还小，伽利略的假设很好地反驳了亚里士多德的观点。为了进一步阐述物体下落的问题，伽利略先假设自由落体是一种最简单的匀变速运动；然后，他按数学方法推出自由落体运动满足$S=\frac{1}{2}at^2$；接着他做了上百次的斜面实验，说明不同质量的小球沿同一倾角的斜面所作的匀变速直线运动的情况相同；不断改变斜面的倾角，证实小球做匀变速运动的加速度随斜面倾角的增大而变大；伽利略把实验的结果作了合理的外推，把斜面的倾角增大到90°自由下落，但仍然保持匀变速运动的性质，从而说明自由落体运动是一种匀变速运动。

伽利略对自由落体的研究过程，开创了抽象思维、数学推导和科学实验相结合的方法，并进行了大胆的猜想和预测。展示伽利略的探究过程，对培养学生良好的思维品质，养成敢于质疑、勇于探索，并用实验验证的习惯，其意义无疑是深远的。同时告诉学生，物理规律是逐步发现并完善的，不是一蹴而就的，人类社会的活动也是由浅入深、由表及里一步步深入的，这需要经过不断地探索、不断地完善，人类社会才能不断地前进。

（2）创设情境，让学生参与探究过程。在物理课堂教学中，精心设计教学程序，让学生全体参与到探究过程中，充分体现学生的主体性，引导学生发现并提出问题、提出假设并预期结果，通过实验证实或证伪，解读数据并交流成果。这就需要教师充分利用身边的资源，就地取材，为学生提供真实、开放的情景，让学生身临其境。

【案例三】关于物体下落快慢的问题，不同的同学想到不同的方法来否定亚里士多德的观点

王伟演示：取两个同样的纸片，一个横着放，一个竖着放，同时放手，竖着的下落快：并不是物体越重下落越快。

丁宁演示：取一个圆形纸片、一个同样的光盘，同时放手，横放的光盘下落慢，竖放的纸片下落快：结果轻的物体反而下落快。

张浩演示：同样的两张纸，一个自然展开，一个揉成团，同时下落，纸团下落快：质量并不是影响下落速度的因素。

学生积极参与思考，想尽各种方法否定亚里士多德，课堂气氛异常活跃，新课进行顺利。此时，可引导学生进一步分析，为什么会出现前面的结果呢？有的同学提出可能是空气阻力所致，那么如果没有空气阻力会是什么样？在学生思考后可通过"牛顿管实验"来验证：

①把管倒立过来，观察其中的羽毛和金属片下落的快慢；

②抽取管内的部分空气，进一步观察羽毛和金属片下落的快慢；

③继续抽取管内的空气直至抽完为止，再次观察二者下落的快慢；

通过比较，可以得到"在没有空气阻力的时候，羽毛和金属片从一端同时下落，同时到达另一端"的结论。

有的同学接着提出，物体下落越来越快，自由落体是匀加速运动吗？这个问题很好，不同的同学有不同的解决方法：

李志：从静止开始下落计时，若在连续相等的时间内，下落的高度之比是 1：3：5……说明该运动就是匀加速运动。

张涛：根据书上的频闪照片，若在连续相等的时间间隔内，位移之差满足 $\Delta S = aT^2$，说明自由落体是匀加速运动。

学生对自由落体运动的研究，从"动手做实验"否定亚里士多德的观点开始到"牛顿管实验"，直至提出并解决"自由落体是匀加速运动"的问题，学生一直在体验中学习，充分体现了新课程要求的发现问题、体验感悟、实践操作、表达交流等探究性活动，培养了学生的科学素养。

（3）探究过程中，不失时机地提升学生的思维品质，培养学生的创新素质。科学的发展源于怀疑的态度，没有思维的批判性就不会有创新，课堂教学中狠抓"发现问题"环节，利用探究过程中的意外现象进行原因分析和反复实验验证，或利用课文中涉及的内容，不失时机地补充一些课外知识，鼓励提出多种假说，培养思维的批判性和创造性。

【案例四】讲述光的衍射时，叙述"泊松亮斑"的故事

菲涅耳按照波动说深入研究了光的衍射，提出了严密的解决衍射问题的数学方法，当时的法国科学家泊松是光的波动说的反对者，他按照菲涅尔的理论计算了光在圆盘后的影的问题，发现对于一定的波长，在适当的距离上，影的中心会出现一个亮斑。泊松认为这是非常荒谬可笑的，并认为这样就驳倒了光的波动说。但是，菲涅尔在实验中观察到了这个亮斑，这样，泊松的计算反而支持了光的波动说。一个科学家对另一个科学家的观点提出质疑，通过数学方法计算、通过实验来验证，以此证实观点的正确。我们也要培养学生敢于质疑、勇于挑战权威的精神，积极推动科学和社会进步！

探究虽然有一个相对稳定的过程，但它并非模式化的，首先表现为不是每一个问题的探究都需要这几个阶段，可能某一个环节的缺失并不影响探究；其次每一个探究过程并不都是依照固定的流程展开的，有时需要不断修正方案、不断完善假设的过程；历经的阶段不同，就有不同的探究性学习方式，其探究的难度也不一样，探究有难有易，这就要求我们针对不同的教学材料、教学对象、教学环境，采用最恰当的探究性学习，绝对不能利用模式化"一统天下"。

探究性学习的目标是灵活的，没有像知识目标那样有明确具体的要求和水平，它在内容上是开放的，在结果的要求上也是开放的，打破了传统教学在统一规定下的教学模式，为学生提供了大胆创新、实现自我超越的学习环境，学生能大胆地怀疑、探讨解决问题的方案，对不同的结果进行分析，培养了创新意识和创造能力。

（4）重视探究过程中态度、情感、技能、能力及结果的评价，促进学生探究水平的不断发展和提高。探究性学习重视过程，同时也关注结果。如果只求经历而不在乎结果，探究难免沦落为一种形式上的机械训练，学生对探究的结果，要敢于大胆设想，而且对探究活动本身要有强烈的成功欲望，这样，学生学习的自主性才可能充分发挥。

二、开放实验室，让其成为学生自主探究的舞台

物理是一门以实验为基础的自然科学，实验是物理的灵魂。探究性学习，最显著的特点就是它的开放性、实践性和自主性，特别是实验探究的开放性。我们利用自习课、活动课、研学课的时间让物理实验室对全体学生开放，学生可以模拟实验，可以利用破损的器材自制仪器，可以验证、设计、创新实验，学生可以在实验室尽情探究，但要求学生仔细观察每一个实验现象，认真记录每一个实验数据，认真探究个中缘由。

（1）学生通过亲身体验，能很好地感知物理概念，"人体带电后头发竖起散开"的实验，真实地展示了同种电荷相斥的作用效果，把学生从枯燥的理论拉回到现实的世界。

（2）学生自由设计、创新实验。设计一个如何辨别生鸡蛋、熟鸡蛋的实验。利用身边的温度计、烧杯、磁体、刻度尺、电路，可以联想出哪些装置？学生自由创作：测长度的尺子改造成测反应时间的表。理论和实际结合起来，既锻炼了学生的动手能力，又大大激发了学生的创造欲望。

三、通过社会实践培养学生实事求是、严谨求实的科学精神

我们充分利用学军、学农等社会实践活动，让学生走进社区、走进工厂、走向田野、走向社会，让学生带着问题深入体验生活，如观察自行车的滚动轴承，观察传送带传送货物，观察轮船海豚的外形，观察自行车大齿轮、小齿轮和后轮，观察野外高压线；收集电容器，收集生活中的电池；比较螺丝钉、螺壳、牵牛花的右旋与啤酒花的左旋；拆开玩具电动机了解内部结构并观察接通时电流的变化；拆开日光灯的启动器了解双金属片；拆开双

筒望远镜并认识全反射棱镜；感受手摇发电机发电……在真实的感受中、体验生活中的物理原理，也培养了学生严谨求实的科学精神。

四、撰写研究性学习报告，体悟探究的成就感

根据教学进度和需要，为了更好地开展探究性学习，我们进行了大量的课题式的探究。不同的年级、不同的学生先后完成了"桥梁的研究""刹车时车轮被抱死的利与弊""潮汐现象""霍尔效应""怎样把交流变直流""回声混响和建筑学""生活中的电磁波"等课题研究。

开展探究式教学，学生的动手能力、创新意识大大增强，自制了大量的实验仪器：如水流星、挂衣钩、喷水梳、潜望镜、水位报警器、自动上水装置、各式电容器、自制小火箭等。

学生学习物理的兴趣大大提高，学习态度有了明显改善，乐学、好学，主动提问题，主动上网查资料，如查找了大量翔实的神舟六号飞船升空的资料、平抛飞车资料、桥梁的研究资料、潮汐现象资料、家庭省电资料等。

学习方法也发生了极大的变化。在教师的引导下，学生对实验教学中的问题主动探讨，他们自主探究、独立思考、分工协作的良好学习习惯基本养成。

第十三节　注重科学素养的培养

一位从事科研工作的同志说得好："若干年后，我们在学校学的一些知识会渐渐淡忘，而留下的是永远不会被遗忘的思想。"物理教学留给学生的应是永不磨灭的科学思想、科学方法和科学观念。高中阶段的物理教学应注重培养学生的科学素养。

一、引入新课中，创造思维情境，激发学生学科学的兴趣

新课的引入，是教学的一个重要环节，笔者尤其注重思维情境的创设，目的是激发学生浓厚的科学兴趣。在新课的引入中，笔者采取了以下方法。

(一)巧设悬念,诱发学生的学习动机和学习意向

心理学的知识告诉我们,意向是在一定的恰当的问题情境中产生的。如何通过实验引导学生捕捉实验中出现"新"的各种有价值的现象,拓展学生的想象力、激发学生的求知欲,无疑是十分重要的。在学生由初中升入高中的第一节课中,为了激发学生学习物理的兴趣,笔者精心准备了三个演示实验。

(1)用力击放在海绵上的蛋、书上的瓦,结果瓦碎蛋全。厚实的瓦破了而薄脆的蛋没有碎,为什么?

(2)声音将酒杯震碎。无形的声音怎么产生那么大而神奇的"力"?

(3)带电鸟笼里的鸟安然无恙。耀眼的电怎么不能电死鸟呢?

通过这三个实验,一下子就把学生引入了一个与初中物理完全不同的新天地,向学生展示了一个看起来不可思议的奇妙世界,同时也使学生感到,确实需要学好物理知识,才能发现、探索、解决更多、更新的问题。

(二)提出疑点,引导学生思考,激发学习欲望

"导学"的中心在于引导,引在堵塞处、导在疑难处,搞好引导,能有效地促进思维的转化。在新课引入时,根据教学内容,提出一些疑问,就会引发学生解疑的要求。例如,在学完"牛顿第一定律",即将引入"牛顿第二定律"的教学时,开始引导,"根据第一定律,物体不受力时,将保持匀速直线运动状态或静止状态;那么,如果物体受到力的作用,还能保持平衡状态吗?如若不能,运动状态会发生改变,就会产生加速度,那么,加速度与受到的力有什么关系呢?"这就引入了牛顿第二定律的教学。这样,新课的引入就水到渠成。

二、在正课进行中,培养学生的科学素养

(一)直观演示,培养学生务实的科学态度,丰富学生的想象力

在认知结构中,直观形象具有的鲜明性和强烈性,往往给抽象思维提供较多的感性认识经验。因此,在新知识引入时,根据教学内容,重视直观演示、实验操作,就能很好地调动学生的思维。相反,有些问题,缺乏感性认识,妨碍了学生对问题的深入理解和细致分析,这时,如果采用实物和教具

进行示范性演示，来讲述或印证抽象的问题，就能使问题更直观、易懂，同时，让学生有身临其境的感觉，从而培养学生务实的科学态度。

（1）讲述静摩擦力时，把毛刷放在毛巾上。

A.不拉毛刷，毛刷处于静止状态，此时，毛刷只受重力和支持力。

B.向右拉毛刷，但没有拉动，发现毛刷向左弯曲。

说明有一个向左的力使它弯曲，这个力就是静摩擦力。因为向右拉时，毛刷有一个向右走的运动趋势，于是，毛巾对它产生向左的静摩擦力。那么，演示静摩擦力产生的过程，就展示给学生一个真实的物理情境，若按课本平铺直叙，学生很难接受。在讲授安培力时更是如此。

（2）安培力既垂直于通电导线，又垂直于磁感线，安培力垂直于导线和磁感线决定的平面，这是一个典型的立体空间，为了让学生尽快理解三维空间效果，取一个火柴盒演示：盒长边代表电流，宽边代表磁感线，盒侧棱代表安培力。即使电流方向与磁感线不垂直，也可以把电流进行正交分解，垂直于磁感线的分量受到的力就代表通电导线实际受到的力。这样，让学生倍感模糊的左手定则，通过三维空间的展示，变得形象、真实、贴切，也大大地丰富了学生的想象力。

（二）引导学生探索、发现，让学生感受、理解知识产生和发展的过程，培养学生获取新知的能力，从而培养学生的科学素养

（1）在处理自感演示实验时，引导学生观察。无论是电源接通瞬间的通电自感现象，还是断电瞬间的自感现象，虽然它们所表现出来的现象不同，但通过分析发现，它们的本质是相同的，都是由于穿过自感线圈的磁通量发生变化引起的。

（2）在科学研究中，有一些研究对象，其内部不能或者难以直接观察、研究。例如，一个密闭的黑盒子里装了电阻、电源、二极管等几个电学元件，它们是怎样连接的呢？怎么研究它的内部结构呢？这是一个很棘手也很具有挑战性的问题。这时候，就需要通过黑盒子在外部反映的各种现象，来推测其内部结构的情况。利用万用表的电压档来探测内部是否有电源，再利用欧姆挡探测是否有二极管……整个的探索过程很好地培养了学生的严谨的科学态度和脚踏实地的作风。

（三）暴露思维发生、发展过程，培养学生敢于批判、勇于献身科学的精神

学生在新课学习中有着一定的认知过程，即由"不知到知"的意向、领会过程。因此，在物理教学中，暴露学生思维发生发展过程是符合学生认知规律和认识过程的。而"暴露"本身就显示了较强的思维情境，它能促使学生思维活跃。新课进行中暴露思维发展过程可采用的方式是向学生揭示概念的形成、结论的寻求、思路的探索过程，向学生展示前人是如何想的，从而通过问题引导学生去想，并帮助学生学会想。例如，关于物体运动原因的研究，长期以来，人们的经验是要使一个物体运动，必须推它或拉它。亚里士多德根据直觉经验认为：必须有力作用在物体上，物体才能运动；没有力的作用，物体就要静止在一个地方。这个错误维持了近两千年，直到三百多年前，伽利略才对这个结论提出质疑并通过理想斜面实验得出：一旦物体具有某一速度，如果不受力，它将一直匀速运动下去。在隔了一代人以后，牛顿总结并得出，一切物体总保持匀速直线运动状态或静止状态，除非作用在它上面的力迫使它改变这种状态为止。正是基于伽利略对前人的挑战，才有了物体运动原因合理化解释的雏形，也才有牛顿第一定律的完美解释。顺便告诉学生，正因为伽利略敢于挑战、敢于批判、敢于坚持真理，后来招致教会的迫害。从另一个角度来说，"嫦娥一号"发射成功，我们不能只看到科技人员受党和国家领导人接见、表彰时无限光彩、荣耀的一面；我们更应看到他们的付出和献身精神。国家要富强，民族要发展，需要每一个公民的奉献。

三、在练习和小结中，培养学生集中思维能力，提高思维的层次性，升华学生的科学素养

由于小结是一堂课的"画龙点睛"处，它能使一堂课所讲知识及体现出的物理思想、物理方法系统化，初步形成认知结构。所以，课堂教学中，笔者总是下意识地让学生总结，要求他们说出自己的独到见解，让学生提出自己的新发现，然后，根据学生的发现，进一步引导学生概括本堂内容、重点，或者利用提纲、图表等展示课堂知识的回顾，并进一步引申出更深层次的问题，为下一节的导入做好准备。这样做，层层深入，一步一个脚印，一

步一个台阶，有利于升华学生的科学素养。

第十四节　运用多种方法激发学生学习兴趣

爱因斯坦说过，"兴趣是最好的老师"。兴趣是获取知识的开端，是求知欲望的动力源泉。物理学科贴近自然和生活实际，应用性和实践性比较强。教学过程中应充分发挥学科特点，运用恰当方法，激发学生的学习兴趣，充分调动学生思维的主动性和积极性，达到提高学习效果的目的。

一、首先，教师要与学生保持良好的师生关系

一个学生会因为喜欢某个老师而喜欢他的课，也可能因为不喜欢某个老师而讨厌他的课。所谓亲其师信其道，正是这个原因。所以，师生之间保持良好的关系，是胜过许多教育的。就师生关系而言，彼此的关系建立在平等的基础上，是相互学习共同成长的关系，而绝非一方"管教"另一方的关系。当然，教师有教育学生的责任，但教育的秘诀是真爱，这真爱就是理解、尊重、关心、帮助、负责。没有真爱就没有教育，这是激发学生学习兴趣的前提条件。

二、教师教学语言表达要有趣味性

物理是一门自然科学，在教学过程中，教师在表达形式上的艺术美是一很重要的基本教学能力，其中教师讲课的语言感染力有着非常重要的作用。特别是对天真活泼、好奇敏感的中学生，效果尤其明显，语言风趣，讲解生动，使学生愿意听并引起其高度注意，能够让他们在较为轻松的环境中接受知识。同时，教师丰富的肢体语言可起到暗示、提醒、激励学生，达到"此时无声胜有声"的效果。总之，教师的语言一定要风趣、幽默，富有感染力。

三、从创设情境入手，着眼于培养学生的学习兴趣

教师在课堂教学过程中，有意识地创设情境，通过提出一些与课文有关的富有启发性的问题，将学生引入情境之中，容易激发起学习的动机，培养

学习兴趣，如讲"共振"时，可先介绍新鲜有趣的材料形成悬念。据报载：一向平静的某地殡仪馆的五层宿舍楼，近来常常无端地震动，说是地震吧，可附近的居民却没有感觉，迷信者都纷纷搬走。后来地震局的人来研究，作出结论：这是一家新建工厂的机械振动引起的共振。随后就可问学生什么是共振？为什么只是一幢楼振动？此时学生急切地等待教师的解答，激发了学生浓厚的认识兴趣和强烈的学习动机，然后再开始讲授内容，教学效果必然提高。

四、以良好契机为基础，立足于诱导学生的学习兴趣

物理现象丰富多彩，很多的教学素材都能引起学生学习物理的兴趣。教师以良好的契机为基础，立足于诱导学生的兴趣。例如，学习动量、冲量时，教师可做这样一个实验，拿一只笔套竖立在讲台边缘的纸条上，然后问谁能拿出笔套下面的纸条又不接触或碰倒笔套？做法：可用一只手捏住纸条的一端，用另一只手迅速抽出纸条，这样能使学生在亲自动手的实践中，既使学生产生兴趣，又使学生在终生难忘的小实验中获取和巩固了知识。

五、求新求活保持课堂教学的生动性、趣味性

物理学蕴藏着无数历史故事、自然现象和无限发展前景，具有很强的知识性、现实性和趣味性。因此，它以丰富的内容提供教学中诱发学生情趣和动机的酵母。在教学过程中，教师要从教学效果出发，通过精心设计，将最新的教学理念融入每节课的教学过程中，注意广泛收集物理学科最新成果，结合教学内容，巧妙地包装，隆重地介绍，抓住中学生情绪易变、起伏较大的生理和心理特点，以"活的东西去教活的学生"，来培养学生持久的学习兴趣。

六、教师要借助于现代化教学设施提高学生的兴趣

随着科学发展、计算机的普及，各种现代化教学技术走进了课堂。根据学生年龄特点，教师可灵活利用多媒体技术，丰富教学内涵，来提高学生学习物理的兴趣。同时，教师也可创造性地利用一切可用资源（包括科技图书、报刊、图书馆、实验室、专用教室、实践基地，以及校外的博物馆、展览馆、科

技馆、公共图书馆、电视节目、工厂、农村、科研院所等），为教育教学服务，引导学生走出教科书，走出课堂和学校，激发学生的学习兴趣。

七、教师要精心设计教学过程致力于激发学生的学习兴趣

物理教学中，教师应运用本身的魅力激发学生求知的欲望和情感，以饱满的热情、强烈的求知欲、热爱物理学科的情趣，带领学生去探索物理世界的奥秘。在教学过程中，教师应根据学科教学的特点，引导学生注意物理学科知识与经济建设的关系，激发他们的学习兴趣；教师还可以指导学生运用实验法、谈话法、调查法、文献法等学习方法，使学生从被动的学习方式中解脱出来，进行自主式、研究性学习，对物理学习产生浓厚的兴趣。

第十五节 关注学生的真实体验

一、体验式教学的理论依据

新课标强调指出："不再单纯以学科为中心组织教学内容，不再刻意追求学科体系的严密性、完整性、逻辑性，注重与学生的经验结合在一起，使新知识、新概念的形成建立在学生现实生活的基础上。"体验式教学是以培养自由独立、情知合一、实践创新的"完整的人"为教学目标，有着广泛的理论依据。

（一）认知理论

一切知识源于实践。体验的过程就是实践的过程，利用体验的过程可以培养学生的实践能力。体验可以形成丰富的记忆表象，表象具有具体性（形象化）、概括性（反映事物抽象的本质特征）的特点。联想、想象的发生是以表象为出发点的，想象力的发展影响着智力的发展。学生的再造想象是学习知识的重要条件，创造想象是进行创造力学习的必要条件。另外，强烈的好奇心是学生的天性，体验的过程是对未知领域的探索过程，对学生来说，有着无穷的乐趣。

（二）建构理论

体验式教学还符合建构主义学习理论（强调情境、协作、会话、意义构建四要素），以创新教育的要求为导向，强调课堂教学的动态化，改变教师讲、学生听的学习方式，让学生在生动的情境中，在感性认识的基础上学习。由于它提倡直接经验和间接经验相结合，掌握知识与发展能力相结合，知、情、行协调发展，所以又具备先进性。而它最大的特点是开放性，注重情境、协作、讨论，可经过不同的组合而具有全新的风格。以情境为开始，善于启发；以讨论为开始，使气氛民主利于发现问题；以协作为开始，有助于调动学生的积极性。

二、结合实际，积极开展真实体验

体验式教学的过程是从具体到抽象、从个别到一般的过程，体验的目的是通过在实践活动中亲身体验，再从体验中得出概念，掌握能力，最终脱离依赖具体形象的思维，发展学生的抽象思维能力，最后再回到实践，指导实践活动，从而实现知识服务于实践的目的。

体验式教学设计的基本策略如图4-13所示。

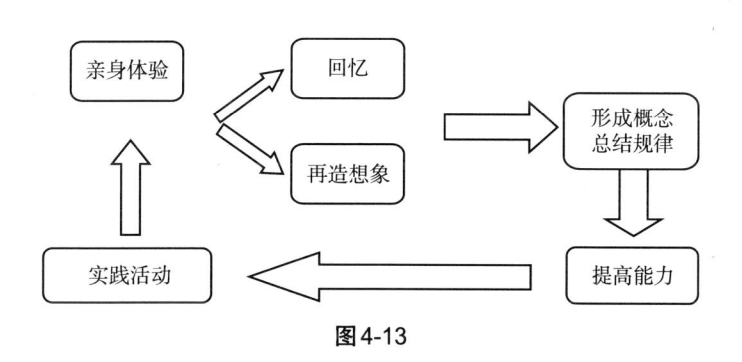

图4-13

教学中可结合实际，积极开展体验式教学。

（一）巧设情景，在情景中体验

课程标准明确指出，教师要通过对教学内容的"问题化"组织，将教学内容转化为符合学生心理特点的问题或问题情景，激发学生的学习兴趣，促进学生的自主探究与合作交流。教师要通过教学情景的创设，以任务驱动学习，激活学生已有经验，指导学生体验和感悟学习。

物理概念是组成物理的基本要素，每一个物理规律都是在学生深刻理解物理概念的基础上形成的，所以深刻理解物理概念是学好高中物理的关键所在，而概念教学一直是物理教学的一大难点，如何在学生头脑中建立一个清晰的物理概念是每一个物理教师思考的问题。利用体验式教学法则可以很好地解决这一问题。

例如，在"加速度"这一概念教学中，我们可以设置这样的"问题化"物理情景。

问题一：我们班谁的个头最高啊？（速度）

问题二：我们班谁长得最快啊？（加速度）

问题三：是不是个子高的同学一定长得快，个子矮的同学一定长得慢呢？（速度大的物体加速度不一定大）

问题四：假如让你去比较两位同学谁长得快，你如何去做？（如何计算加速度）

通过这样的"问题化"情景设置，很容易在学生的头脑中建立起加速度的概念。

再比如，在"冲量"这一概念的教学中，由于学生已经学习了"功"这一概念，他们对于"功是力在空间上的积累已经有所理解"，但是始终无法建立起"冲量是力在时间上的积累"，甚至总认为静止在水平地面上的物体，经过一段时间，重力的冲量为零，为了帮助学生建立起冲量的概念，可以设置这样的物理情景：请问同学们，有一位体重为100kg的同学站在你的肩膀上，站一秒钟和站一小时的效果一样吗？我想这个问题不难回答。通过这个简单的问题，"冲量"这个难以理解的概念将会在同学们的心中留下深刻的印象。

（二）创设实验，在实验中体验

教师利用实验，引导学生通过对实验的观察、研究和分析获得感性信息，并在思考、探索问题中感悟物理概念的意蕴，揭示物理规律的教学方法。

以高中物理向楞次定律的教学为例。以往老师根据演示实验归纳总结出楞次定律，然后通过一定量的练习来巩固，学生对楞次定律往往理解不深、不透，运用起来死板、不灵活。鉴于此，我们改演示实验为学生探索性实验，每两人一组，每组备有原、副线圈各一只（外面有明显的绕向标志）、导线若干、灵敏电流表一只、电源一个、电键一只、滑动变阻器一只。课前下发教师精心编制的预习提纲，课上教师重点指出以下几点：

提示一：什么是原电流、原电流方向、感应电流、感应电流方向？

提示二：原电流与原电流磁场的方向由学生自己控制；

提示三：每次实验时应明确其磁通量的变化情况；

提示四：感应电流方向由灵敏电流指针的偏向测出，应重点指出，电流从哪一端流入，指针就偏向哪一端；

提示五：在测出感应电流方向后，画出副线圈中感应电流的磁场；

提示六：根据作图及实验具体条件，找出感应电流磁场与原电流磁场方向间的规律；

提示七：前后两组四人组成讨论小组，根据实验体验，相互讨论总结出规律，先用自己的语言写出文字结论，各组推选一人阐述讨论结果；

提示八：全体学生辨析各讨论小组的观点，然后再与课本对照，并找出楞次定律中的关键字句。

这样通过创设实验的体验过程，使学生对原本抽象、难懂的规律能主动获取、理解深刻。

（三）开展活动，在活动中体验

新课程指出，学生的学习应该是一个过程，让学生在思考、探究中获取知识。学生在学习的过程中，有许多物理知识和现象很难用书本或文字作出完美的表达，即使表达出来了，单靠读教科书，在课堂上听课也是不行的。其实，生活中处处有物理，物理就在我们身边，在教学过程中，教师应有目的地创造特定的物理环境，开展一些课堂活动，寓教于乐，将活动作为知识的载体，在有趣的活动中理解知识、掌握知识，真正地做到驾驭知识、运用知识。

例如，在高二物理"电容器"这节的教学中，学生对于能够容纳电荷的这种特殊的容器充满了神秘感，为了揭开电容器的神秘面纱，在教学中笔者设计了这样一个教学活动：学生自制电容器。任何两个彼此绝缘并相隔很近的导体，都可以看成一个电容器。教师可以引导学生利用生活常见的一些简单的材料制作电容器。

有些同学利用矿泉水瓶、香烟金箔纸、两根导线，在矿泉水瓶的外面粘上一层金箔纸作为一个导体，然后在水瓶内装上水或食盐水作为另外的一个导体，并分别引出两根导线作为两个电极，中间的矿泉水瓶壁作为绝缘层，制作成一个简单的电容器。教师还可以利用感应起电机对学生自制的电容器进行充电，利用验电器检验电容器是否带电，还可以在保证安全的情况下，让全班同学手拉手站成一圈，让其中两位同学各执电容器的两根导线，让同学亲自体验电容器的放电过程。同学们还可以利用其他材料制作出很多不同的电容器。

再如，在火箭反冲这节课的教学中，教师还可以引导学生自制火箭。

通过这些课堂活动，引导学生亲身实践，体验物理带给他们的乐趣，使物理教学变得更生动活泼、丰富多彩。

第十六节　科学设置问题

"思起于疑"，疑问是学生思维的触发点。在教学中，老师一定要注意问题情境的创设，以问题的提出、分析和解决为载体来引发学生积极思维。教师在备课的过程中有很重要的一个环节——认真备问。"备问"要求教师要善于依据教材的内在联系和因果关系，科学地设置问题情境，有计划地提出问题，引导学生按一定的思路去分析、判断和推理。

科学地设置问题，需要从以下几个方面考虑。

一、问题设置的准确性

教师提出的问题要用词准确，语言清楚，切忌颠三倒四，含糊不清，不合逻辑，否则学生无法领会教师给出的学习信息，给思维带来不必要的障碍。例如，问"直流电流计会发生什么现象"会给学生模棱两可的感觉，从而不知所措。如果问"电流计指针会怎么摆，摆幅怎么变化"，那么学生回答起来就容易多了，而且在实验过程中对学生怎么观察，观察什么做了一个指导。

二、问题设置的具体性

教师提出的问题要具体，容纳的概念不要太多。例如，"大家在生活中所见到的现象哪些与电磁波有关"这类提问，使学生不知从何着手。应将问题具体化，可提问"与电磁波有关的电器有哪些"，这样不仅使学生更容易回答老师所提出的问题，同时也拉近了学生和生活之间的距离，引起同学们更多地去观察周围与物理有关的生活现象。

三、问题设置应具有启发性

教师提出的问题应是要求学生运用已学过的知识分析、判断和推理才能回答的问题。通过对电磁振荡规律的学习，可提出"电磁振荡到电磁波、机械振动到机械波，那么电磁振荡与机械振动有哪些相似的规律"？这样设问符合学生从具体到抽象的认识规律，不仅能使学生认识教材内容组成间的联系，并且通过分析和综合有助于培养学生的思维能力。

四、问题设置要有梯度

首先，问题的设置由易到难、由小到大、由简到繁、由具体到抽象、由已知到未知，步步推进、层层深入，逐渐接近问题的本质，把学生的思维一步一个台阶地引向求知的新高度。其次，问题紧密结合学生的实际，注意广度和密度。广度上，面向全体，尽量使每一个学生都得到训练的机会；密度上，问题设置疏密相间，使学生既能积极参与思考，同时也让学生对问题考虑得更全面。最后，教师根据课的结构要求准备形式多样的问题。一是问题设置形式的多样化，有激发式提问、发展式提问、聚合式提问、辨析式提问等形式；二是问题设置表现形式的多样化，或语言表述，或投影展示，或录像播放，等等。

第十七节　自制教具，增加教学趣味性

物理是一门以观察、实验探究为基础的学科。随着现代科学技术的发展与进步，学校内的实验仪器设备也有了很大的提高，但是还是不能满足教学的需求。并且根据不同教师的教学方式不同，教师用不同的教具有不同的教学效果。而自制教具拥有取材容易、制作简便的特点，是一种最直接的创新活动。通过趣味实验制作，将趣味性和自制实验结合起来，不仅弥补了教学仪器的不足，更重要的是它可以发挥学生的主动性，培养广大师生大胆革新、敢于创造的精神，同时可以提高师生的动手和实践的能力。

一、自制教具

（一）自制教具在教学中的重要作用

1. 取材简单，节约经费

自制教具的特点就是取材容易、制作简单，能够更好地与教学相结合。它最初就是因为实验器材缺乏、资金短缺等原因慢慢发展起来的，所用的材料都是我们日常随处所见的瓶瓶罐罐等小物品，让学生一看就觉得很"亲切"，并且还可以根据教师的教学需要，运用一些透明或者可拆卸的材料来制作，来达到更好的教学效果。例如，我们平时看到的工艺品"公道杯"，是不能看到内部结构的，我们就可以用透明的瓶子来制作，并且还可以拆卸看到内部的结构，与工艺品对照来让学生了解它的工作原理。

2. 优化课本中的实验

教学所用的许多实验仪器正规而刻板，令学生有一股陌生感，而且经常操作比较固定，总会有不如意的地方，不能让教师充分发挥，并且有的不能搬进教室，只能在书本上看或者自己想象，往往让学生没有实感，学习起来也困难。通过自制教具，可以让一些书本上的实验"重现"课堂，或者是书本上描述的现象呈现在学生的面前，让学生可以直接看到。例如，在"声音"部分的教学中，除了让学生想象动物发声和摸自己喉咙外，可以制作一个"鼓",鼓里放音乐或者其他能够发声的物件,鼓面上放上牙刷头或者其他轻的小物体,学生可以明显直观地看到物体在振动。

3. 引起学生兴趣

由于取材于身边的事物,自制的实验看起来更加贴近学生的生活,让学生产生亲近感和好奇感,引起学生兴趣,主动进行观察和思考,让学生更加乐于去学习物理。另外,如果有能力,还可以利用一些手工作品来美化教具的外观,吸引学生的注意。如前面提到的"鼓",可以把牙刷头换成手工制作的漂亮的小人头,看起来就像一个随着音乐跳舞的小人一样。

4. 培养学生科学素养

通过一些有趣简单的自制实验,让学生自主动手制作,参与到自制教具的过程中来,能够有效地激发学生的积极性和主动性,比起教师黑板上讲授教学更容易理解,也更能提高学生的注意力,让学生在快乐中学习,同时还容易让学生建立信心,不再害怕物理学习。当然,制作的过程不会是一帆风顺的,学生还能锻炼对失败的承受能力和继续努力下去、不断改正和思考的耐心,并且制作教具要对它的作用有一定程度的了解,即对知识原理有一定的掌握。通过对知识的了解来不断地改进、制作教具,借用教具来对知识进行温故知新。在制作过程中不断培养学生的想象力、动手能力、思维能力、创作能力和团队合作能力,同时能让学生形成对知识追求的良好的科学态度,不断提高自身的科学素养。

5. 提高教师教学能力

不是所有书本上所列举的实验效果都是明显可行的,通过教师亲自动手制作,可以发现课本上实验的不足并进行优化,同时制作时还需要不断地进行构思、试验和修改,不仅锻炼了自己,教学时也会更加得心应手。另外,想要提高学生对于自制教具的认识,首先教师要对自制教具有一个充分的认识,教师在动手制作教具的过程中也在培养教师的动手能力和科研能力,不断优化自己的教学,发挥个人的教学特色,提高教学效果。

6. 促进教育改革发展

教学仪器是已定型的,而自制教具可以不断地改进,师生的不断思考创新,利用新技术、新材料、新方法来改进教具,进而形成新的仪器,可以说自制教具是仪器的原型。所以自制教具的不断发展也会推动着仪器的不断进步，同时，教师的教学观念和教学方法也会不断改进，进而促进教育的改革发展。

（二）自制教具的原则

1. 科学性原则

自制教具最基本的目的是让学生更好地掌握物理知识，所以教具本身必须是科学的、严谨的、合理的，同时它所揭示的原理也要直观明确。不仅如此，在操作过程和教学过程中也要遵循科学性原则，科学性原则是首要的，不能为了使实验看起来更精确或者更明显、更有趣味性等而违反科学性原则，弄虚作假。

2. 实用性原则

自制教具不是商品，它遵循实用性原则。首先要符合教学要求，可行性强，与教学能很好地结合起来，有助于解决教学重难点，提高教学效果，减轻学生负担。其次，还需要使用方便，实验现象明显，能直观观察。另外，教具最好可拆卸，能够观察内部结构，制作时需注意突出重点部位，对于可复制性强的教具，还能让学生共同制作。当然，相比较与实验仪器，自制教具的功能可能比较单一，但好在制作简便，往往更能说明问题。

3. 简易性原则

自制教具的特点就是取材容易，制作简便，成本低廉。简易性原则即自制教具所倡导的取材于身边所见事物，制作出结构简单，效果明显，利于保管的教具。但同时也不能过于强调低成本而做出粗制滥造的成品。

4. 趣味性原则

自制教具除了具有简单的辅助教授知识之外，本身具有一定的趣味性也是很有必要的，能让学生产生兴趣对于教学是一个重要环节。而且相对于正规的教学仪器来说，自制教具本身就具有一定的趣味优势，不管从原材料还是制作痕迹等来说首先就让学生有一种熟悉的亲切感。

5. 参与性原则

制作的教具要能让学生参与进来，学生可以通过参与教具研制，锻炼动手能力，在遇到困难的过程中积极发动思维能力和创造能力，并且在深入理解仪器内部结构的同时，也能进一步掌握物理知识，同时，教师也可以在这个过程中把握学生在知识学习的薄弱环节,更有针对性地教学。

6. 安全性原则

自制教具一定要保证安全性,特别是有学生参与的教具,尽量避免明火、高温、易碎易爆等问题,根据学生的不同情况来安排。一般学生比较多,教师不可能每个都能兼顾到,制作前要特别提醒学生需要注意的事项,避免事故。

7. 工艺性原则

在保证了自制教具具备前面的条件下,还可以使教具更具有工艺性。这样不仅能使它看起来不那么粗糙,也能提高学生的兴趣,并且尽量使教具坚固耐用,可以长时间使用下去,这需要对已成型的教具不断改进,利用新知识、新技术使教具更完善。

二、在自制教具中融入趣味性

(一)趣味性在自制教具中的重要性

兴趣是最好的老师,是打开学生学习物理的大门的钥匙。学生有了兴趣才能积极主动地学习,特别是物理学习,学生往往会感到复杂沉闷甚至产生抵触心理。将趣味性融入自制教具中,不但可以减少学生对物理学习的抵触心理,还可以激发学生的学习的欲望,活跃课堂气氛,使他们不再"害怕"物理,更重要的是能够引导学生主动思考问题,提出问题,培养动手能力、探索精神和锻炼思维能力,甚至还可以引发创造性。

(二)探求自制教具中的趣味性

1. 从学生熟悉的事物入手引起学生兴趣

生活中处处都有物理。可能我们每天见到或用到的事物中都蕴涵了丰富的物理知识,教师应该善于运用这些事物,使学生对物理产生亲近感,产生兴趣,引起学生的思考,做出合理的科学解释,进而学习并掌握物理知识。例如,向心力教学中,为什么所有的桥都是向上凸的而不是向下凹的?

另外,对于古代一些著名的故事或事物中也可以发现很多物理知识,它们构思奇特,设计巧妙,有很充分的趣味性,在教学过程中应该充分利用,如鱼洗、走马灯、公道杯、杯中显"影"等。

2.用惊奇的现象来引起学生兴趣

抓住学生的好奇心理来引起学生兴趣，设计巧妙、新奇、有趣的实验，可以使学生在愉快的心情中学习和掌握新知识，还可以培养学生的探索精神，激发学生积极讨论、主动参与，使物理学习不再枯燥。例如，在反射教学中，设计一个有一面窗的存钱小箱，里面放两面镜子，当存入硬币时学生从窗户中会看到硬币消失了，为什么？

3.用与学生的前概念相反的事例引起学生兴趣

人们在生活经验中形成的前概念往往有些是错误的。通过科学的实验事实，给出与学生想象中不一样的现象结果来引起学生的好奇，从而给出正确的科学解释，从中学到物理知识。就像著名的比萨斜塔上的落体实验，使人们脱离了重的物体下落得快的错误前概念。例如，在重心教学中，小球一般都是向下滚的，可以设计一个球向上滚的实验，引起学生兴趣。

需要注意的是，趣味是手段而不是目的。让教学和实验充满趣味性是为了使学生更容易地学习物理知识，培养探索精神和科学素养，不可盲目地追求趣味性。

第十八节 利用"思维可视化"策略，改变学习方式

一、何为"思维可视化"?

思维可视化就是用画图的方式把知识内容表述清晰。可视化就是把看不见的思维过程用可视化的方法画出来。

"思维可视化"利用文字、符号、图画等载体把知识网络、章节结构等勾画成图——思维导图。导图由网络构成，网络包括节点和连线，节点代表概念，连线代表概念之间的联系。思维导图将某个主题的概念及其关系用网络状的图形表示，将主题的不同级别的概念置于方框或圆圈中，再用各种连线将它们连接起来。图既能准确、清晰地表达我们的思维，又能组织概念，

勾勒知识结构。

二、思维可视化改变学习方式的切入点——笔记训练

高中物理课无论是在思维程度还是在知识应用方面都是比较难的，所以课堂上需要学生做笔记。

以往学生采取"1、2、3、4"这样的线性笔记，如果学生基础薄弱，没有好的学习习惯，不能将笔记及时复习和归纳总结形成知识结构，这样不论是听课还是做题，都很难将知识展现的思维脉络和知识之间的本质关系理解得很充分，学习也往往抓不住重点。有时学生笔记的速度赶不上老师讲课速度，笔记更是无法体现知识的全貌或脉络。

运用思维导图做笔记，可以把核心内容及相关内容轻松地记下来，因为思维导图并不需要一行一行整齐的文字记录，而是把要点以关键词的形式记下来，用树状发散结构展开，形式活泼，运用思维导图可以把知识之间的联系用线条画出来。其实在写关键词的同时已经进行思考和分析，因为老师在讲授概念、规律的推导关系的时候肯定要进行强调、举例或者板书，即使不明白画错了也没有关系，甚至可以用问号表示，这样可以突出思维的重点，整堂课的知识之间的脉络关系可以清晰地呈现出来。运用思维导图做笔记既简化了文字内容，又节省了时间，更重要的是强调了意义之间的关系，使认知过程中的思考与课堂教学同步，提高了课堂学习的效率。

三、深入认识思维导图与"脑科学"之间的关系

体验了思维导图做笔记的优势，可在更高层面上激发学生进一步学习和掌握思维导图。

学习的主要承担者是大脑，根据大脑的学习规律来进行学习，形成"适于脑"的学习而不是"对抗脑"的学习，就会起到事半功倍的效果。高效的大脑学习的一个特征就是模块学习。运用概念图可以从课程内容中抽取观点和细节，以大脑最熟悉和效率最高的图像表征方式把关键内容可视化地呈现出来，建立事实与概念之间的联系，是一种高效的学习方式。这样，从"脑科学"的角度进一步认识思维导图的意义，它就是我们大脑自然思维的表现

形式，是我们内心思维的外化表现。可以让学生更好地掌握思维导图，把思维导图的学习和运用作为一种习惯来培养。

四、灵活绘制"思维导图"

绘图前需要对知识有全局把握，从主干细化到枝叶，思维脉络要清晰，在此基础上才能画出完整的思维导图。

首先从白纸的中心开始画，用一幅图像或图画表达中心思想；连接中心图像和主要分支，然后再连接主要分支和二级分支，接着再连二级分支和三级分支，依次类推。

"思维可视化"的四环节如图4-14所示。

提要素 → 挖本质 → 理关系 → 建模型

图4-14

绘图的过程实质是学生"提要素、挖本质、理关系、建结构"的过程，突出学生生成这张图的思维过程，需要学生动手操作、动脑思考、自主建构、描绘、生成。我们知道，图，直觉上给人一种美感。画图，首先需要提取要素，学生要找出关键词，这个过程，就是探寻的过程，解决的是"是什么"。挖本质，就要穷究其理，找出根源，弄懂原因，解决的是"为什么"。理关系，要求学生把概念与概念的关系理顺，把模糊的知识点梳理清楚，解决的是"怎么样"。建模型，需要思维统筹，需要整体架构，需要逻辑次序，解决的是"理论和实践应用"。学生自主绘制思维导图，要细心阅读材料，要认真听取老师分析，在理解的基础上才能完成。

思维导图能清晰地展示知识点的脉络关系，让学生更好地掌握并形成知识结构；能有效地呈现知识积累到应用的关联，体现学生学习过程中的思维过程。学生在梳理知识的同时，不仅提高了注意力，增强了毅力，而且对知识和思想从全局到细节都很好地把握；不仅使思维向纵深发展，而且学会了统筹兼顾，理解了和谐与秩序；不仅增强了组织性，展现了自我，而且带来收获的成就感、愉悦的情感体验。

绘图时可以尽可能地使用多种颜色，如黄色、亮橙色、米黄色，这些颜色可激发积极情感，使思维导图增添跳跃感和生命力。使用思维导图，可以把一长串枯燥的信息变成彩色的、容易记忆的、有高度组织性的图画，它与我们大脑处理事物的自然方式相吻合。因此思维导图可以增强学生的超强记忆能力、立体思维能力、总体规划能力。学生将自己对知识的理解、对美的感悟和把握用不同的图形表现出来，就会自然形成审美创造活动，这对于学生的未来生活具有长远的影响。

可见，"思维可视化教学"能充分调动学习的积极性，提高学习效率，而且对学生的完美人格的塑造有很大帮助。

第十九节　正确认识多媒体在物理教学中的作用

随着现代科学技术的飞速进步和学校硬件设施的逐步发展，多媒体技术在教学领域得到了广泛应用。采用多媒体教学能够超越时空，在课堂上不仅可以重现过去、展示现在、演绎未来，还能够模拟或再现宏观世界和微观世界奇妙的物理现象。但多媒体教学也存在一些不足，教学中要擅用、巧用多媒体。

一、多媒体对物理教学的积极作用

在物理教学中，充分发挥多媒体的优势，可以弥补传统教学的局限性，能调动学生学习的积极性，激发学生的求知欲望，促进学生的理解和记忆，拓宽学生知识面，培养学生的创新精神，优化学生的学习环境，更有利于做到高效课堂，有效教学。

（一）多媒体教学图文声并茂，使课堂生动有趣，激发学生的学习兴趣

美国心理学家布鲁纳说："学习最好的刺激是对所学学科的兴趣。"学生一旦对物理产生兴趣，将会乐此不疲、废寝忘食地学好物理。传统教学方法中基本上依靠教师的语言描述和板书表述，来讲解物理现象，很容易让学生感到枯燥无味。而多媒体教学是把视频、动画、图片、音频、文本等资源融于一体，并可以仿真模拟一些无法演示的实验现象，因此使用多媒体辅助物理教学可以收到意想不到的效果。例如，讲《宇宙航行》时，教师利用多媒

体让学生观看"嫦娥一号"探月卫星从发射、入轨、变轨、奔月、修正、制动乃至绕月等全部发射过程。那种震撼的场面难以用语言描述,通过这段视频可以使学生形象地理解万有引力定律在航天上的应用,还能极大地激发学生的学习兴趣和求知欲望。因为"嫦娥一号"探月卫星发射成功在政治、经济、军事、科技乃至文化教育领域都具有非常重大的战略意义,借此还可对学生进行爱国主义教育和科学启蒙。

(二)多媒体教学的直观性有利于课堂重难点的掌握

物理是以实验为基础的学科,物理教学过程也以物理现象为基础。尽管教师做了大量的演示实验,但有时因实验条件的限制或物理现象、物理概念和规律本身抽象性很强,学生无法观察清楚实验现象。如果学生对某些物理现象不能得到完整的感知,进而对物理概念和规律的理解较为困难,从而影响物理的学习。因为中学生的思维正处于形象思维向抽象思维过度的过程中,仅仅依靠单纯的语言描述和静态图形的表述,很难使学生理解并掌握。这就需要教师在物理课堂教学中采用多媒体技术,充分利用视频、动画、图片、音频、文本等直观形象的东西去引导学生理解并掌握抽象的物理概念和规律。例如,卢瑟福的α粒子散射实验,可以使用动画直观而形象地模拟出整个实验现象,并在短时间可多次重复回放。再例如,在讲电容器时,通过课件模拟电容器的充放电过程,可以让学生观看到充放电过程电路中自由电子的定向移动情况,以及两极板上电荷变化情况等微观现象。只有这样才可以使学生在课堂上清晰、形象、完整地感知物理现象,为学生的认识过程提供必要的感性材料,从而大大激发了学生的学习兴趣,突出了教学重点,降低了教学难度,很好地促进了学生对物理现象的认识。

(三)信息量大,可学到更多的知识

课堂教学中教师应该向学生传授丰富而又广阔的知识,来扩展学生的知识面。传统的教学方法,教师经常花较多的时间书写板书,特别是写例题或者画图时需要更多的时间,而画图时还需要老师有一定的绘画功底,而采用多媒体课件教学,这可使本需要十几分钟的时间在几秒内就可以呈现在学生眼前。例如,高中物理"机械能守恒定律"教学中可采用单摆,在摆球摆动过程中动能和势能相互转化，来探究验证机械能守恒定律。先利用传感器采集数据，然后传递给计算机，最后计算机通过软件显示出实验数据，很快就可以定量证明机械能守恒定律。由于采用多媒体教学大大节约了时间，这就有时间拓展学生的知识面，开阔学生视野，丰富学生的课外知识，有利于优化物理课堂教学，提高物理课堂教学的效率，增加物理课堂的容量。

二、多媒体教学存在的主要不足

多媒体教学虽然具有以上几个方面的优势，但也存在先天不足，不能将所有的教学内容全部用多媒体显现出来。"黑板、粉笔"的作用不能完全替代，大多数的物理知识还是以教师分析、推导、讲解为宜。多媒体只能称为一种教学辅助手段，不能完全替代传统式的教学模式，教师使用多媒体教学时也应该注意以下几个方面。

（一）信息量大，难以消化

运用多媒体呈现信息量多，但教师很容易不自觉地加快幻灯片的切换速度，忽视与学生思维节奏的配合。如果学生思维跟不上教师的快速讲解，对所显示的信息不能深刻、透彻地理解，从而对课堂内容产生的疑问不断增加，最终会影响学生对所学知识的兴趣。多媒体呈现的课堂容量大，这就容易向学生灌输更多的知识，多媒体反而成了教师向学生灌输知识的"帮凶"，变"人灌"为"机灌"，甚至"人机共灌"。这就变成了使用现代手段进行"填鸭式"的灌输，穿新鞋走老路。所以运用多媒体教学一定要内容适量，给学生留有理解、消化、记忆所学知识的时间。

（二）实施多媒体教学不能华而不实，哗众取宠

多媒体能够运用动画、图像、声音等多种方式来演示物理过程，比板书更直观、更形象、更逼真。即使是最先进的现代化教学手段，使用不当也不会收到良好的效果，因此如何用好多媒体关键在于教师。但有些教师却常常滥用多媒体教学，纯粹是为了使用多媒体而使用多媒体教学，一味追求画面华丽多变，使一些非本质的、次要的、不必要画面充满了整堂课，就会让学生感到杂乱无章，分不清主次，对教学非但无益，反而会分散学生的注意

力，对重点、难点知识的理解产生干扰，从而会适得其反；教师好像召开了一场信息发布会，学生好像看了一部动画片。不能盲目追求多媒体的表现形式，认清多媒体仅是一种辅助教学手段；注意多媒体课件呈现内容、次序、方式，教师真正做到全面把握，主次安排得当，使我们的教学做到有的放矢，充分发挥多媒体在物理教学中的作用。

（三）过分强调多媒体的作用，忽略学生的主体地位

在物理教学中，很多教师过多地使用多媒体教学，甚至学生实验或者演示实验，都使用多媒体模拟实验来进行演示，多媒体模拟试验虽然形象逼真，但物理现象和结果的真实性是模拟实验根本无法达到的，更不可能让学生真实地体验科学探索过程的复杂性和艰巨性，也不利于学生创新能力的培养。例如，演示牛顿管实验时，本来学校就有这些器材，为了省时省力，就用多媒体模拟实验完全取代演示实验，虽然在课堂上能看到完整、形象、清晰的物理现象，却违背了物理本身以真实物理现象为基础的特点，势必因缺乏感性材料真实性的支持而导致认识障碍，会造成学生"思维空洞感"，反而影响教学效果。还有的教师将所有的教学过程全部采用多媒体手段来展现，甚至一节课下来竟然没有板书，本来利用传统教法就能讲解透彻的问题，却非要多媒体来代替，混淆了教师的主导作用、学生的主体作用、媒体的中介作用三者的关系。

三、对中学物理应用多媒体教学的几点建议

随着多媒体教学在现代教学中发挥着越来越大的作用，但随之而来的问题也越来越令人深思。怎样才能合理使用多媒体课件，使它真正成为有效的教学辅助工具，这就需要教师正确地认识多媒体在现在教育技术中的地位和作用，实现与传统媒体的完美结合。

（一）科学制作课件，增强课件针对性

多媒体的价值只有在教学实践中才能体现其优越性，因此在制作课件时，教师一定要吃透教材、认真备课，注重课件的科学性。第一，多媒体课件要画面简洁实用，并符合中学生年龄心理特征和认知特征。第二，多媒体

课件内容一定要围绕教学目的进行，突出教学重难点。第三，充分挖掘多媒体的潜能，培养学生动手、动脑、观察、表达和创造能力。第四，使多媒体课件与传统教学方法做到无缝衔接。多媒体课件制作是一个系统工作，在课件制作完成后，要通过自己或者是同科教师来发现缺点和不足，然后对课件进行修改完善，只有这样才能做出真正对教学有辅助作用的课件。

（二）把握课件的使用时机和操作技巧

多媒体课件在课堂上的切入，应符合学生的思维特点，不能随意切入。因为，教学的重点、难点，必须通过教师的讲解、板书、实验以及启发学生思考等方法加以突破，从而提高学生的思维能力。例如，讲"电磁振荡"时，只有在学生已经对抽象的内容进行分析、想象、思维之后，直到因缺乏感性材料而产生思维障碍时，适时切入课件，才能取得事半功倍的效果。如果先切入课件再分析物理学过程，看似轻松容易理解，由于学生自己没有一个深层次的认知过程，所以会使学生产生思维依赖，扼杀学生的创新思维、抽象思维和演绎推理等能力。

（三）合理利用多媒体课件并注意与传统媒体相结合

多媒体只是教师借以实现教学目的的一种教学手段，利用多媒体进行教学的目的就是达到最优的教学效果。是否使用多媒体，如何使用多媒体，需要根据物理教材的实际需要选择适当的教学手段，多媒体并不能完全代替传统教学，更不能完全取代实验。因为物理是一门以实验为基础的学科，物理的概念和规律都建立在实验的基础上，实验教学在物理教学中处于非常重要的地位，学生能做的实验一定让学生做，教师能演示实验也一定要演示，这样才能直接感受实验的过程，观察真实的物理现象，培养学生尊重事实的科学精神。因此在物理学科教学中应该以真实实验为主，对一些不易观察、有危险性、没有条件或无法实现的实验，再考虑使用多媒体模拟实验。

总之，在多媒体课件设计和使用过程中，既要注意培养学生分析和解决问题的能力，又要注意培养学生创新思维能力。但在使用过程中，教师要有效发挥多媒体优势，避免其劣势，提高驾驭多媒体的能力，促进多媒体技术与传统教学的优势互补。只有这样，才能真正让多媒体教育更好地服务于物理教育。

第二十节　巧用顺口溜减轻学生学习负担

　　高中物理知识点多，内容琐碎、抽象，学生常感到枯燥、难学。利用顺口溜朗朗上口、易记忆、不易忘的特点，可激发学生的学习兴趣，减轻学生的学习负担。瑞景中学张绍菊老师把高中物理主干知识及相关的一些规律，用顺口溜形式串接起来教给学生，在学生中反响很好，认为概括性强，能大大增强对知识的理解运用，现分享如下。

一、天津市高考物理主干知识（顺口溜）

（一）平衡、牛顿定律选择

　　牛顿定律很重要，运动和力它是桥；
　　重力弹力摩擦力，千万别忘电磁场；
　　静止匀速是平衡，正交分解合力零；
　　匀变直线和惯性，牛一、牛二准能行；
　　牛顿运动第三定律，分析物体间相互作用。

（二）圆周、万有引力定律选择

　　圆周运动有三种，杆球绳球与环球；
　　竖直轨道最高点，临界极值各不同；
　　绳球重力是向心，是最小；
　　杆球速度可为零，环球当成解杆球。
　　引力定律大发现，解天体问题是关键；
　　重力等于万有引（力），不计自转是条件；
　　向心等于万有引（力），运动理想匀速圆；
　　导出公式一大串，简化记来很划算；

r 大速度（v、ω、a）小，只有周期跟着跑。
大 M 只管中心体，外面谁转不用理；
要想求出万有引（力），没有小 m 对不起。

（三）电场选择

电场选择不头疼，抓住线面不放松；
线面越密场越强，场强力强 a 也强；
力的方向看正负，正同负反要记清；
场强计算三公式，条件记清用对路；
电势高低看走向，沿线越走势越低；
电势差计算几公式，正负一定要带入；
电势能变化看做功，正减负增一根筋。

（四）光学选择

光学知识两条线，折射、波粒最简单；
折射率公式大比小，与计算有关它出现；
干涉衍射是波动，光电效应粒子性；
色光频率都不同，三棱镜色散上面红；
红色色光折射率小，f 小 E 小易波动；
V 大 λ 大 ΔX 也大，间距宽来衍射也明。
偏振证明是横波，实际应用能记清；
麦克（斯韦）预言电磁说，赫兹实验来证明；
电磁波连续考两年，看它成光变简单。

（五）交流电选择

线圈转动生交变，匀速转动时正弦电；
最大有效、均、瞬时，四值使用有条件；
求电量使用平均值，有效值应用最普遍；
变压器三变四不变，压正流反是关键，
输入输出谁定谁，并同串反电表变；
高压输电远距离，节能减耗谁还怨。

（六）振动和波选择

振动和波是一家，常用图像描述它；
纵横两轴略不同，先看横轴它是啥；
t是振动知周期，x是波求λ；
振幅都是正最大，a总指向横轴它；
振动判v向顺时法，波动判v向逆波法；
波的多解很重要，常用v的公式解决它。（常解v、T、λ）

（七）原子物理选择

光电效应四结论，频率越大易发生；
强度决定光电子数，光强、数多、大电流；
电子绕着正核转，轨道能量均不变；
电子上跳又下蹿，吸放能量有条件；
四种方程要分清，衰、裂、聚变、人工转变；
衰变只有原料一，U裂H聚最常见；
转变要用射线引，一般使用氦核源。
半衰期只与核有关，不随物理化学环境变。
汤姆孙发现了电子，原来原子是可分；
贝克勒尔放射性，原子核也不是最小的；
卢瑟福发现了质子，查德威克发现了中子。
质子中子统称为核子，核力使它们在一起。
质量亏损放核能，比结合能越大原子核越稳定。

（八）电学试验

电流表大内与小外，分压限流指滑变。
大内小外看电阻，分压限流看条件。
先唯一定压后定流，正进负出画圈圈。

（九）力学综合计算

审题一般有规律，对象、状态、能、过程；

单体运动必定考，匀变直线牛二律；
涉及空间先动能定，涉及时间动量定理。
爆炸、打击与碰撞，系统问题动量守恒。
表述过程要规范，各物理量字母交代清。

（十）电磁场综合计算

匀强电场类平抛，运动分解方法妙；
速度位移两分解，至少四式写来瞧。
请别忘记俩夹角，三角函数要用好。
匀强磁场做圆周，VBq 是向心；
先找圆心定半径，周期公式后面跟；
速度垂线、弦垂线，两线交点定一心。

（十一）电磁感应知识

感应电流有条件，闭合回路磁通变；
楞次定律判方向，来拒去留不情愿。
磁通变化有快慢，电动势大小由它断。
图像问题常考查，先方向后大小解决它。
安培力做功生电能，动能定理准能行。

二、顺口溜解释

（一）解释：牛顿定律是连接运动和力的桥梁，它可解决平衡问题、匀变速直线问题、惯性问题、物体间相互作用问题。解题时不管物体处于那个平面，都要根据题意选定研究对象，用整体法、隔离法，一般采取：一重、二弹、三摩擦，然后再用其他的顺序，进行受力分析（如果物体处于静止状态或匀速直线运动状态，则物体处于平衡。平衡条件是合外力为零。如果物体做匀变速直线运动应用牛顿第二定律），然后用正交分解法，列出方程求解。

（二）解释：竖直方向圆周运动典型模型是杆球模型和绳球模型。竖直轨道最高点，速度的临界值和极值是重点考点，绳球模型速度的最小值是

$\sqrt{gl}$，此时只有重力提供向心力。杆球模型的最小速度可为零，此时重力与支持力平衡。轨道是圆环的，解法与杆球模型一样。解天体问题有两个思路：一是不计中心体自转时，星球表面附近的物体受到的万有引力等于物体的重力；二是天体围绕中心体的运动理想认为匀速圆周运动时，万有引力等于向心力。应熟练推导各个公式。分清轨道半径r和中心体半径R，对人造卫星运动，可简单记：当r变大时，卫星的线速度、角速度、加速度减小，周期变大。公式中M是中心体的质量。与卫星质量无关。如果不知道卫星质量M无法求出万有引力。

（三）解释：电场线和等势面都能形象描述电场性质，也是考查重点。疏密表示电场强度大小，同一电荷受静电力、加速度大小也就清楚了。注意场强方向与正电荷所受静电力方向同，与负电荷受力方向相反。场强的三个公式中，有的有使用条件。沿电场线方向电势逐渐降低。电势差的计算公式各量的正负要分清。电势能变化与电场力做功有关，电场力做正功，电势能减少；电场力做负功，电势能增加。

（四）解释：高中光学部分主要研究光的传播和光的本性，主要内容是光的折射和光的波粒二象性。要熟记介质折射率公式。干涉衍射证明光是一种波，光电效应现象证明光是一种粒子——光子。偏振现象证明光是横波。麦克斯韦预言光是电磁波，赫兹用实验证明这个预言是正确的。各种色光的频率不同，红光的频率最小，折射率最小，能量最小，不易发生光电效应；红光的速度最大，波长最大，干涉条纹间距也大，对同一障碍物，红光更易发生明显衍射，红光的波动性强。红光的临界角大从光密介质到光疏介质红光不易发生全反射。电磁场、电磁波知识连续考两年，可把电磁波看成光，光具有的性质电磁波都有，解题简便。

（五）解释：闭合线圈在匀强磁场绕垂直磁场的轴匀速转动时，线圈中产生正弦交变电流。描述交流电的四个值有瞬时值、最大值、平均值和有效值。使用时有不同的条件：求电荷量用平均值，求热功率、热量、交流电表的读数、铭牌上的标志，以及没有特别说明的情况下使用有效值，也是考查的重点。理想变压器变交流、变电压、变电流，不变直流、不变频率、不变磁通量的变化率，不变功率。电压与匝数成正比，电流与匝数成反比。U_1决

定 U_2，I_2 决定 I_1，P_2 决定 P_1，变压器知识与恒定电路综合的动态电路分析，一般用"并同串反"法解决很方便。远距离输电采用高压输电原因为节能减耗。

（六）解释：振动和波的图像是高考重点考点，注意两个图像的区别，振动图像横轴表示时间，可从图像中直接读出位移、周期、振幅；波动图像横轴表示各质点的平衡位置，可从图像中直接读出各质点同一时刻的位移、波长、振幅；两图像共同点是振幅都是图像中位移的最大值，加速度都指向平衡位置（横坐标轴）。速度的方向判断方法不同：振动图像中可顺着时间轴从左向右沿曲线运笔，笔的运动方向与速度方向同。波动图像中可逆着波的传播方向沿图像运笔，笔的运动方向与速度方向同。波的多解是天津高考重点。解法很多，一般用到公式 $v=\Delta x/\Delta t$，$v=\lambda/T$。

（七）解释：要熟记光电效应的四个规律，其中入射光的频率大于截止频率时才发生光电效应。对同一种金属，入射光的频率越大，越易发生光电效应。光的强度决定光电子的多少，发生光电效应后，入射光越强，光电子数越多，电路中的饱和光电流越大。玻尔理论假设：轨道的量子化；定态能量量子化；氢原子的跃迁要吸放能量——吸收光子或放出光子的能量等于两个能级之差。原子核的衰变、重核的裂变、轻核的聚变、人工转变四个过程要从定义上区别。衰变是自发的，箭头前只有一个核；常见的裂变原料铀235，用中子轰击；常见的聚变是氢核聚变；人工转变要用射线引发反应，一般射线用氦核流。半衰期只与原子核本身性质有关，不随物理化学环境的变化而变化。汤姆孙发现了电子，说明原子是可分的；贝克勒尔发现天然放射现象，原子核也不是最小的，也是可分的；卢瑟福发现了质子，查德威克发现了中子。质子中子统称为核子，核力使它们在一起。核反应中有质量亏损时，有核能放出，比结合能越大的原子核越稳定。

（八）解释：伏安法测电阻要考虑电流表的内接与外接、滑动变阻器的分压法和限流法。内接与外接要看电阻的大小，大电阻内接，小电阻外接。分压法和限流法要看题中的要求：一般要求被测部分的电压变化范围大要用分压（如描绘电阻的伏安特性曲线时用分压法）。滑动变阻器的阻值较被测部分的阻值小时，一般用分压。选器材时，先选唯一的一般可确定电源，就能定电压大小和电流的大小,从而确定两表量程。连接实物图时,要从电源正极出发,划出一个个的小回路,连接完一个再连接另一个回路,较简单,注意正进负出。

(九)解释:做力学综合计算时,审题有规律,要对研究对象的受力、运动状态、运动过程、能量进行分析。一个物体的多过程问题高考必考查。一般牛顿定律运动学公式解决匀变速直线运动,涉及位移的过程先考虑动能定理,涉及时间的先考虑动量定理。爆炸、打击、碰撞等过程应用动量守恒定律。解题过程要规范,要写明题目中出现的字母表示哪个物理量,公式的根据等用必要的文字都要交代清楚。

(十)电磁场综合计算:带电粒子在电磁场中的运动也是必考考点。带电粒子初速度与电场方向垂直且合力为恒力时,带电粒子作类平抛运动,应用平抛规律,对速度、位移进行分解,列出方程,注意如果已知速度、位移与初速度方向的两个夹角中的一个或两个时,必用三角函数。

带电粒子在匀强磁场中只受洛仑兹力时,作匀速圆周运动。洛仑兹力提供向心力。要先找圆心定半径,应用周期公式求运动时间。圆心是初速度的垂线、末速度的垂线的交点。或初末位置连线中垂线与初末速度垂线的交点。

(十一)电磁感应综合:感应电流的产生条件是闭合回路中磁通量发生变化。感应电流的方向用楞次定律判断,增反减同,来拒去留。切割型可用右手定则。电动势大小与磁通量的变化率成正比。与图像有关的题,一般先判断方向,再判断大小,可简化问题。电磁感应中感应电流使导线受到的安培力做功,使机械能减少,产生电能。电流做功又生成内能。解决这些问题一般用动能定理。

顺口溜以其浅白、押韵、朗朗上口的特点,高度概括了高中物理主干知识,在学习中能起到帮助记忆要点、减轻学习负担的效果。

第二十一节 重视实验教学，培养学生的创新能力

物理学是一门以实验为基础的自然科学。培根说过，"没有实验，任何新知都无法探知"，更谈不上培养学生的创新能力。在具体的教学中，可结合实际，通过实验培养学生的能力。

一、亲身体验，感知物理概念

通过学生的切身感受，感悟新知，这比讲解的效果要深刻、透彻，更易于学生接受。例如：

（1）在讲授摩擦力时，让学生用手压着桌面往前推，感受摩擦力的存在。如果手摁得越厉害，阻力越大，说明滑动摩擦力与压力有关，进一步理解$F=\mu N$。讲授力的相互作用时，人敲击桌子对桌子有力，手也感到疼，说明桌子对人也有力。人越使劲敲，手感到越疼，从而理解力的相互性，作用力越大，反作用力也越大。

（2）在教学蒸发时，引导学生分析"洗头时，如果不擦干汗便出门，被风一吹，头特别冷，就是因为蒸发吸热的缘故，而且，加大表面空气的流动速度，蒸发越快"。学生便很容易理解空气流速影响蒸发的快慢。

（3）在教学衍射时，用"只闻其声、不见其人"让学生体会光不易衍射而声音易衍射，从而理解波的衍射条件。

二、重视观察，激发学生探究的欲望

物理知识来源于实践，特别来源于观察和实验，要求学生认真观察物理现象，分析物理现象产生的原因，从而激发学生探究的欲望，如运用测力计，测定小铁块受的浮力。

演示一：测定铁块在空中的浮力，请同学们观察并记下测力计的示数；

演示二：把小铁块部分浸没在水中时，观察并记下示数；

演示三：把小铁块全部浸没在水中时，观察并记下示数；

演示四：把小铁块浸没在水中不同深度处，观察示数是否一样；

演示五：在水中加入食盐，观察铁块浸没在水中时示数是否变化；想象浮力与哪些因素有关？分析并总结 $F_{浮}=\rho_{液}gV_{排}$。

三、引导联想，鼓励学生大胆发挥想象

无限的遐想就像展开的翅膀，可以引导学生思维自由翱翔。授课时，笔者经常采取设问方式引发学生联想：假如没有重力，地面上的物体会是什么样子？太空中的杨利伟在"神舟五号"上是如何吃饭的？为什么宇航员看到的太空一片漆黑？空中的翻滚过山车为什么掉不下来呢？设计一个实验如何辨别生鸡蛋、熟鸡蛋？利用身边的温度计、烧杯、磁体、刻度尺、电路，可以联想出哪些装置？

四、让学生积极参与，调动学生的积极性，培养学生的创造力

在讲授自由落体运动时，上课时准备好几把精美的尺子，用两个手指捏住尺子顶端，让几个同学轮流用一只手在尺子下部做握住尺子的准备，当放手时，学生即刻握尺子，如果学生接住尺子，就把尺子送给学生。这大大调动了学生的积极性，实际上，调节好距离，学生很难接住尺子。在同样的距离下，有的学生能接住，而有的不能，说明了什么问题？

王娜：根据 $h=\frac{1}{2}gt^2$，下落相同距离，下落时间一样，但人的反应时间不同。

老师：很好，根据 $h=\frac{1}{2}gt^2$，下落的高度与下落的时间一一对应，如果把高度转化成时间，那么根据尺子的刻度计算出相应的时间，并标在尺子的相应位置，测长度的尺子就改造成测反应时间的表了。物理中很多仪器的制造、很多实验的教学都是如此。例如，验证碰撞过程中动量守恒的实验时，用水平位移代表平抛的初速度；把表头与一个大电阻串联制成一个电压表；把表头与一个小电阻并联制成一个电流表；电压表如果知道它的确切内阻相当于一个电流表；电流表如果知道它的确切内阻相当于一个电压表。理论和实际结合起来，大大激发了学生的创造欲望。

第二十二节 严谨对待演示实验

"科学家的首要任务就是通过科学实验来观察和研究物质世界"（卢瑟福）。物理学是建立在科学实验基础上的研究物质运动一般规律和物质基础结构的学科。实验演示已成为物理教学中不可缺少的环节。

演示实验为理论分析建立感性基础。理论的确立以实验为依据，实验又给理论予以验证。课堂教学不仅需要向学生讲授物理概念和规律，更重要的是要展示这些概念、规律是如何通过实验建立起来的。由感性到理性的教学过程是符合学生的认识规律的，而贯彻教学的直观性原则，是古今中外教育家都提倡的一项重要教学原则。"在可能的范围内，一切事物都应该尽量地放到感官的跟前"（捷克教育家夸美纽斯）。演示实验可以使理论分析具有讲授所不能替代的作用，但教学中要严谨地对待演示实验，使演示实验真正达到演示目的。

一、要目的明确，忌随心所欲

实验具有生动、直观、新奇的特点，容易激发学生的直觉兴趣，如果能充分发挥实验的趣味性、奇异性、多变性，就能创造出生动的情景，使学生思维活跃。演示实验是用来配合教学的，应根据不同教学内容和要求，选择用合适的实验，合理地进行实验，以便让学生清楚地认清物理概念和规律。

例如，在讲授"平抛运动"这一节的内容时，我们可以选择的演示实验比较多，如抛出的粉笔头、桌上滚落的玻璃球、水流的喷射、平抛运动演示仪、闪光照相等。其目的就是让学生认识，平抛运动可以看作水平方向的匀速直线运动和竖直方向的自由落体运动的合成这一规律。我们利用演示实验都应清楚地显示出演示内容的本质特征。当然实验时要增强实验的趣味性，更好地调动学生的思维积极性。

再例如，讲"摩擦力"这一节，我们可以用引导提示法指出我们要实验的问题和目的，如"摩擦力的大小与哪些因素有关系呢"？为了研究这个问题，我们调整吊盘上的重物的质量，使木块在桌面上做匀速直线运动，这时绳子对木块的拉力就等于木块与桌面间的滑动摩擦力。然后在木块上加一个重物，增大木块与桌面间的压力，这时发现，必须增加吊盘上的重物，使拉力增大，木块才能做匀速运动。可见增大木块与桌面之间的压力，木块与桌面之间的滑动摩擦力也增大。学生就很自然地得出，"两个物体间的滑动摩擦力的大小跟这两个物体之间的压力大小成正比"的结论，即$F=\mu N$。然后进一步得出动摩擦因素与两接触物体的材料和它们接触面的粗糙程度有关。整个实验目的性明确，环环紧扣，步步深入，学生必定会有很强的感性认识，很清楚地认知思路，从而轻松地掌握这一节的内容。

演示实验切忌毫无目的，随心所欲。演示实验的最终目的是为教学服务的，为的是在实验中发现规律，理解规律，从而掌握规律。为实验而实验，没有目的性，只会使学生浮于实验过程与表面现象，不知道老师为什么做实验，不知道实验演示了什么规律，更谈不上自己去发现与探讨规律了。对老师而言，这样的实验是"吃力不讨好"的事。

二、要明显直观，忌模糊不清

可以说演示实验的一切功能都不能离开观察，观察者只能在演示者所给现象的基础上进行观察。因此，演示实验的直观是最起码的要求，教师在设计演示实验时应注意以下几点。

首先，物理过程的变化要显著。为了使现象明显，仪器的尺寸要比较大，尤其是观察部分的尺寸要大、刻度线条要粗，要使教室内最远的同学也能看清。这样做演示的精密度虽有所降低，但可以用感受效果来弥补。必要时可以借助于投影、机械放大、光杠杆、放大电路等手段增强现象的明显性，提高观察效果。另外，仪器摆放的位置，被观察主体与背景的色调对比等也会影响观察的效果。通常可采用演示板、磁性黑板、染色、生烟、衬托背景、照明等方法来增强观察效果。

其次，仪器简单，过程明了。演示之所以要直观，就是为了能从实验中直接观察到物理过程，认识物理现象的本质而不需要过多地拐弯抹角，受其他无关因素的干扰。特别是一些为建立、巩固物理概念的定性演示中，没有必要选择精密复杂的实验装置。例如，我们用椭圆墨水瓶演示微小形变现象，效果就比用复杂的光杆系统装置要好。又如，用旋转电枢（或磁铁）的方法演示电动机的原理就比搬一个真的电动机来做实验更能突出物理原理。

最后，要多种感官并用。有资料表明，"在接受知识方面，单靠听觉一般只能记住15%左右；单靠视觉，从图像获得知识，只能记住45%左右；如果两者结合起来，可记住65%"。因此，调动学生各部分感官的协调并用，比单一渠道要好。我们应该考虑学生的各种感官对信息的分辨能力，以强化有效刺激，促进学生对新知识、新规律的理解。例如，讲加速度时，学生视觉感受到加速度影响速度的变化可能不很明显，可以用多媒体课件来演示。演示时，速度的变化可以用音高变化来表示，使学生听觉、视觉共同作用可能比单纯用视觉更直接，因而对变化率的概念比较容易建立。演示实验切忌模糊不清。学生看不到清晰的实验过程和明显的实验结果，搞不清实验所演示的规律、原理，无助于物理教学。与其浪费时间，不如不做。

三、要安全可靠，忌弄虚作假

课堂上的教学时间是极其宝贵的，如果教师在演示中出现失误和差错，不仅会贻误时间，而且会引起对所得结论的怀疑。因此，教师在课堂上的演示实验必须确保成功。

成功的演示是由多方面的因素决定的。首先，首要条件是掌握实验原理，它是设计和改进实验的依据。只有掌握了原理，才能准确地抓住关键，成功地进行演示。例如，我们一般认为静电实验比较难做，其实关键在于静电电压高而电量少。因其电压高，通常所说的绝缘体在高压下变成了导电体；因其电量少，电荷容易漏。从原理上进行分析，我们就可以找到改进静电演示实验的关键——解决绝缘问题。只要对仪器进行简单的改进就行了。

其次，要注意环境条件。有些实验的成败与环境等外界条件很有关系。例如，空气的湿度对静电实验很有影响，某些电学实验跟电源电压的稳定性有关。因此，教师在课前要选择好所需的仪器和材料，仔细地进行检查，熟悉仪器的使用性能，了解实验的精确程度，估计实验时间，观察教室里即将演示的环境等。

课前做好充分的准备，可以提高演示的成功率，但不能保证课堂上一定不出问题。出了问题怎么办？一是要镇定，切忌手忙脚乱，应认真思考和分析，尽可能及时找出原因，迅速排除故障；二是要实事求是，实验失败不可简单地用"仪器不行"来搪塞过去，更不能编造数据，弄虚作假。应当向学生如实说明实验失败的原因，申明下次再做。这种负责的精神和科学的态度，必将培养学生实事求是的科学作风，对学生产生良好的影响。

四、要有启发性，忌难易不分

演示实验能够提供丰富的感性材料，变抽象为形象，但它的最终目的是要通过观察启发思维，使学生更好地认识客观规律，发展能力，培养兴趣。因此，在设计和编制演示程序时，必须在启发性上下工夫。

演示中的启发性，首先在于以趣激疑。当生动的演示现象出乎学生的意料之外时，认知的矛盾将上升为思维的动力。例如，静电植绒实验中，当启动手摇感应起电机时，下极板上的小纸屑不断地飞舞，黏附在涂有胶水的上极板上，形成了美丽的图案。而对这一美妙神奇的现象，学生的疑问必将油然而生。

运用演示引发问题，只是启发思维的起点，虽然它是学生开展积极思维的突破口，但要推进思维的展开，仍需有教师不断的引导。例如，为什么会有这种现象？怎样才能产生？怎样才能做得更好？……在学生不断的探讨、思索中，逐步掌握物理知识，了解物理规律，这样的实验就成为推进思维的向导。

演示实验一般情况可采用这样的几步：提出问题，通过实验建立初步表象；再做实验，又提出问题进行探讨，找出规律；应用规律来说明问题，并用实验来验证。这一过程体现了实践—理论—实践的认知规律。演示实验切忌难易不分，草草了事。有些新教师做实验，常常以能显示实验现象为满足，急急表演，匆匆收场。这样的实验必不能给学生留下深刻的印象，而且忽视了学生由感性到理性的上升过程，忽视了学生能力的培养，不可能达到实验所需的目的。

第二十三节　改进实验，更好地发挥实验的作用

物理是一门以观察和实验为基础的自然学科，实验具有形象生动、真实有趣的特点，能在学生形成物理概念、得出物理规律前营造出活生生的物理情景。为了更好地发挥实验的作用，可以对实验做适当的改进。

一、简化实验装置，演示物理现象

随着现代科学技术的飞速发展，我们所用的教学仪器和装置也得到了不同程度的进化和完善，很多成套仪器、高档仪器、精密仪器等新兴仪器不断问世，充分满足了学校在实验基础设施上的要求。但是还有相当一部分的学校因为缺乏资金，对于较为昂贵的教育器材也是望尘莫及。而且有很多的仪器设计过于复杂，操作起来不容易上手，严重分散了学生在观察实验过程中的精力和注意力。更重要的是，整齐划一的实验仪器会在很大程度上制约学生思维的发散，阻碍学生开动脑筋，通过自己的想象创造"个性化"实验过程。因此，在实验教学中，我们还是提倡尽量用较为简单的器材来演示物理实验，争取让实验过程更加直观，同时也便于学生上手操作。

例如，生活中的很多废弃物（如易拉罐、塑料瓶、乒乓球、气球、一次性注射器等）都能成为物理实验改进的原材料。易拉罐可以在"研究静电平衡导体内部的电荷"中加以应用，该实验要用到法拉第圆筒，而一般学校没有，教师必须自己进行改进。笔者的做法是，把易拉罐外部的油漆刮掉，倒着粘贴在验电器上，组成简易法拉第圆筒，这样教学效果也非常明显。又如，用气球演示反冲实验，用一次性注射器做抛体实验，用易拉罐、吸管和铝圈等做楞次定律的实验，都可以达到"变废为宝"、就地取材的目的，而且教学效果很好。

二、开拓思维，利用新产品改进物理实验

将科技含量较高的器材运用到物理实验中来，不仅能激发学生学习兴趣，还能实现物理实验与科技发展的紧密联系。随着电子技术的发展，在我们周围涌现出了大量的新材料、新产品，实验教学中，教师完全可以将其引入实验过程，使学生近距离接触和了解高科技产品的性能，也顺应了新课标实验手段多样化的要求。

例如，二极管是大家常见的一种材料，具有单向导电性，但是发光二极管作为一种新材料，对于有的人来说，还有些陌生，它不但秉承传统发光件的特点，而且具有体积小、工作电压低、电流小、发光稳定以及响应速度快等优点，根据发光二极管的这些特点，可以将其运用到断电自感现象的改进中，如图4-15所示，该实验虽能观察到断电自感现象，但不能表现自感电动势的高低和感应电流的方向。改进后如图4-16所示，用两只不同颜色的发光二极管反向并联然后再串联一个阻值约680Ω的限流电阻，取代原来的小灯泡接入6V的电源中来做实验，极大地提高了实验的可见度，既能让学生观察到明显的自感现象，又能有效地显示感应电流的反向过程。

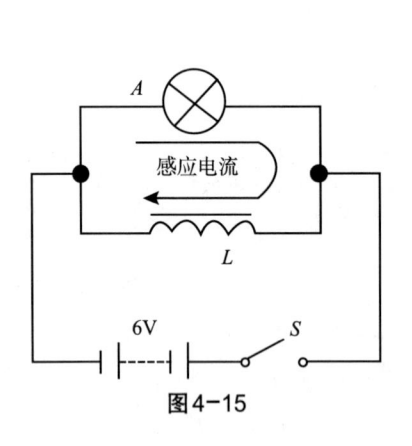

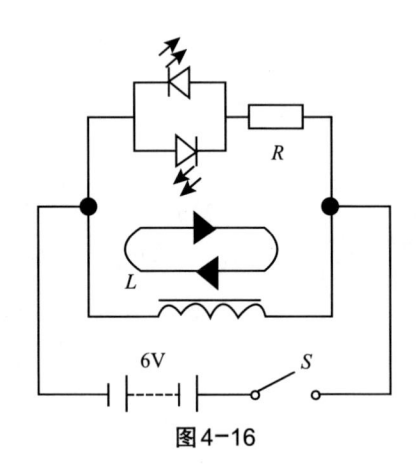

图4-15

图4-16

三、动手创造，改进传统实验仪器

随着物理教学内容的不断深入和更新，有些传统教学仪器已经不能满足当前的实验要求，丢弃又让人觉得可惜，如果我们充分发挥创新意识，亲自动手将其加以改进，使陈旧的教学仪器重新发挥新的作用。

例如，高中物理中讲到"力的作用效果"时，提到任何微小的力都能使物体发生形变，只不过有些形变太小，如桌面上放着的一个墨水瓶的形变，不能直接观察到，但可以用激光演示出来，原理如图4-17所示，此图中，M、N为两平面镜，竖直立于桌面，激光经过M、N反射后到右边的标尺上。当桌子受力后形变时，M、N发生倾斜，光线就在标尺上发生了平移，用肉眼就可以较清楚地观察到了，但该实验操作烦琐，可见度差。为此笔者对上述实验进行改进，如图4-18所示：M为反射镜，反射镜下支架为弹簧片K，L是不可伸长的金属丝，O是光滑杆，金属丝L能在上面滑动。原理：当桌面受力形变时，金属丝L被往下拉，牵动K向右倾斜。K绕底座转时，实际上为一杠杆，把形变放大了几倍，镜面此时也转了一定角度，所以光线也转了一定的角度。光线照到天花板时，对光线来说，天花板即为斜面，又进行了若干倍的放大。优点：①只有一块反射镜，操作简单；②放大倍数增加，直观性强；③光线在天花板上，学生易观察，效果明显。

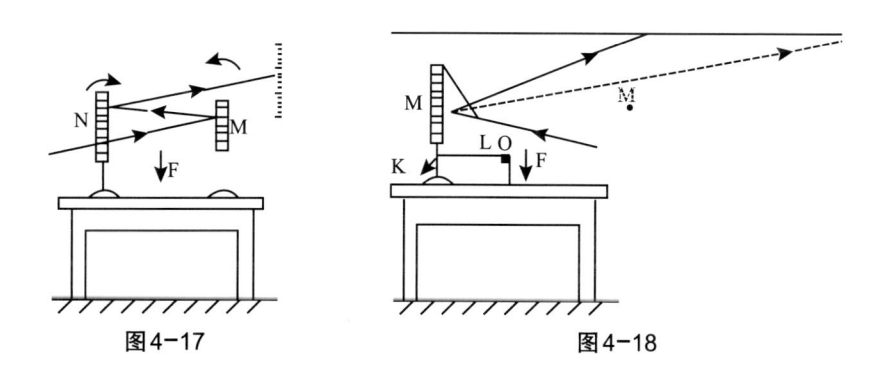

图4-17　　　　　图4-18

四、寻找替补，完善实验教学器材

例如，用唱片代替带电金属球壳。如果按照教材中所给出的器材来演示静

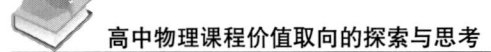

电屏蔽的实验，因为球壳的体积较小，实验效果并不怎么明显。此时可以使用被毛皮摩擦过的唱片来代替带电金属球壳，用放废纸的铁丝网做静电屏蔽所用的金属网罩，既可以增大带电面积和带电量，又能通过较大网孔看清楚被罩物。

　　同样的实验现象可以通过不同的方法来实现。我们可以在模仿的基础上比较，在比较的基础上改进，在改进的基础上创新，充分发挥实验的直观作用，达到使学生既"知其然"、又"知其所以然"的教学目的。

第五章 「美的教育」的实践

教育是促进个人的、独创的自由发展。

——马克思、恩格斯

第一节 "以校为本",提升学科校本教研

在学校大美教育的背景下,根据物理学科的核心本质"实验、物理思想、数学工具",物理组力求在先进教育理念与教育实践之间建立沟通桥梁;创设教师之间相互学习、相互帮助、相互切磋交流的学科文化氛围;有效解决教育教学实践中遇到的种种疑难和困惑,通过美的教育,提高学科教学水平。

一、认识新教材

我们认真钻研了新版教材,发现教材的编排与旧版本有很大的区别:新t版教材从运动的基本概念入手,先介绍匀变速运动的规律,然后再讲述力的概念;"动量和动量定理"放在选修3-5而不是置于"力学"之后;新版教材帮助学生建立了崭新的时空观,在选修3-4里加入"相对论简介"章节,明确时间和空间有相对性;新版教材的每一章节都配有精美的图片,使自然现象光彩夺目,引人入胜;新版教材体现了"过程与方法""情感、态度与价值观"课程目标。

(1)新版教材重视人文精神与物理学科的融合。电学部分有潮汐发电、风能发电的内容,原子部分有核能发电知识,新版教材不时出现关注环保、生态的内容,强调了人与自然的协调发展。

(2)新版教材的编排体现了辩证唯物主义思想。例如,运动的绝对性与相对性部分,教材以物理知识为载体,让学生明确运动现象及规律中的辩证唯物主义:自然界是由物质所组成的,一切物质都是在不停地运动着,没有不运动的物质,也没有能够和物质相脱离的运动,物质的运动形式都是互相依存的,我们描述物体的运动总是相对其他物体而言。新版教材强化了这样的科学意识,学生认识问题就辩证多了。

(3)新版教材强化了STS观念,突出体现科学、技术与社会的密切关系,突出理论联系实际的思想。在3-2里加入"传感器"章节,介绍了用传感器进行的物理实验,大力推进了信息技术在教学中的普遍应用。新版教材

介绍了我国在航天技术的新发展，以及中国物理学家赵中尧最早发现"湮灭辐射"，介绍了电子、中子的发现，以及宇宙的起源，介绍了"能量守恒"的发现，从此自然界一切运动都归结为一种形式向另一种形式不断转化的过程。

（4）新版教材中涌现出众多优秀的物理学家，有伽利略、居里夫人、爱因斯坦……介绍了这些物理学家感人至深的事迹。新版教材是一部绝好的美育教材，能从不同的角度激起学生的情感共鸣。

（5）物理又是一门技术学科。例如，新版教材介绍了激光、红外遥感技术、传感器等在实验里及其在生活中的应用等。

二、提升教学理念

教师应充分挖掘物理学科中的辩证唯物主义思想，教会学生用物理知识来解释物理现象，揭示事物的科学本质；用科学的方法，引导学生分析问题解决问题。

教师要充分利用物理教材，对学生进行民族和爱国主义情操教育，让学生受到科学思想和科学方法的熏陶。

教师要改变"重理论轻实践，重知识轻技术"的陈旧教学观念；要结合教材，增强物理学科的感召力和趣味性，从而让学生获得积极的学习情感和态度。

教师要有人文主义理念，善于把课堂延伸、扩展到校外，教会学生关心"大课堂"，应结合教学，适时引导学生关注环保、生态平衡等内容。教师要帮助学生构建知识框架，并使他们逐步理解自己的学习与技术进步、社会发展的密切联系，从而树立正确的科学观，有振兴民族、用科学服务于人类的使命感和责任感。

爱因斯坦说："科学是部剧本，包罗各种思想的剧本。"物理教师应该是挖掘这"各种思想"的行家里手。物理教师应多视角地引导学生观察物理现象，全方位传递出蕴藏在其中的美学思想。

三、立足校本、改进学科教研

针对瑞景中学的实际，物理组对校本教研作了如下要求和改进：学期初制定行之有效的、独具学科特色的物理组工作计划和教研计划;加深对备课、上课、辅导、批改、检测的全程研究;认真组织说课、听课、评课,并及时改进;做到深入研究每个教学环节,实现优化重组教学全过程,力争实现从体现"三新"(手段新、方法新、思路新)到闯过"三关"(学生关、教材关、教学教法关)再到坚持四个原则(主体性原则、全面性原则、全体性原则和创造性原则),真正实现"一切为了学生"的新课程理念。

(1) 从思想上重视。首先老师要有"美的教育思想",然后才能在学生中开展美的教育。

(2) 在行动上落实。教学讲究"七分管理、三分教学",我们要重视与学生交流、沟通,做好学生的思想工作,让学生养成良好的行为习惯,再开展教学。

(3) 从学校实际出发,从物理学科的特点出发编制物理校本教材,并开设切合实际的活动课;脚踏实地,从细节做起,依靠学校的核心文化,充分利用身边的现有资源,开展教学。

(4) 借助于数学工具,通过建立典型"数学模型"解决物理问题,力求形成自己的方法。

(5) 尝试用"思维可视化"方式展开教学,调动师生的思维,提高教学效果。

(6) 完善梯级队伍结构,充分发挥组内老、中、青教师各自的优势,促进教师队伍健康和谐成长。

四、追求高效、优化的课堂教学

物理组对课堂教学做了积极的探索。

(1) 在课前要充分准备,在备课上下工夫,备课的内容不是越有难度、越拔高越好。在教学设计上要有梯度,注重分层教学。授课的内容要适合学生的实际,让学生够得着、有兴趣、学有所获。

(2) 教师的教学目标要明确,学生的学习目标也要明确。在课前,教师要考虑好讲哪些知识,不讲哪些知识。学生在课前应了解本节课需掌握哪些知识,课后要清楚已掌握了哪些知识点,没有掌握的应及时反馈给老师,以便教师改进课堂教学。

(3) 注重教法和学法的有益结合。教师要根据课堂的实际情况，熟练驾驭课堂。如果气氛活跃，学生吸收好，可以多进行知识的传授。高效课堂应以激发学生的情感，引导学生积极思考，以学生充分理解、掌握、运用为标准，而不是"满堂灌"，也不是信息量越大越好，要因材施教、科学施教。

(4) 注重培养教师的进取心和学生的意志品质。教师是否具备锐意进取、奋发图强、勇于拼搏、乐于奉献的品质很重要。如果一个教师具备这些品质，好钻研，自身的素质提高了，讲课时驾驭课堂的本领强了，无形中得到学生的尊敬，授课的效果肯定要好。学生主观上乐学、好学，以及良好的班风、学风也对高效课堂起着一定的作用。

五、创设条件、实践育人、注重能力培养

（一）开放实验室，让其成为学生自主探究的舞台

我们将整个物理实验室进行盘点，将仪器编排到整个教学过程中，分门别类，一一整理，利用自习课、活动课、研学课的时间让物理实验室对全体学生开放，学生可以模拟实验，可以利用破损的器材自制仪器，可以验证、设计、创新实验，学生可以在实验室尽情探究，但要求学生仔细观察每一个实验现象，认真记录每一个实验数据，认真探究个中缘由。

（二）通过社会实践培养学生实事求是、严谨求实的科学精神

我们充分利用学军、学农等社会实践活动，让学生走进社区、走进工厂、走向社会，让学生带着问题深入体验生活，如观察自行车的滚动轴承、观察轮船或海豚的外形、收集电容器，比较螺丝钉、螺壳、牵牛花的右旋与啤酒花的左旋，拆开日光灯的启动器了解双金属片，感受手摇发电机发电……在真实的感受中体验生活中的物理原理，也培养了学生严谨求实的科学精神。

（三）撰写研究性学习报告，体悟探究的成就感

根据教学进度和需要，为了更好地开展探究性学习，学校督促学生进行了大量的课题式的探究。不同的年级、不同的学生先后完成了"刹车时车轮被抱死的利与弊""霍尔效应""怎样把交流变直流"等课题研究。

第二节 验证机械能守恒定律实验中发挥学生主动性的尝试

中学物理中的实验多作为验证物理知识的手段，处于概念、规律的依附地位。这种实验教学不利于培养学生的动手能力和创新思维。在具体的实验教学中，可充分调动学生的主动性，展示他们的主体地位，利用现有师资设备培养学生的科学素养。

一、设计思想

在高中物理教学中，就"验证机械能守恒"实验的教学，进行了实验探究课的尝试。

"只有重力做功时，物体的动能和重力势能可以相互转化，总的机械能如何变化"？针对这一问题的探究，可将学生分成若干小组，在组长带领下，各组独立完成实验方案设计、仪器选择、实验操作、结论分析、报告撰写等工作。组员之间有分工有合作，组与组之间有交流有竞争，同一实验目的提倡多种方法、多条途径实现。教师给出实验目的之后，更多的是起着组织、帮助、鼓励、引导和促进作用：使学生对机械能守恒定律的得出、含义、适用条件有一个明确的认识；学会应用科学探究的方法研究物理问题，探索物理规律，加深对科学的本质和价值的理解；运用计算机辅助，使学生亲身体验现代科技的影响，掌握将信息技术作为知识获取工具的方法。

二、探究式实验教学的运作

（一）组成实验小组

教师在班上选择几名有一定组织能力、表达能力和动手能力，有责任心的同学任小组长，再由组长与同学双方意愿，确定4名或6名组员，组成实验小组。这样的小组，便于组长指导组员实验，便于开展研究和讨论，便于同学之间取长补短，培养协作能力。

（二）提交方案

实验前老师给全班同学布置实验任务。同学查阅参考资料，提出自己的方案，经小组讨论后提交给老师。此阶段，同学们会查阅书刊或利用网络信息，并结合自己所学物理知识和已有的实验技能，进行设计，形成自己的方案。这就改变了过去的教学方式，学生做实验只是按书上所写的步骤做一遍，学生没有兴趣、没有思考，只是机械地重复。这个过程中，学生是学习探究的主体，他们能充分发挥主体作用，进行知识的学习、应用和创新，教师是学生学习的指导者和信息源，引导学生利用各种信息进行实验方案设计。

（三）确定方案

教师审查各小组方案，结合学校实验室条件，与各小组讨论并形成最后的实验方案。此过程中，体现教师的"首席"作用，他们不再是居高临下的权威，而是学生学习的合作者、引导者和参与者。教师可适时地介绍新仪器、新方法给同学，指导同学正确使用器材。特别注意给同学留足思考空间，有些问题让他们在实际操作中解决。其中比较好的方案有以下五种。

（1）器材：秒表、皮卷尺、天平、重物。

操作：测出重物的质量，让它从某一高度处自由下落，测出下落的高度h，及时间t，得出落到地面的速度$v=gt$，从而探究$\frac{1}{2}mv^2$是否等于mgh。

（2）器材：秒表、皮卷尺、天平、滑块、斜面。

操作：测出滑块的质量，让它从光滑斜面下滑，记录下从顶端下滑到底端的时间t，再测出斜面的高度h和长度l，求出末速度v_t，探究机械能是否守恒。

（3）器材：秒表、皮卷尺、铅球。

操作：在h高处水平抛出一个铅球，记下铅球落地所需时间t；测出下落的高度和水平前进的距离x，计算出初速度v_0和末速度v_t，探究初机械能$\frac{1}{2}mv_0^2+mgh$和末机械能$\frac{1}{2}mv_t^2$是否相等。

（4）器材：自由落下的重物和打点计时器（见图5-1）。

操作：纸带上两点之间的距离等于重物下落的高度，选定几个计数点，测出它们之间的距离和重物在各点的速度，探究机械能是否守恒。

(5) 单摆和DIS装置（见图5-2）。

将DIS（数字化信息系统）装置中的光电门先后放在A、B、C、D各点，测出各点的速度，再测出各点对点D的高度。运用所得数据探究：单摆的机械能是否守恒。学生都认为利用DIS装置可以有效地增进实验教学效果，借助于计算机采集，处理数据，可以简化实验步骤。

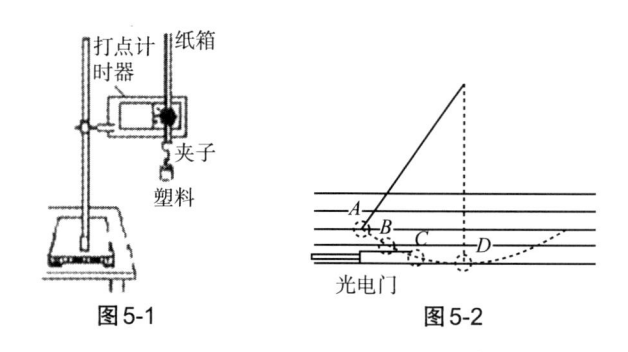

图5-1

图5-2

（四）实验操作

实验课上，学生以小组为单位，按各组方案选择仪器进行实验，解决设计方案中的相关问题，达成实验目的。教师特别鼓励同学发现新问题并对此进行思考和讨论，必要时指导学生进行实验验证。

（五）完成报告

实验后，学生以书面形式叙述实验设计，解释观察到的现象，对收集到的证据进行处理，形成实验报告，经小组讨论后，交教师批阅。教师特别注意实验报告撰写的科学性、数据的真实性以及学生发现问题后分析讨论的情况。

部分学生在实验中发现：物体减小的重力势能总是大于增加的动能，让学生分析实验误差的来源。师生交流讨论后，得出原因：物体在下落过程中存在着阻力的作用，物体克服阻力做功要损失一部分机械能。在忽略阻力作用的情况下，更好地体会了机械能守恒定律：只有重力做功时，物体的动能和势能可以互相转化，但机械能的总量不变。

（六）组织交流

实验小组在班上交流，由组长或组员为同学讲解，其余同学可针对其中感兴趣或不明了之处提问，类似于答辩会。交流中可以让他们相互学习，借鉴别组的优点和长处，让大家都分享到其他同学和小组对探究的贡献；也可针对错误进行研讨，达到共同纠正的目的；还可对实验中所发现的问题进行进一步探究。

例如，为什么有些学生的假设与探究结果不符？学生分析后，懂得了机械能"守恒"的条件：只有重力做功。回顾以上操作，看看有什么不妥的地方：要不要测出物体的质量？学生进行数据处理时，发现不需要知道动能和势能的具体数值，所以不需要测量其质量。部分学生做了无用功，因为制定方案时没有认真分析。实验操作时怎样减小实验误差？采用前三种方案的同学，测时间和长度时，采取了多次测量取平均值的方法。用打点计时器的同学认为使误差最小的关键：一是保证纸带无初速释放；二是先接通电源，再释放纸带；三是要减小摩擦力。用密度较大的重锤以减小空气对纸带的阻力，且打点计时器应竖直架稳固定，纸带竖直拿高以减小限位孔对纸带的阻力，复写纸应放在纸带的上面使振针间接接触纸带，以减小振针对纸带的阻力。按哪种方案进行实验，误差最小？学生们在交流中发现用DIS装置提高了实验的准确性，误差最小。既然科学探究实验中运用DIS装置，比传统实验方法有很大的优越性，若利用计算机辅助，能否改进前四种方案？学生积极思考，在班里展开开放式讨论，形成了新的探究方案。例如，有的学生提出可用运动传感器、数据采集器与图形计算器相结合，来探究球上升下降过程中机械能的变化。

这种相互学习和自我反思，比教师的讲解更生动，更有吸引力，也更能培养学生的思考能力、应变能力、交流与合作的能力。课堂上有了不同的声音，发生了争论，引起了进一步思考，甚而出现一些意想不到的"高见"和"高潮"，这种氛围和欢乐是令人满足的。

三、几点思考

（1）探究式实验前，学生的准备量大，提出实验方案所涉及的知识点多，对学生能力要求较高。采用此教学方式的初期，教师要让学生适应这种学习方式，注意多加鼓励，正确引导，用"扶上马，送一程"的做法。特别是学生面临问题、困惑、挫折和失败时，要多进行启发指导，让学生体会一个人在学习、成长中所必须经历的进程；体会到科学不仅是结果，更重要的是一个过程；体会探索与发现的喜悦；体会与人进行真诚的合作的重要性。

（2）探究式实验所花费时间绝不只是大纲所限课时数，课前准备、课后交流可用活动课时间进行。对实验员的要求也不同于过去（只准备足够多套同样的仪器），要依据各组实验方案的不同而有差异。还有可能根据需要，指导协助学生自制仪器，或利用生活中易于寻找的物品进行实验。这就要求教师付出更多的劳动。但同时也为学生提供了更广阔的探究空间，可以鼓励他们改进或发明新的实验仪器，撰写小论文等，这是课本实验很好的拓展方向。同时，加强学校实验室管理和建设，改善实验条件，增加仪器，合理地开放实验室，使学生有更多机会动手操作，也是搞好探究式实验教学的重要保证。

（3）科学的过程就是探究的过程，也就是科学家使用科学的方法，通过探索的途径去发现人们尚未认识的科学事物及其规律。学生学物理做实验，当然不能像科学家那样"做科学"，而是在老师协助下，模拟科学家解决问题的过程，经历他们进行科学探究的相似程序，去学习物理知识与技能，体验探索的乐趣、学习的探究方法，领悟科学的思想和精神，以达到培养提高学生科学素养的能力。

第三节 "探究感应电流的产生条件"教学设计

一、教材分析

对于电磁感应现象的研究，使人们从静电场和静磁场的静场课题，进入动力学的变化场课题，是高中阶段物理学习的重要知识点。而本节课对感应电流产生条件的研究，则是认识电磁感应现象的第一个阶段，起着承前启后的重要作用。

教材指明了教学的方向，主要是以探究为主，让学生经历科学探究过程，在探究的过程中体验科学家的艰辛，在探究的过程中认识科学探究的意义，尝试应用科学探究的方法研究物理问题，验证物理规律。但在探究的细节和过程中，留给了教师和学生广阔的思考设计空间，有助于激发新思维，发现新方法。

二、学情分析

学生对闭合电路的部分导线切割磁感线能产生电流，在初中已有一定的认识，但是经过时间的沉淀，很多学生脑子中留下的印象就变成了只要切割就能产生电流，而且学生在空间想象、问题本质的分析等方面还较为薄弱。因此，在教学中从学生的已有知识出发，通过学生自主学习、探究实验、产生问题、协作交流等学习方法，从而解决问题得出产生感应电流条件的结论，并且纠正学生的错误印象。

三、设计思想

在课堂教学中积极发挥学生的主体地位，注重学生的探究过程和知识的建构过程，让学生体验科学探究的一般过程，领悟科学研究的方法。在整个教学中，力求做到以知识为载体，渗透对学生物理思想、物理方法和科学精神的培育，使学生在学习知识的同时，领悟研究问题的一般思维过程和方法，进而来提升学生的科学素养。

学生基础不扎实，逻辑思维能力和语言的组织能力欠佳，使得在分析与论证的环节中对于实验现象的归纳不能够用科学的语言来总结。

本案例设想将探究性学习有机地融入课堂教学中，从探究感应电流的产生条件中，给学生逻辑思维的点拨，引导学生如何根据实验数据和数据进行分析、应用科学的思维和方法，通过分析和归纳，找出规律，从而得出结论。首先提出法拉第"磁生电"的设想，然后让学生分组进行实验探究，获得亲身经历和感性认识，通过小组交流，讨论分析，教师的引导，抽象概括出结论。

四、三维教学目标

（一）知识与技能

（1）观察电磁感应现象，理解感应电流的产生条件。

（2）进一步认识磁通量的概念，会运用产生感应电流的条件判断具体实例中有无感应电流。

（二）过程与方法

（1）经历感应电流产生条件的探究活动，提高学生的分析、论证能力。

（2）经历各种实验现象，学会通过现象分析、归纳事物本质特征的科学思想方法。

（三）情感、态度与价值观

（1）通过本节课的探究，激发学生的求知欲望，培养他们严谨的科学态度，认识观察能力与逻辑思维能力在科学探索过程中的重要作用。

（2）通过本节课也让学生再次认识到物理的简洁美。

五、教学重点

通过实验观察和实验探究，理解感应电流的产生条件。

六、教学难点

感应电流的产生条件。

七、教学方法

实验观察法、分析法、实验归纳法。

八、教学策略与手段

"情景—问题—探究—结论"的学生自主探究教学模式。

九、教学用具

学生分组实验：条形磁铁、螺线管、电流计、直导线、导线。

演示实验：电池组、滑动变阻器、大小螺线管、电流计、直导线、条形磁铁、方形线框。

十、教学过程

（一）开门见山，引入新课

教师：是谁首先发现了电和磁之间有联系？

学生：奥斯特。

教师：他具体发现了什么？

学生：电流的周围存在磁场。

教师：既然可以由电流可以产生磁场，那么，你接下来想到什么？

学生：能否由磁场产生电流。

教师：法拉第经过不懈的努力终于发现了由磁场产生电流的现象。那么，我们这节课就顺着法拉第的思路，浓缩前人的精华，一起经历一下这个探索的过程。看看到底如何才能由磁生电，也就是探索一下感应电流的产生条件是什么。

（二）明确目的：由"磁"生"电"

教师：既然要"由磁生电"，那么，"磁"要有来源，"电"要有载体。所以我们首先要有实验仪器的准备。

学生：思考后回答。

（三）实验准备

（1）磁场的来源：a.磁铁；b.通电导线（通电螺线管）。

说明：由于"通电直导线"周围的磁场相对较弱，现象不易观察，所以我们选用通电螺线管

（2）电的载体：c.螺线管；d.直导线。

（3）检验电流的有无：与电流计相连（把c或d直接与电流计相连，其中

切记不可接其他电源）。

（四）实验探究一

可以在磁场的来源中任选其一，电的载体中任选其一，搭配组合进行实验研究。可以采用多种组合多种方法，最后总结起来才更加全面。

对仪器做出选择：a. 磁铁（条形）；c. 螺线管与电流计（图5-3）。

学生：自己动手操作实验，发挥自己的想象，采取尽量多的操作方法，试着总结条件。

教师：一位同学上来演示他的操作，并说出他总结的条件。

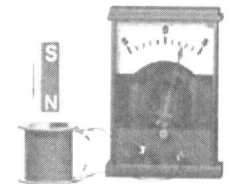

图5-3

学生演示：将条形磁铁插入、拔出螺线管，电流计指针偏转，说明产生了感应电流。

学生总结条件：导体切割磁感线时产生感应电流。

教师引导：充分发挥你的思维，不要局限于以前的印象。还有可能是什么原因呢？磁铁不动，有感应电流吗？那么，还可以如何操作呢？

学生演示：条形磁铁不动，螺线管上下运动。

学生总结：有可能是有相对运动而产生感应电流。

教师引导：还有其他观点吗？充分发散思维，还可能是什么原因呢？

动画演示：磁铁的磁场也穿过了螺线管线圈，有相对运动时，穿过线圈的磁场强弱发生变化，不动时，没有发生变化。也有可能是由于穿过线圈的磁场强弱变化了而产生的感应电流。

（五）实验探究二

对仪器做出选择：a. 磁铁（蹄形）；d. 直导线与电流计（图5-4）。

学生分组实验：开动脑筋，多尝试一些操作方法，并总结条件。

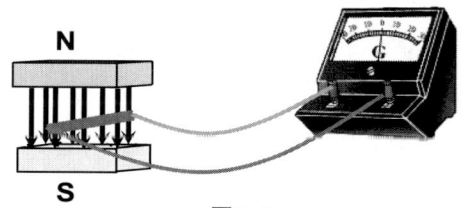

图5-4

学生演示：将直导线平动，切割磁感线，产生了感应电流。将直导线上下竖直运动时，没有感应电流产生（否定了刚才总结的有相对运动，并将此条件在板书中划掉）。

- 185 -

学生总结： 导体切割磁感线时产生感应电流。

教师引导： 还有可能是什么原因呢？直导线在平动时，还有什么发生了变化？

动画演示： 直导线切割磁感线时，穿过直导线与电流计组成的回路，磁场的面积发生了变化。

（六）实验探究三

第三次对仪器选择搭配：b.通电螺线管（小的）；c.螺线管（大的）与电流计（图5-5）。

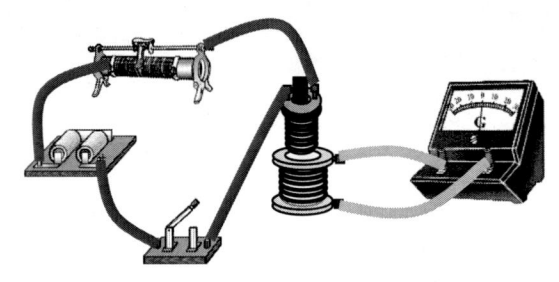

图5-5

学生思考： 还需要哪些器材？

教师： 将器材放在讲桌上，小螺线管一端的电路的电路断开。

学生思考自己将要如何操作，并找学生上来实施他的想法，看看能否产生感应电流。

学生： 将小螺线管在大螺线管中插入或拔出。

学生演示： 想要让小螺线管周围产生磁场应先通电。因此，先将电路接通。结果却发现将电路接通时，指针发生了摆动，说明产生了电流。

教师引导： 这是一个意外收获。不能置之不理。而电路接通稳定后，指针指0，只是接通时，指针摆动，那么就可以想到什么？

学生回答并操作： 电路断开时应该也有感应电流。

学生接着接着进行自己预想的操作： 将小螺线管在大螺线管中插入、拔出，产生了感应电流。

教师： 通电螺线管可以等效看作条形磁铁，那么后面的分析与第一个实验类似，不再重复。

教师： 还有其他的操作想法吗？

学生演示： 滑动滑动变阻器的滑片，也可以产生感应电流。

总结： 电路接通和断开时，滑动滑动变阻器的滑片时，大小螺线管之间没有相对运动，大螺线管也没有切割磁感线。说明切割并不是产生感应电流必备的条件。

教师引导： 顺着刚才的思路，你觉得是什么原因产生了感应电流呢？

学生： 磁场有无的变化，磁场强弱的变化。

（七）实验探究四

最后选择最后一种仪器搭配：b. 通电螺线管（小的）；d. 直导线与电流计。

教师： 只是把前一组的大螺线管换成了直导线，相当于把多匝线圈换成了一匝线圈，操作与分析与前一组类似，不再重复。

教师： 我们初中学过一部分相关的知识，经过时间的沉淀，很多同学的脑子中的印象就是认为只要切割就可以产生感应电流。

教师演示： ①和电流计相连的线圈在竖直方向的匀强磁场中左右平动，电流计指针几乎不动，说明如何完全精确地平动，无感应电流产生，说明切割不一定产生感应电流。②线圈从匀强磁场中穿入和穿出，产生了感应电流。③线圈在磁场中上下运动，也无感应电流产生。

总结分析： ①③操作中 B、S 不变；②中磁场穿过线圈的面积 S 变化。

（八）实验总结

教师引导： 将刚才的实验总结起来，B 变或 S 变时可以产生感应电流。那么，你想到了什么？

学生： 磁通量变化时有感应电流产生。

（九）课堂练习

· 如下图所示的匀强磁场中有一个矩形的闭合导线框。在下列几种情况下（图5-6），线框中是否产生感应电流？

甲　　　乙　　　丙

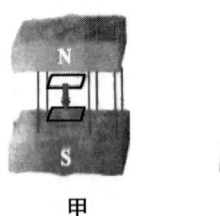

图 5-6

（十）课后作业

物理课本第 8 页问题与练习 2~7 题。

（十一）板书设计

1. 实验探究

仪器选择	实验操作	猜想感应电流的产生条件
a.磁铁（条形） c.螺线管	①磁铁插入或拔出 ②螺线管上下运动	①导体切割磁感线 ②有相对运动 ③穿过回路的 B 变化
a.磁铁（条形） d.直导线	③直导线在磁场中平动	④磁场穿过回路的 S 变化
b.通电小螺线管 d.大螺线管	④电路的通、断 ⑤滑动滑片	⑤穿过回路的 B 变化

2. 感应电流的产生条件

穿过闭合回路的磁通量发生变化。

（十二）课后反思

本节课是一节典型的探究课。学生不仅可以自己动手实验，还要通过实验总结感应电流的产生条件。动手可以激发学生的兴趣，动脑可以激活学生的思维。课堂上通过教师创造条件让学生自己动手获得了知识与技能的双丰收，体验探究的乐趣、学习的乐趣，同时也培养了学生的交流与合作意识、实践能力和科学探究能力。但是由于学生的实验能力不高，不能完全独立自主完成探究，需要老师的适时引导，而且还需要考虑到时间的因素。因此，后两个较为复杂的实验没有进行分组实验。

有些学生看到要做实验，不知该从何下手。开始时，通过明确实验目的以及对实验的准备，让学生体会到，要想进行实验先要进行哪些先期思考及准备，教会学生找到实验的切入点。

前两个实验，通过学生自己动手实验，不仅锻炼了学生的动手能力，而且通过实验总结条件锻炼了思维总结能力。但是，由于学生的思维能力欠佳，只能通过模糊的学过的知识进行简单的总结。教师通过对穿过回路B的变化的分析，可以进一步发展发散学生的思维。

通过第三个大小螺线管的实验，以及前两个实验都可以让学生认识到实验时操作要灵活，可以尝试多种操作去探究，进一步打开学生的思维。而且遇到预想不到的问题，要有敏锐的洞察能力，要有科学钻研的精神。

通过第四个实验，让学生体会到认识问题和研究问题，要有科学严谨的精神。

在本节课的教学中，笔者遵循学生的逻辑思维结构的特点，环环相扣，通过多媒体辅助教学以及与学生之间的互动，整堂课的气氛较好，学生也能较好地掌握本节课的内容。

第四节 "楞次定律"教学设计

一、设计思想

（一）教材分析

"楞次定律"是电磁感应一章中很重要的一节课，也是本章教学的难点。教材先分析感应电流产生的原因，接着判断感应电流的方向。其中感应电流产生的原因很直观，学生容易理解和掌握，但感应电流方向的判断，则需要通过实验思考概括。学习本课，需要注意的是引导学生在实验的基础上，鼓励学生总结规律；同时，实验的过程也是对操作能力的培养过程，是物理学习的探究过程，所以要在学习过程中培养学生的探究意识。

分析实验现象时，我们要突出研究对象是线圈（闭合电路），要抓住穿过线圈的磁场方向和磁通量变化。要让学生注意分清一个是原来磁场的方向和原来磁场的磁通量变化，另一个是感应电流的磁场方向和感应电流磁场的磁通量。引导学生通过对实验现象的观察、分析得出结论，再通过网络表述各自对感应电流方向的认识，并进行讨论，最后回归课本。本节教材的特点就是以多个实验事实为基础，让学生得出感性认识，再通过理论分析总结出规律，从而形成理性认识。本章教材应抓住"磁通量的变化方向和感生磁场的方向关系"的核心。

（二）学情分析

学生是教学的对象，是课堂的主体，一切教学活动都是为主体服务的。而一个班的学生，由于基础不一，知识水平和认知水平不同，在接受"楞次定律"这一新鲜事物时，肯定会出现"参差不齐"的现象。因而，为了让尽可能多的学生理解"楞次定律"，尽可能地提高教学质量，全面提高学生的能力和素质，教学就应该建立在学生的基础上，教学进程就要根据学生的实际情况进行设计。因此，在教学设计时，事先要有充分的思想准备，对于课堂中可能出现的现象（比如学生可能提到的问题等）应采取什么措施，用什么样的手段来帮助学生突破障碍，提高课堂效率。例如，重点班级和普通班级、基础好与基础差等，要事先有一定的了解，做到胸中有数。只有这样，才能做到有的放矢。

（三）确定教学目标

1. 知识与技能

（1）通过分组实验实验，探究得出出感应电流方向的一般规律。

（2）通过教师的引导和讲解使学生悟出楞次定律的内涵。

（3）能利用楞次定律解决一些简单的实际问题。

2. 过程与方法

（1）通过实验教学，进一步培养学生观察实验，分析、归纳、总结规律的能力。

（2）通过从猜测探究方法实验操作等一系列探索过程，培养学生获取知识，发展思维的能力。

（3）培养观察能力、分析推理能力以及创新意识、发明意识等。

3. 情感态度与价值观

（1）通过观察演示实验，和学生探索的过程渗透科学研究的方法，激发学生热爱科学、奋发学习的精神。

（2）探索性实验符合"实践—认识—再实践—再认识"的规律，通过实验使学生形成辩证思维的方法和树立实践第一的观点。

（四）教学方法

实验探究法。

（五）课时安排

1课时。

（六）教学过程简要流程

教学过程简要流程如图5-7所示。

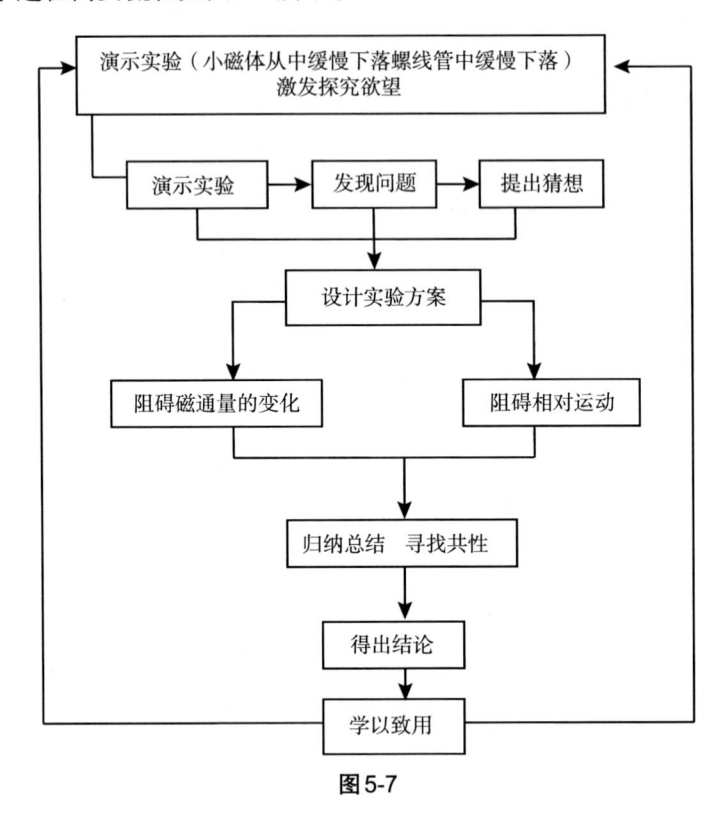

```
演示实验（小磁体从中缓慢下落螺线管中缓慢下落）
激发探究欲望
    ↓
演示实验 → 发现问题 → 提出猜想
              ↓
         设计实验方案
         ↙        ↘
  阻碍磁通量的变化   阻碍相对运动
         ↘        ↙
       归纳总结 寻找共性
              ↓
           得出结论
              ↓
           学以致用
```

图5-7

二、教学过程

（一）实验引入（实验激趣，激发探究欲望）

教师：上课之前我们先做这样一个实验，让两个大小形状都相同，一个为红色，另一个为黄色的小物体，分别从一绕有金属丝的铝管中下落，请同学们通过金属管上面的缝隙仔细观察小物体下落的情况，看看有什么不同？能不能猜想一下为什么会看到这样的现象？

学生：黄色的小物体下落得很快，红色的小物快缓慢下落。

教师：这是为什么呢？我想同学们都想知道这一现象背后隐藏了什么，带着这一疑问让我们进入今天这节课的学习。

（二）学习新知，开始探究过程

1. 发现问题

教师： 上节课我们一起探究了产生感应电流的条件，接下来我们再来观察这个实验，看看还会有什么新的发现？

（教师出示实验装置，分别将条形磁铁的N极插入或拔出线圈，掉换磁极，再将S极插入或拔出线圈，引导同学注意观察有什么新的发现）

教师： 在老师演示实验的过程中，同学们有什么发现？

学生： 磁铁不同磁极插入和拔出时电流表指针的偏转方向不同。

教师： 指针的偏转不同又说明了什么问题？

学生： 感应电流的方向不同。

2. 提出猜想

教师： 通过上面的观察，我们同学已经发现磁极以不同方式进入或拔出线圈时产生的感应电流方向不同，那感应电流的方向究竟与哪些因素有关，同学们能不能提出你们的猜想？

学生： 插入或拔出说明感应电流的方向与磁通量的变化。

调换磁极说明感应电流的方向还与原磁场的方向有关。

教师： 接下来我们就要想办法验证我们的猜想，在验证猜想之前我们还需要做哪些准备工作？

学生正式实验前，教师引导学生讨论、解决以下两个问题，并得出正确的结论，以便下面实验的顺利进行。

（1）本实验的研究对象是什么？

（线圈所对应的闭合回路，明确线圈的绕向）

（2）如何确定电流的流向和电流表指针偏转方向的关系？

（教师可通过实验演示，明确电流流向和电流表指针偏转方向的关系，并让学生观察、连接回路，尽可能与课本中的统一，以便检验）

3. 设计实验方案

教师引导学生以小组合作的形式共同探讨制定实验方案，引导学生在制定方案时重点考虑以下几个问题。

（1）需要哪些实验器材？

（2）需要研究哪几个实验过程？

（3）需要记录哪些实验数据？

（4）怎样设计你的实验记录表格？

学生分组讨论，形成实验方案并在个小组之间进行交流，达成共识，形成最终的实验方案。

表5-1

记录数据＼研究过程	N 插入	N 拔出	S 插入	S 拔出
原来磁场的方向				
原来磁场的磁通量变化				
感应电流的磁场方向				
感应电流的方向				
感应电流磁场				

4. 分组实验，得出实验结论

（1）学生分组实验，选一代表把结果填入表5-1中。

（2）教师引导学生分析实验数据，寻找规律。磁通量增大时，两磁场的方向相反；磁通量减小时，两磁场的方向相同。

（3）教师提出问题：能不能用简洁的语言归纳你得出的规律？学生讨论回答后总结得出：增反减同。

（4）教师问：有了这一规律我们可以直接判断出什么？学生讨论回答：知道了原磁场的方向和磁通量的变化，就可以直接判断出感应电流磁场的方向。

（5）教师问：知道感应电流的磁场方向，怎样判断感应电流的方向呢？学生讨论答：用右手螺旋定则判定回路感应电流方向。

5. 讨论论证，得出结论

教师总结：楞次定律——感应电流具有这样的方向，就是感应电流的磁场总要阻碍引起感应电流的磁通量的变化。

让学生仔细阅读课本上的楞次定律的表述。然后讨论：如何理解定律中的"阻碍"两字？

（1）谁起阻碍作用：要明确起阻碍作用的是"感应电流的磁场"。

（2）阻碍什么：感应电流的磁场阻碍的是磁通量的变化。

（3）怎样阻碍？阻碍不是阻止，"阻碍"具有延缓作用，线圈中的磁通量还是在变化的，只是变得慢了。

（4）阻碍不总是相反。

6. 换个角度看楞次定律

从导体和磁体相对运动角度表述：感应电流总要阻碍相对运动。

（三）利用楞次定律解决问题的基本步骤（师生共同总结）

基本步骤如图5-8所示。

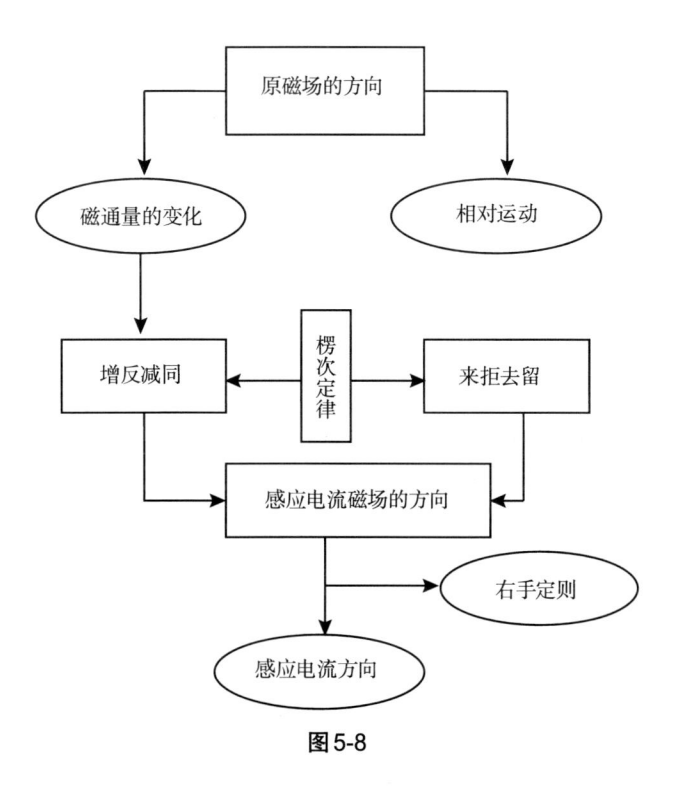

图5-8

（四）学以致用

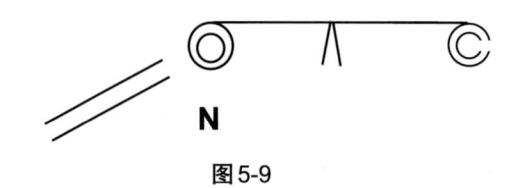

图5-9

（1）回顾课前我们做的演示实验，能不能用我们这节课学习的知识加以解释？

（2）先用条形磁铁去靠近能自由转动的闭合和不闭合的铝环，让学生观察现象，再让条形磁铁远离闭合和不闭合的铝环，观察现象（图5-9）。

三、板书设计

楞次定律——感应电流的方向

（一）楞次定律：感应电流具有这样的方向，即感应电流的磁场总要阻碍引起感应电流的磁通量的变化。

（二）对"阻碍"二字的正确理解

（1）阻碍不是"阻止"，而只是延缓了原磁通的变化。

（2）阻碍不一定是"反向"。

（三）"阻碍"的具体表现

（1）方向关系：增反减同。

（2）运动关系：来拒去留。

（四）思考：应用楞次定律判断感应电流方向的步骤（学生讨论得出）

（1）明确原磁通的方向。

（2）明确原磁通的增减。

（3）根据楞次定律，判定感应磁通的方向（增反减同）。

（4）利用安培定则判定感应电流的方向。

（四）布置作业

1. 通过这节课的学习，我们发现感应电流的磁场会阻碍原磁场的相对运动，你能否从能量守恒的角度加以解释？

2. 楞次定律能不能引起你的一些哲学思辨？

3. 完成课本问题与练习2、3、4题。

第六章 "美的教育"的教育

教育是依据生活,为了生活的"生活教育",培养有行动能力、思考能力和创造力的人。

——陶行知

第六章 "美的教育"的教育

第一节 加强生命意识教育

所谓生命意识,是指每一个现存的生命个体对生命的自觉认识,其中包括生存意识、安全意识和死亡意识等,简言之,生命意识包括两层含义,即对自己生命的呵护和对其他生命的尊重与敬畏。当前,发生在校园的伤害事件屡屡出现,使得原本安全的校园变得不再安全。据统计,自杀在青少年意外死亡中占有最重的比例,并成逐年上升的趋势。出现这些悲剧的原因是多方面的,从学校教育方面来讲,学生生命意识淡薄,缺少自我保护意识等,都与学校"生命意识"教育的不足,甚至是缺失有关系。

一、校园伤害案件增多的原因

(1) 社会不良风气、低俗文化对学生的影响。随着社会的发展,网络已经进入千家万户,网络在给人们带来方便的同时也产生了巨大的负面作用,特别是对未成年人来说,低俗、色情淫秽以及血腥暴力的网络死亡游戏,网络小说等都给尚未形成正确人生观和价值观的青少年产生了巨大的影响,也对青少年生命意识的形成造成了影响。

(2) 学校教育方面,重智育、轻德育的现状依旧没有改变。长期以来,"德育为先"只是流于形式,智育在学校教育中的领先地位仍旧不可撼动。学校和社会对智育过分强调,不仅过分推崇考试分数,而且把分数作为人的好品质的重要组成部分,这样的做法无形中就忽略了学生对生命价值的关注。与此同时,大量的课外作业几乎占据了学生的所有课余时间,设置的活动唯学习独尊,使学生没有时间深入社会、了解社会,缺少生命教育的氛围,是不利于学生个休生命发展的。

(3) 从学生自身角度说,生于1990年后的青少年大多都是独生子女,从小娇生惯养,是在家长的细心呵护下成长起来的,自理能力差,往往以自我为中心,但未能形成自我意识,很少经历生活的苦难和挫折,受挫能力差,心智不够成熟,心理承受能力和抗压能力差,生命意识难以形成和发展。

二、挖掘现有课程资源，加强生命意识教育

（一）对课程资源的再认识

诗人泰戈尔说过："教育的目的应当是向人传送生命的气息。"人的生命是教育的基石，人的一生都在受教育。生命意识教育过程就是遵循生命之规律，回到生命之基本，塑造健全人格的德育教育的系统过程。教育的本质是什么？不同人对教育的本质有不同的理解。"人的生命是教育的基石，生命是教育学思考的原点"，从这一角度思考教育的本质，可以得出这样一个答案——教育的本质是使人学会享受生命。推而广之，任何一门课程，应该是以人为本的课程，以人的生命为本的课程。

生命作为课程的基础，包含如下三个方面的内涵：①课程具有提升人的生命价值和创造人的精神生命的意义；②人类精神力量通过教与学的活动而在师生之间、生生之间实现转换和更新的生成过程；③师生主动积极地投入学校的各种实践，是人的发展的重要内在保证，是人的生命特征的本真体现。这一基础性认识表现在课程领域，则是将课程视为学生生命表现和体验的文本。

（二）课堂教学目标的转变

新课改提出了三维教学目标：知识与技能、过程与方法和情感态度与价值观。其中情感态度与价值观正是生命意识在具体课程文本中的体现。同时，新课程强调教育要以人为本，以学生为本。我们也可以将学科教学以人为本、以学生为本理解为以生命为本的学科教学。这一转变说明了生命意识教育的重要性和必要性，生命意识教育应该贯穿于所有具体课程体系中，这是让课程回归本质、让教育回归本质的需要。但是，体现在具体学科课堂教学中，情感态度价值观的教育还没有得到足够的重视，有些甚至仅仅是以文字的形式出现在教师书写的教案中，原因是由于学科教师没能将情感态度价值观的教育理解到生命意识教育的高度，没有理解课程的本质什么，教育的本质是什么。要改变这一现状，我们的学科教师就要从生命的层次理解学科教学。

（三）现有课程文本中"生命意识"的挖掘和体现

1. 哲学课程文本中"生命意识"的挖掘和体现

哲学课程文本思考中，生命意识时常体现在四个方面，这就是生与死、苦与乐、灵与肉、感性与理性。生与死不仅是个体生命的起点与终点，而且"死"使"生"变得有限而特别地赋予生以存在意义，所以它是生命最大的问题；痛苦与幸福是人的生命两大情态，佛教理论在这对关系上表现出特别超然的姿态，但"凡夫俗子"却因此而演出了太多的悲剧、喜剧和闹剧；心灵（精神）与肉体是人的生命的两个层面，道家的"性""命"和合观，道出了它们不可分离的统一状态；感性和理性是人的生命的两大属性与功能，早期的西方生命哲学倾向于生命的本质是非理性的，而中国的道家却悟出了既要长生又要积德、互不诽毁的兼顾之道。

从以上四个方面出发，将哲学课程上升到以人为本、以生命为本的高度，回归哲学课程的本质，逐步提升学生对生命的认识和理解，从而形成生命意识。

2. 物理课程文本中"生命意识"的挖掘和体现

"千教万教教人求知，千学万学学做真人"。自然科学的真谛在于教人求真，教人求善，教人求美。理解生命，是为求真；敬畏生命，是为求善；珍爱生命，是为求美。从这一角度来说，求真、求善、求美也是对生命的理解、敬畏与珍爱。

我们常常因社会上出现虐待生命的现象而深感不安。为什么有的人会因自我愿望未得到满足或遇到挫折就厌倦生命而自杀？为什么有的人因别人妨碍了自己而杀人？究其原因，就是这些人不懂得生命的珍贵，不知道珍爱自己，不知道珍爱别人及其他的生命。现在的大多数独生子女只知道享受上一辈人所创造的物质财富，享受着父母的关爱，却很少关心他人、关心社会。传统的教学却忽视了对学生进行生命教育，过于重视传授知识和基本技能，教师的备课、上课都以学生掌握书本知识和通过各式各样的考试为目标，很少考虑将教学与学生的生活实际、健康结合起来，与社会实际结合起来。对于生命意识，人最可宝贵的生命观念被诸如爱国主义、集体主义、英雄主义等所遮蔽，生命这个神圣的话题，成了学习的盲点。远在古代，生命意识普遍淡薄的时候，已有许多给予我们启发的例子：马棚起火，孔夫子问人不问马，孟子认为"民为重，君为轻，社稷次之"等都是有力的证据。

教学不仅要让学生获得有关的知识，还要促进其生理和心理的健康发展；要关注生活、关注社会，理解人与自然和谐发展的意义，确立积极、健康的生活态度等。只要我们从大教育的背景下去分析、领会新课程标准的要求，就可以在教学中很好地将科学知识的传授与生命之价值的培养有机地结合起来，从而对学生进行生命意识教育。

三、期望与思考

从生命的视角下看待我们的教育，我们很难找到一个明显的界限，或者说根本就没有界限。在当前的教育体制下，不管是"德育为先"还是"重智育，轻德育"都是不现实的，只有将德、智、体、美有机地结合起来，将学科教学与生命意识的教育完美地融合在一起，才是对教育本质最真实的体现。期望在我们的学校教育中，生命意识的教育无处不在，无时不在；全员育人，全学科育人，全社会育人能够蔚然成风；期待每一个生命都能尊重自己的生命，都能敬畏其他生命；期待我们的校园成为天使的乐园，成为生命的净土。

第二节　面向全体，有教无类

"面向全体、有教无类"的含义是指教师平等地对待所有学生，不论他们的年龄、性别、智力、知识基础如何；不管他们生在农村还是城市，是否残疾，也不管他们对物理是否有兴趣，学习效果如何，教师都应该赋予他们同等的学习机会。

一、尊重每一个学生的人格

学生是有主观能动性的千差万别的个体，是教育活动的主体，是学习和发展的真正主人。学生来源于不同的地方，由于背景不同，家庭条件不一样，个体的爱好、兴趣、行为、习惯、动机和需求都不尽相同，决定了他们对物理知识和规律的理解方式和深度会各不相同，学生有多方面发展的需要和发展的可能。在充分认识每个学生个性差异基础上，尊重学生的人格，尊重学生理解能力以及发展程度上的差别，想方设法保护他们的自尊心，满足不同学生的学习需求，使每个学生通过学习得到不同程度的提高。

二、改进教学方法，满足不同层次学生的需求

教学应从学生实际出发，区别对待，分层备课。坚持"以学定教"，即以学生为中心，以"如何学"为主线，以学情和学习目标为依据设计教学。做到教是为了学，教要促进学，教是为了不教。

课堂上，首先引导学生"学进去"，深入教材和内容中去。通过创设问题情境——激发学生兴趣，尽可能让所有学生动起来；让不同层次的学生承担不同的任务，让每位学生都能有自己的体验。其次，让学生"写下来"，把自己的发现写下来，把听课记录写下来，把规范练习写下来，把分析综合写下来。再次，让学生"说出来"，通过独立思考说出来，通过小组交流说出来，通过师生互动说出来，通过总结反思说出来。用自己的语言说出来，用规范的语言说出来，用学科的语言说出来，用优美的语言说出来。

教师在教学中要善于利用直观教具、幻灯、录像等直接激趣；利用新教材单元页中的优美文字、生活中的事例进行情景激趣；提出问题进行设疑激趣；使学生身临其境，达到所有学生都积极参与学习的效果。

教学时，要注意精简讲授时间，为学生创造更多的自学、观察、操作、思考、表达、交流、表现的机会。让学生通过自己的独立思考，发展各自不同的观点。在讨论和交流过程中，教师要尊重学生富有个性的思维，而不是让学生沿着教师的思路思考，要鼓励学生阐述自己的观点，努力为学生创设宽容、理解、和谐、平等的课堂气氛。在作业的设计上，要针对学生的实际情况，依照不同学生的需求，分层次安排作业，也可留一些发散和开放性的题目，满足不同学生的需要。

三、加强学法指导，张扬每个学生的个性

面向全体学生，积极引导学生发生对话。通过独立阅读教材，自主学习内容，领会、理解课本和资料的含义，与教材发生对话；通过小组合作探究，交流分享各自的所看、所想、所思、所得，与同学发生对话；鼓励学生认真听讲，积极回答问题，及时肯定、表扬，营造和谐师生互动氛围，让学生与教师发生对话；通过网络学习、动态演示、灵活生成，让学生与网络发生对话；选取典型习题、例题，调动学生应用体验，内化迁移，让学生与实践发生对话；让学生认真反思、总结拓展，与自己发生对话。对话的内容不同，深度不同、方式不同，但都能让学生参与学习，投入进去，都能让学生的个性得以彰显，都能让学生迁移知识，内化情感。

教师在教学过程中要善于启发学生，让学生带着疑问去思考、进行丰富的联想。教师要鼓励学生大胆质疑，使学生的思维总是处于积极状态，敢于发表自己的见解，促进学生在教师的指导下主动地、富有个性地学习。

教师要善于鼓励学生自主探究，让学生在探究问题的活动中获取知识、体验成功、更有信心地投入学习。教师要从学生的生活出发，创设情景，引导学生自主学习，主动探究知识的发生和发展；引导学生了解科学家的工作方法和思维方式，学会科学研究所需要的各种技能，培养学生不断探索、勇于创新的科学精神，以及实事求是的科学态度和终生学习的能力。

教师要引导学生学会合作交流。通过开展各种活动，组建活动小组，变换小组角色，积极承担任务，分工负责，自由发表观点，相互补充，形成合力解决问题的系列过程。培养个体积极参与到群体中的意识，培养与他人合作完成任务的能力，引导学生积极参与，学会合作交流。

四、完善评价体系，客观公正评价每一个学生

教师应保证所有学生都有足够的机会来展示他们所学的成果，让每个学生都获得成就感。教师要从全方位、多层次、多角度客观公正评价每一个学生。评价的内容不仅包括知识与能力，还包括情感、态度和价值观。要改变按分数作为唯一评价方法的做法，通过采取诸如观察、面谈、调查、作品展示、小组活动等多样化的方式，重视过程表现、自评和互评结合、定性评价

与定量评价相结合、教师的评价与评价相小组相结合。更多地关注学生的现状、潜力和发展趋势，而不是唯一的分数结果。让每个学生充满自信，获得认同感，更积极地参与教学。

第三节　关注学习困难学生，给予更多关怀

什么是学习困难学生？"学习困难"也称为"学习无能"或"学业不良""特殊学习缺陷"或"学习障碍"等，它最早是由美国特殊教育专家柯克于1963年提出的。这类学生的特征是学习遇到困难，成绩逐渐下降，久而久之，积重难返，因此厌学、不学。其实这只是表面现象，没有天生的学习困难学生，他们在智力上是没有明显缺陷的。学习困难是后天发展过程中逐渐形成的，有内在原因、外部原因，有社会原因、家庭原因。分析诸多原因，我们会发现一个共同的问题，那就是这些孩子大多数都缺少精神关怀，缺少他人的爱。

学习困难学生有与一般学生不同的特点：自卑感强，常受到父母的训斥、同学的挖苦、老师的冷落，他们感到很自卑。逆反心理强，因为别人的瞧不起，他们表面上逆来顺受，心里却有很强的逆反心理。

另外，心理素质和环境方面的原因，使学习能力的获得或发展产生障碍，学业成绩明显落后于正常学生，表现出经常性的学业成绩不良。

教育过程首先是一个精神成长过程，然后才成为科学获知过程的一部分。基础教育课程改革倡导让学生在学习知识、技能的过程中，使其情感、态度、价值观得到协调发展。因此，作为一位教师，应学会精神关怀，通过精神关怀的方法对学习困难学生进行教育。

一、沟通从"心"开始

霍姆林斯基说："真诚的关切，这是和谐发展的一般基础，在这个基础上的各个品质都会获得真正的意义。"这句话强调的是教育需要真诚，唯有真诚，才能走进学生心灵，才会有成功的教育。

《礼记》云："知其心，然后能救其失也"，说的是教育学生必先了解学生，走进学生心灵，寻找"学困"的根源，然后才能有的放矢地开展工作。

沟通从"心"开始，沟通用"心"为之，这是精神关怀的两个重要元素。大量事实证明社会家庭以及他人的精神关怀对一个人的成长起到相当大的作用，而学习困难学生形成的一个主要原因正是这些学生缺少来自各个方面的精神关怀，他们需要别人对他们的爱。正因如此，作为教师，我们就应该用一颗真诚的心与这些孩子进行心灵对话，真正走进他们的心灵。这是做好教育工作的第一步。

二、"对症下药"

转化学习困难学生，要从实际出发，"对症下药"。对学习动机和目的不端正的学生，要进行端正学习动机、激发潜在的学习需求、实现理想方面的探讨与教育；对时间观念差、惰性强、安于享乐的学生，就要讲明诸如"勤学如春起之苗，不见所长日有所增"的道理；对学习不刻苦、缺乏学习意志和耐力的学生，就要用古代"凿壁偷光、头悬梁、锥刺骨"的精神去感化；对学习方法不得当的学生，就要加强不同学科的学法指导，并加强个别辅导，多给"偏饭"，促使他们以勤补拙。而无论对哪种学习困难学生，都要下气力从思想上做工作，从情感上下工夫，激活内动力，调动非智力因素，培养学习兴趣。

三、优秀生的"同化"作用

学生在学校不仅是单纯的受教育者，其自身也是一个丰富的教育资源和强大的教育力量，他们之间相互影响的作用是很大的，有时甚至为教师教育力量所不及，学生群体的某种风气，具有巨大的"同化"作用。教师完全可以设法调动那些优秀精神风貌及美好行为、习惯的优势和力量将学习困难等生"同化"过来，促使他们从语言表达、生活习惯、学习方式等方面的优化。还可以开展诸如"一帮一"活动，即由一名优秀学生帮扶一名学习困难学生，促使他们交朋友、同学习，主要是进行情感影响和引导，对学习给予帮助。

四、巧用赞美，重树自信

对于学习困难学生来说，普遍存在受挫的经历，这些经历使这些孩子们心里存在着阴影，使他们的自尊心受到了极大的伤害。这种心理伤害的往复循环使他们变得对一切都无所谓。"只凭一句赞美的话，我就可以活上两个月"，马克·吐温曾这样说。可见，人人都希望听到赞扬。"赞扬"包含着老师的鼓励、教育和评价，蕴藏着老师的爱心与期望。而这些对于人们眼中的所谓学习困难学生来说是非常重要的，不失时机的鼓励、循循善诱是使这些学生转化的好办法。美国总统林肯也曾说："人人都喜欢受人称赞。"不管是谁，都想听到别人对自己的称赞与肯定，尤其是自己感到孤独、气馁时，更想得到别人的鼓励。学习困难学生都渴望进步，他们在苦苦探索前进的方向。他们就像在黑夜里摸黑走路的人，有火把才能找到前进的路。而这把火把就是鼓励。教师要勤于鼓励，使他们走出黑暗的困境，找到光明。

五、捕捉优点，激发兴趣

"罗森塔尔效应"告诉我们，即使很一般的学生，在教师充满信心与深情的关怀鼓励下，也会变得自信开朗，进步神速。但长期备受歧视的学习困难学生，他们的自尊被自卑代替，情感被压抑，个性得不到发展。有人曾说，"要用放大镜看学生的优点"。不要戴"有色眼睛"去寻找他们身上的缺点，而要拿放大镜去努力寻找他们身上的"闪光点"，哪怕是稍纵即逝的光亮，也要把它挖掘出来，它可使学生能正确地认识自己，使他们树立自信心，促使其转化。作为教师，应根据学生的兴趣、特长，在教学中积极组织开展探究活动，让他们在活动中展示才能，获得被别人尊重的情感体验，要及时地从中发现其优点，对点滴进步立即给予赞扬、鼓励，使其产生上进心，增强自信心。

六、巧设目标，促成理想

根据学习困难学生的实际情况，设立合理的目标，让他们踮足可及。在设立目标时要因人而异，只要他们在原有的基础上有所提高，就及时给予肯定，让他们感到成功并不难，感到成功的乐趣和存在的价值，激励他们不断努力。

心灵的对话在师生之间建立了沟通的桥梁，善意的赞美使后进生充满了自信。兴趣、自信和理想都是在老师的精神关怀下获得的，利用精神关怀的方法促就学习困难学生的发展，无疑是一条好的途径。

第四节　关注心理问题，实施美育

英国优生学家高尔顿指出：不存在没有热情的学习智力，也不存在没有智力的热情。学习活动本身就是一种全方位的心理活动，它不仅促进认知过程的发展，也推动着情感意志的发生发展，同时还导致思维、能力形成和发展。学生的学习状态实际上折射了他们心理功能的发展。

为了深入了解瑞景中学高中学生心理发展的脉搏，课题组开展了一项针对高中学生心理状况的调查。

一、调查问卷的设计、内容、方式

调查对象：2009年9月新入学的436名学生。

调查问卷：以天津市教育科学研究院刘金明院长《中学生心理问题分类》为依据，参照（SCL—90）症状自评量表内容，自主编制。问卷内容包括：学习类、违抗性、性格类、躯体类、逃避性、情绪类、青春期、人际关系8种类型的中学生心理问题，113项中学生日常适应不良的行为表现。

调查方法：团体问卷方式，按项目自我测评。

调查结果的统计方式：以对自我测评各类型因子项阳性项数的平均分、标准差、超平均数人数、超平均数人数比例的计算，作为推断心理问题的理论参数，对比我们的亲身感受与学生的行为表现，进行分析概括。

436名高一学生心理状况问卷调查数据见表6-1。

表6-1

	学习类	违抗性	性格类	躯体类	逃避性	情绪类	青春期	人际交往	总分
平均分	17.04	4.63	8.09	6.22	7.76	7.49	4.20	5.61	47.21
标准差	11.12	7.56	7.47	7.59	7.76	8.25	6.10	7.18	47.21

续表

	学习类	违抗性	性格类	躯体类	逃避性	情绪类	青春期	人际交往	总分
超平均数	212	139	161	130	327	152	126	184	165
人数比例	0.49	0.32	0.37	0.3	0.75	0.35	0.29	0.34	0.38

二、调查结果

（1）逃避性问题最为突出。有75%的高一新生，在逃避性项目中，有适应不良的行为表现。表明高中学生在应对学习生活中压力、困难、挫折的时候，大多采用回避性的态度，怀着消极防御的心理，遇事退缩，没有积极主动的态度，缺乏迎难而上的精神，更没有化解困难的勇气和方法……

（2）学习适应不良类问题位居第二。学习无计划，无自觉性，学习不主动；浮于水面、不能钻进去；死记硬背没方法，习惯于等待答案；靠老师、家长督促，像对待任务似的对待学习；课堂注意力不集中，学习热情不稳定，学习上投机取巧等。

（3）情绪类与性格类问题位居第三。容不下别人超过自己，易生对抗情绪；不能虚心接受老师和家长的批评，逆反心理严重；遇事冲动、自控能力差、不计后果；总是以自我为中心、强调自己的理由、忽视别人的困难；习惯松垮、懒惰、拖拉……

结果表明，瑞景中学高一学生的心理状况整体不良，精神生活贫乏，学习投入不足。

三、调查结果分析

高中学生在入学的时候，刚刚脱离中考的压力，本来对高中学习生活满怀憧憬和希望，然而，巨大的高考升学压力很快摆在学生面前，导致学生过于看重学习成绩和名次，相互攀比，极易引起妒忌和偏激；科目增多、难度加大，长时间加班加点，缺少运动、睡眠不足、体能下降、身心疲惫、精神恍惚；独生子女的封闭心理；成长过程中的心理冲突，自尊心、成人感日益增加，强烈的自我意识，服从的意识日渐淡薄，不喜欢别人把他们的意志强加在自己身上；社会文化环境因素的影响，家庭环境的影响等。

四、采取有效措施开展心理健康教育

（一）建立学生心理健康教育档案

新生一入校，立即建立学生心理健康教育档案，及时了解学生的家庭背景、交际圈、个性心理状况；跟踪观察学生的言谈举止、动态发展；前瞻性地预估学生可能出现的心理问题及可能采取的预防措施；以发展性教育为主，把由学生的心理问题带来的后果降到最低。

（二）进行个别辅导，排除学生的心理障碍

同是年轻人有很多相似之处，但因性格不同，各自经历有些不同，因此会表现出各种不同的问题。教师在个别辅导前，要充分了解学生的性格，了解学生的家庭状况和心理的细微变化，注意收集学生的个人资料，如日记、周记、心得体会等。教师应密切关注每个学生的心理表现，及时谈话、疏导、排解，帮助学生克服在人生道路上可能遇到的心理障碍，消除学生的精神压力。教师要利用心理学、教育学的原理，与学生座谈，讨论、交流学生共同的心理问题，以积极开展心理健康与修养教育，帮助学生解决自己面临的困难；通过系统开设诸如学法指导、情绪调节等讲座，通过暗示、模仿、感染、认同等方式，使学生受到潜移默化的影响，让学生学会正确发现美、欣赏美、追求美和创造美，让学生自我发现不足，改变自身的认知态度、情绪、行为，使他们形成健康的心理素质，促使学生身心健康、品格阳光。

在个别辅导中，教师要与学生一起探讨、分析问题的症结所在，引导学生自己去解决问题，不能完全用自己的价值观去衡量学生。在辅导过程中，教师也应站在学生的角度，从学生的心理角度出发，要做到耐心细致，注意方式方法手段，避免学生产生新的心理问题。同时还要做到预防重于治疗，大力宣传普及心理卫生知识。

（三）开通学校、家庭健康教育相互连接的渠道

苏霍姆林斯基说："最完备的社会教育是学校—家庭教育。"家庭教育和学校教育是影响孩子成长的各种因素中最重要的两个。家长对于心理健康教育的认识和观念将直接影响学生心理健康的发展以及学校心理健康教育的开

展。家长要注意自身言谈举止，不要把个人的愿望强加给孩子，要注意疏导孩子的情绪，倾听孩子的声音，关注孩子的生理、情感。教师可通过家访、电访、信访来加强与家长的沟通，及时掌握学生的心理状况，有针对性地对学生进行心理健康教育。

（四）引导学生盘点自己的优势，进行自我激励

人的心理功能就像是一部"永动机"，源源不断地产生动力，如勇敢、自信、愉快、感激、关怀和友爱等令人心情舒畅的感受，激励人们前进，这是人类生命的成长力量。同时，机器在运转的过程中，也会遇到"阻力"，如愤怒、急躁、忧郁、痛苦、失意、焦虑等，因此健康的心理需要时常"保养"。教师要引导学生学会寻求帮助和支持，告诉学生恰当的外来帮助会带给你爱，也会陪你自爱；引导学生树立崇高的理想和信念，告诉学生坚强的理想、信念能够成为一种可以战胜任何困难的内驱力；引导学生学会自主调节和控制各种消极情绪，并尽可能地将之转化为积极情绪，告诉学生积极情绪能使人心境自然平和地去做自己喜欢的事情，自然界因而出现色彩斑斓的生命形态；引导学生学会交流、分享，告诉学生分享可以减轻压力，也可获得幸福体验。

（五）鼓励学生多交往，形成良好的人际关系

在生活中，人们遇到令人不快和烦心的事情，总会找朋友、同学、亲友倾诉，这是维护心理健康的一个重要的方法。因此，要鼓励学生多与同学交往，积极倡导并想方设法给学生创造尽可能多的交往机会，使他们通过交往，加深理解，相互信任，增进友谊。要教会学生正确的交友方式，怎样交朋友，学生不是生来就会的，教师可以通过日常的各种活动，教给学生寻找朋友、建立友谊的方法。有了亲密的朋友，学生的不良情绪就能得到发泄、缓解，在别人的理解和情感支持中增强信心。

（六）以良好的心理素质影响学生

教师的自身素质直接决定着教育行为。教师健康的心理素质，是保障心理健康教育正常开展的先决条件。教师要想做到对学生实施正确的心理健康教育，首先要有一个健康的心理。要树人，必先正己，己不正，又怎能做到

正确树人呢？自己的心理都不健康，又怎能以一个健康的心态对待学生和学生心理上发生的问题呢？优秀的教师应具备敏锐的观察力、良好的思维品质、良好的情操品质、稳定的情绪、坚强的意志和良好的自我意识品质等。教师与学生之间要有良好的感情交流，建立良好的感情关系，彼此才能产生亲近感、认同感，相互间的吸引力也就越大，学生也就愿意与教师交朋友，教师对学生的影响力也就越大。

教师的心理健康水平对学生健康心理的形成，往往具有不容忽视的作用，这不仅是因为教师首当其冲地承担着教书育人的责任，更是因为教师在青少年学生心目中的形象和师生关系的好坏，对于青少年自我概念的形成、生活目标的确定、身心健康的状况都具有深远的影响。

无数教育工作实践证明，教师的工作自始至终是以教师的人格影响学生人格的相互作用过程，教师工作对学生的成长起着至关重要的影响。俄国教育家乌申斯基说："没有教师对学生的直接的人格方面的影响，就不可能有深入性格的真正教育工作，只有人格能够影响人格的发展和形成。"教师的人格就是教育的力量。每一位教师应重视自身的人格修养，努力实现人格的提升，用自身的美好的心灵去塑造学生健康的心灵。作为一名老师，除了阅读有关中学生心理健康的书籍外，还应经常学习一些教师如何维护自身心理健康的知识，使自己除了具备良好的思想品德素质、业务素质、身体素质外，还应具有热爱、合作、活泼、乐观、幽默等积极、健康的心理品质。

教师要通过不断地学习，提高对心理健康教育重要性的认识，掌握心理健康教育所具备的知识和能力。教师要尊重学生的心灵；尊重学生的兴趣、爱好；尊重学生的情绪和情感；尊重学生的选择和判断；按照科学的规律和方法开展教育工作，妥善处理学生日常表现出的行为问题和意外事件，做到真正将心理健康教育落到实处，促进学生心理健康的发展。教师要提供民主、科学的教育方式，要尝试与学生对话，要引导学生面对生活、学习考试中的难题，给学生指明努力的方向，帮助学生解决难题，让学生体验成功的喜悦。

（七）加强对学生的人生观和世界观的教育

人生观教育应包括正确对待人生需要、人生目的、人生评价及人生态度，其核心是人生的价值观。由于社会转型时期，价值观呈多元化趋势，受社会环境的影响，学生中有各种各样的价值观，教师可以利用自身的优势，教育学生用辩证的观点看待人生价值。既强调社会对个人的尊重和满足，又要强调个人对社会的贡献，而且还要告诉学生评判人生价值，要由其对社会贡献的多少来实现，对社会贡献大，人生的价值就有意义。对学生进行这样的人生观教育，久而久之就形成了学生正确的人生取向。教师应该在日常的教育教学实践中，不断地向学生渗透辩证法思想，教会他们观察世界、认识世界、改造世界的方法，长此以往，学生正确的世界观就能形成。

（八）为学生创造一个民主、宽松的班级环境

在学校中，由于教师与学生所处的特殊地位和学校管理的需要，常常容易形成带有很多强制性的管教方式。对学生的行为规定了许多禁区，这也不准，那也不准，似乎学生的一切必须服从老师的意志，容易使学生觉得生活在没有自由的环境中，结果学生要么形成过分服从与依赖等不良的心理品质，要么形成反抗、仇视、不信任等不良的行为特征。在高中阶段，学生已经具备一定的活动能力和自我意识，如果教师过分强调自己的意志，哪怕是为学生好的愿望，也容易造成缺乏民主、呆板的气氛，结果使学生失去健康成长的机会。因此，能否为学生提供一个民主、宽松的环境，对学生的心理健康具有根本性的意义。

（九）积极开展各项活动，训练学生的心理素质

首先，组织各种团队活动。通过组织野外活动磨练学生的意志，提高他们抗挫折的能力。通过开展丰富多彩的课外活动，引导学生积极进取、满足他们多样的兴趣。引导学生自主开展活动，使他们在开展工作中训练自己的心理素质。

其次，合理利用主题班会活动。高中阶段是一个心理生理发生巨变的时期，内外急剧的变化往往伴随复杂的矛盾冲突。如果缺乏科学的引导，学生往往感到迷茫和困惑，并伴随一系列的心理和行为问题。作为教师，必须注意每次大型活动在学生心理中引发的不同程度的反应，除了事前作出积极的

预测外，还要调查研究学生当时的思想动态、心理状况，及时加以疏导、调整，避免产生不良的后果。教师可以根据学生心理发展的需要设计主题班会，采取学生喜闻乐见的形式进行心理教育。例如，有段时间，学生对学校禁止携带手机的管理措施意见很大，为此学校组织了《校园内使用手机的利与弊》辩论赛，学生们在准备的过程中和辩论中充分了解到校园内使用手机的弊远大于利，也就自然地非常乐意配合学校的要求。再例如，有些同学成绩不太理想，非常自卑、不合群，为此笔者班级举行了一个班会课，让每位同学写出班上其他同学的优点，笔者收集统计后分发给每位同学，增强学生的自信心，增进学生间心灵的交流。

第五节 以"美的教育"感染外省市学生

近年来，瑞景中学先后招收了不少外省市中学生，这些外省市中学生有一些共性：离家远，长期见不到父母，思亲现象严重；人地生疏，渴望关心，容易早恋；家庭条件优越，出手大方，容易沾染吸烟、喝酒的恶习；基础较差，学习吃力，厌学情绪较重，容易滋生"小团体、称兄道弟、一致对外"的毛病。

针对外省市学生的特殊背景，我们积极开展"美的教育"，取得了较好的效果。

一、感受天津的风土人情，诞生对天津的热爱，淡化"思乡情结"

开学初，学校及时组织外省市学生游览天津市：带领学生逛古文化街、游海河、登鼓楼、观五大道小洋楼、饱览意式风情……在鼓楼，学生了解了天津金、元、明、清、近代、新中国成立前几个历史时期住宅的发展变迁史，感受到建筑群的格调变化，欣赏了天津的建筑艺术。在古文化街，学生领略了"仿清、民间、小式"风格的仿古建筑群，体验到经典与现代的迥异。在五大道，学生欣赏了英式、法式、德式、俄式、意式等各种不同风格的文化气息。近代，西方人建立的"小公馆"和别墅，一方面点缀了天津城市的优美，另一方面也说明当时外强我弱的历史实情。在意式风情区，学生步入梁启超、李叔同、曹禺、袁世凯的故居，让学生走近名人，从而对近代史感同身受。对天津近百年历史的叙述，充分调动了学生的爱国主义情操，激发了学生奋发图强、勤奋学习的动力；帮助学生树立舍小家顾大家的全局观念。在郊区，学生也领略了天津的无限风光：团泊湖的静谧、七里海的幽远和原生态；杨柳青年画的丰富多彩、滨海新区的日新月异……学生发现了天津之美，在世纪之钟的悠扬声中，对这座悠久的城市产生了无限遐想、油然而生敬意，从而由衷地喜欢上天津，无形中把天津当做自己的家乡，淡化了河南、河北、山西、山东等省的区分。

二、德育工作春风和煦、细致入微，让外省市学生以校为家，削弱对家庭的依赖

从报到的第一天起，学校密切关注外省市学生的一言一行，通过电话了解或者问卷调查或者个人谈话的方式及时掌握外省市学生的家庭背景及孩子的学习、成长经历，思想工作力求做到有的放矢。学生赵杰属于单亲家庭，本就缺少母爱，我们动员女教师给他母亲般的呵护和关爱；学生王柯父母离异，双亲又纷纷组建新的家庭，他现在与爷爷、奶奶一起生活，祖父母年岁已高，无法顾及他，这也成为他来天津念书的主要原因，学校密切关注他的生活起居、嘘寒问暖；个别学生，父母忙于生意，无暇顾及孩子，孩子与社会上闲杂人员混在一起，养成了吸烟、喝酒的坏毛病，把孩子千里迢迢送到天津，就是为了给孩子找一个满意的住所、找一个理想的看护。如果我们再放松对孩子的教育，孩子感觉不到温情的话，势必会走向社会的边缘。于是，学校抓住所有机会与学生认真交流，缩短师生之间的距离；积极鼓励本地学生与外省市学生友好相处，让他们感到友爱；不断加强与家长的联系，取得家长对学校工作的理解和人力支持。

在国庆、中秋、元旦等传统节日，我们在校园专门为外地学生过节，师生欢聚一堂，分享集体的温暖。同时，开放图书馆、阅览室，播放有意义的故事片；免费开放体育场地，与学生一起郊游等，走近学生的内心，让漂泊的心找到归属，从而打消了外省市学生的思念情绪。

三、宽容过错，用海河般的宽广胸怀容纳外省市学生的过失，正面疏导，让他们萌生新的希望

高中学生在他们这个年龄段出现过失是正常的，关键是如何对待、怎么教育。

学生王涛，在周六夜晚，私自打开天窗，从男宿舍的楼顶溜到女宿舍楼顶，与事先约好的女生一起在女宿舍玩到深夜。这本属于严重违纪，理应张贴处分公告，但经过与该生细心交谈发现，该生也意识到自己的错误，只是希望学校不要通报，认为如果通报，将无地自容，只有打道回乡了。出于对学生自尊心的考虑，笔者最终没有公布处分。王涛心中有一份感恩，从此以后，不仅与女生的交往保持着较好的距离，而且处处约束自己，并且力求展现自己优秀的一面。在随后的学农活动中，该生表现积极，取得了优秀学员和内务标兵的双重殊荣。这在几百名学农的学生中，是为数不多的一个。教师们对王涛的后续表现感到非常满意，也对上次违纪的处理松了一口气。

学生马波，周六、周日常常请假外出，今天去叔叔家住，明天去阿姨家玩，夜不归宿，而且自己请假遭拒绝时，总有叔叔、阿姨给班主任打电话帮忙请假。后来查实，天津根本没有他的亲戚，所谓叔叔、阿姨全是他编造的，他有时去网吧待一天，有时去同学家住一宿。考虑到他违纪现象严重，我通知其家长来校面谈。该生知道后嚷着要跳楼，以为我们通知家长来领人，不让他在天津念书。在阻止该生的过激行为后，笔者单独与他谈了一次话。首先明确地告诉他，这样的违纪，家长理应把学生领走，尤其是嚷着跳楼更不容许，但考虑到他由河南来天津上学不易，争取给他一次留校学习机会；其次，通知家长的目的，也是希望家长配合学校共同做好孩子的思想工作；最后，郑重告诉学生，学校会尽量让每位科任老师帮助他补习功课，希望他跟上老师的讲课节奏，提高学习成绩，不再去网吧。该生意识到自己的言行错误，得知不会被开除，表示将尽可能地做一个品学兼优的学生。后来，马波的学业有明显的进步，大的违纪现象没有了，吸烟、迟到次数明显减少，笔者也发现了宽容的力量。

四、树立正面典型，发挥先进的导向作用

针对外省市学生的实际情况：住校、来得早、走得晚、时间较充裕，为班级做工作更方便。我们充分发挥他们的优势，有意让他们在班委、团支部、学生会等组织机构中担任一定的职务：一是为他们提供锻炼的机会；二是让他们感受到主人公的地位，增强自信心，增强自豪感；三是评优评先一视同仁，让外省市学生感到平等、受到尊重。刘凤媛同学来自洛阳，家庭氛围好，自幼就养成了良好的行为习惯，很有人缘和组织能力，加之学习成绩好，教师有意发挥她的优势，推荐她为校学生会的学习部长。该生不负众望，带动一批外省市学生，积极参与到学校的一切活动中，既锻炼了她个人的能力，又带领其他同学投入丰富多彩的高中生活中，既增强了班级的凝聚力，又营造了整个年级的良好学习氛围。

第六节 从班级文化建设的角度开展美的教育

班级文化是班级师生在共同学习生活中所形成的价值观念、行为准则和生存方式的总和。

社会学研究表明，凡是有人群的地方都有自己的文化。班级文化是班级的一种文化传统、一种行为方式，它自觉或不自觉地通过班级这个载体来反映和传播到每一名学生的学习、生活中去，形成一种良好的自觉的行为习惯，潜移默化地影响着学生的行为。班级文化是由一个班级的物质条件、思想、教育制度、行为方式等文化要素构成的物质环境与精神家园的总和。班级文化可分为"硬文化"和"软文化"。硬文化就是物质文化，是一种"显性文化"，可以摸得着、看得见的教室环境，如悬挂在教室前面的班徽、班级口号等醒目图案和标语等，教室墙壁上的名人画像和名言警句，激励学生投身科学事业的科普长廊，展示学生个性才能的书画长廊等教室的布置。软文化也就是精神文化，则是一种"隐性文化"，包括制度文化、观念文化和行为文化。制度文化包括班级的各种规章制度，构成一个班级制度化的法制文化环境；观念文化则是包括班级的班风、学风、价值观等种种观念，这些

观念弥散在班级的各个角落，潜移默化、润物无声地影响着学生；因制度和观念的影响，从学生身上体现出来的气质修养和言谈举止等精神面貌，则是行为文化。

班级文化建设是一项庞大的系统工程，需要从全方位、多角度、多层次、多渠道的建设，注重班级文化全面协调可持续的发展，做到物质文化和精神文化的有机统一，需要从以下四个不同层面来构建。

一、丰富多彩的班级物质文化建设

苏霍姆林斯基曾经说："无论是种植花草树木，还是悬挂图片标语，或是利用墙报，我们都将从审美的高度深入规划，以便挖掘其潜移默化的育人功能，并最终连学校的墙壁也在说话。"班级文化建设要富有特色，内容涉及班级整体布局、物品摆放、黑板报、文化墙、名言警句、班级特色园、张贴物以及卫生等众多方面，要求学生人人参与，精心设计和布置，形成各班级特色和个性，使每一个角落都具有教育内容，富有教育作用。教室里整齐、美观的布局，有助于培养学生正确的审美观念，陶冶学生的情操，激发学生热爱班级、热爱学校的感情；它促进学生奋发向上，同时还可以增强班级的向心力、凝聚力。因此班级文化建设首先要抓好教室的环境布置，美化班级物质文化，具体从以下几个方面入手。

（1）黑板报是以黑板为载体的一种最通俗的宣传、教育工具，它以经济、简便、灵活、及时、活跃、多样等优势，可起到不容忽视的宣传作用。版面设计要点：主题鲜明、重点突出、版面醒目、色彩明朗、图文并茂、远看成块、近观成行、文章精悍、语言简练、字体多样、疏密有致。主题内容应结合学校的教育活动或者班级召开的主题班会，如在每年的学雷锋活动月中，应以"雷锋精神"为主题。

（2）"文化墙"是一个班级辉煌历史和光荣传统的真实写照，也是班级文化气息的汇合点。一面设计独特、富于创意的"文化墙"，对形成先进、独特的班级文化将会起到推波助澜之作用。"文化墙"作为展示班级独特视角的平台，给学生一种高尚的文化享受，能激励全班学生不断进取、奋发向上；并通过"文化墙"给学生以美的享受，让一种淡淡的班级文化气息悄悄破"墙"而出;"每一面墙壁都会说话"的育人环境,起着无声胜有声的教育作用,让教室充满文化育人的良好环境。"文化墙"的布置要符合学生年龄特征和心理特征;主题鲜明,彰显班级个性;激发学生主动参与,体现学生的主人翁意识;经常更新,保持对学生的激励作用。因此,"文化墙"应该注意突出鼓励性、实用性、趣味性和统一性等,同时注意文化墙和教室文化的布置要整体协调,防止杂乱无章、缺乏协调性和喧宾夺主分散学生的注意力。

(3)"图书角"和"生态角"。"图书角"为丰富学生课外知识,开阔视野,让教室的文化充满浓浓的书香气息,在班级文化建设中起到独特的浸染作用。可根据教室空间状况建立"生态角",适当摆放一些植物,和学生们一起正在茁壮成长……

二、创建良好的班级制度文化环境

在班级集体中,我们把那些以规章制度、公约、纪律等为内容的,班级全体成员共同认可并自觉遵守的行为准则,以及监督机制所表现出来的文化形态称为班级制度文化。班级规章制度是为坚决贯彻班级管理思想而制定的,是班集体为实现共同的奋斗目标而制定的规则,是班级管理文化的核心,是"美育"有效开展的重要保证。

(一)制定班级规章制度,实行人本管理

对学生进行科学有效的管理,离不开决策、制度的制定。让全体学生根据班级的实际情况参与制定的制度决策,反复讨论一致认同后,主要是制定出学习、纪律、卫生、财务等几个方面符合班级现状的班级规章制度,对学生日常行为规范评价规范化、具体化和制度化。只有共同参与制定的决策、制度,才能得到班级全体成员的认可和支持,从而促使大家自觉自愿去遵守。

(二)制定班级规章制度要切实可行,发挥学生的主体性

班级规章制度内容简明具体,不仅要明确告诉大家应该做什么,还要告诉大家不应该做什么。具有可操作性强的特点,所以学生也乐于执行和遵守。执行时实行责任到人的方法,让全班同学形成一个个小组,更快更好地

完成班级工作，让班上的每个人都融入班集体，成为班级的一分子，贡献自己的力量。它能使每个学生都进入管理和被管理者的双重角色，可以使集体的核心力量更为巩固、强大，极大地激发了学生的进取精神和工作热情，形成一股巨大的教育力量，增强了学生的责任感、义务感和集体观念，从而在自我管理和自我教育中求得发展。

三、构建班级健康的行为文化环境

组织行为学告诉我们，通过目标的制定、分解、执行和反馈，以完成组织的任务。开展活动是增强班级凝聚力、培养学生合作意识和良好个性的有效措施；帮助每个学生提高自我管理能力，充分发挥个性特长，培养良好心理素质；指导开展班级活动，营造积极向上、真诚友好、团结互助、努力创新的组织文化；让学生在参与中施展才能、丰富体验、发展人际关系；在实践中不断地总结和积累管理经验。如此，学生活动逐步由他律改为自律，由外在约束转化为内在需要，班集体充满成长的气息，真正体现了"以人为本"。健康有益的班级活动力求内容丰富，形式多种多样。

（一）开展主题班会活动

主题班会是班集体建设中最常见的活动之一，目的是培养学生良好的行为习惯，增强学生集体观念和集体荣誉感，增强班级的凝聚力，提高学生关心集体、建设集体的积极性和热情。开展主题班队活动时，要根据班级的实际情况，尽可能挖掘身边的教育资源。例如，"文明礼仪伴我行"主题班会帮助同学更好地贯彻"文明、诚实、守信"的做人原则，做一个有优良品质的文明高中生；"我爱我的班"主题班会教案使得学生们懂得关心集体、热爱班级的深刻含义；"认识自我，增强自信"主题班会，使学生能够认识自我，建立自信心，以健康心态面对人生，迎接挑战；"学会宽容，善待他人"主题班会，使学生建立正确的人生观，全面地看问题，着重培养学生换位思考，多角度思考问题的能力，培养学生律己宽人的优秀人格等。

（二）开展文体活动

轻松活跃的文体活动有利于锻炼身体、愉悦心情、陶冶情操、发展特长，因此应积极组织学生参加全校性的文体活动，如拔河比赛、广播操比赛、篮球赛、运动会等，以培养学生的集体荣誉感和竞争意识。这些活动使学生都有机会表现和发挥自己的才能，在活动中享受成功的喜悦，又进一步发展了特长，还可以最大限度地调动全体学生的活动积极性，在活动中增强责任感，在与集体的积极互动中展现各自个性，相互间达成统一、和谐和默契。

（三）开展评比和竞赛活动

评选班级中的各类优秀，榜样的力量是无穷的。通过开展评选"三好学生""优秀干部""班级明星""书法大王""绘画大师""体育健将""小科学家"等，树立典型，鼓舞士气。评选时要充分发扬民主，善于放大每个学生的闪光点，要用发展的眼光看待学生，设立各种"进步奖"，增强他们不断进取的自信心。

（四）开展社会实践活动

班级活动也可以和社会实践相结合，适时引导学生走出课堂，参加社会实践活动，为学生个性的发展和潜能的发挥创造条件，培养学生的实践能力和社会责任感。

四、营造班级精神文化环境

苏霍姆林斯基说过，"集体是教育的工具"。班级精神是班级管理和建设良好班风的内驱力和核心，是班级文化的灵魂，它是一股强大的无形力量，会对每一个学生的个体发展起着巨大的潜移默化的教育、激励和制约作用。班级精神文化环境体现班级的价值取向、行为规范、伦理道德、审美情趣等多种内容，是班级文化建设深层次的要求。搞好班级精神文化建设，有利于巩固物质文化和制度文化建设的成果，对促进学生和谐健康地发展起着重要的激励和感染作用。主要做好以下几点。

（一）培养班级的凝聚力和集体荣誉感

学校组织的各项竞赛活动是培养学生集体荣誉感和集体凝聚力的最好契机，学生在争先进的活动过程中受到教育，得到启发，得到激励，从而使集体荣誉感不断增强。积极参加学校和班级组织的各种活动，不但给同学们带来了很多的快乐，展示了学生的才能，而且又培养、锻炼了学生的各种能力，增进了同学之间的友谊，为形成班级凝聚力搭建了桥梁，增强了班级的凝聚力，使学生心情愉悦，对班级产生了自豪感、责任感和集体荣誉感。

（二）培育班级精神

班级精神文化的主体是班风，优良的班风能在班级成员的心理上产生一种内在的激励因素，从而增强班级集体的向心力和归宿感。优良班风的形成与班级管理目标达成密切相关。它是在实践中，即在由班级组织的各种活动或班级日常管理中培养和形成的。

（三）培养学生的创新精神

创新是一个民族进步的灵魂，是一个国家兴旺发达的不竭动力。创新是新时代的主旋律，而创新人才的培养又取决于创新教育。发掘学生的创造潜能，培养创新型人才，班级管理是一个非常重要的方面。首先，重视学生个性的健康发展，注重发展学生的兴趣爱好，从而最大限度地开发学生的创造力。开展丰富多彩的活动，为每一个学生提供思考、创造、表现及成功的机会，从而发展学生个性，培养学生才能。其次，有意识地在班级管理中引进激励机制，充分激发学生的竞争活力。

总之，班级文化就像春天的阳光，它使每位同学感到温馨、快乐，使班级井然有序、充满生机，使学校充满文化氛围、文化底蕴、育人特色。用学生创造的班级文化，对学生进行教育，这是教育过程中最美妙的教育。成功教育的特点是使学生在没有意识到受教育的情况下发生的，班级文化在这方面具有这种潜移默化的教育力量。

第七节 诚信教育，树立核心价值观

关于诚信，文圣孔子有许多论述。"子曰：'饭疏食，饮水，曲肱而枕之，乐亦在其中矣；不义而富贵，于我如浮云'。"可见一切财富，在孔子心目中远远不及诚信重要。孔子坚持"与朋友交，言而有信"；在对待自己的承诺时，孔子坚持"言必信，行必果"；在劝诫当政者时，他强调"民无信不立"；而对于无诚信之人，孔子给予的评价是"人而无信，不知其可也"。孔子堪称诚信的典范，他的高尚品德，几千年来影响着世人，因而成为万世师表。

"烽火戏诸侯"告诉我们，为政者一旦失去诚信，就会失去国家。

"魏文侯守信"寓意则不同，为政者有了诚信，就得道多助，诚信是为政者治理国家的根基。

莎士比亚说："失去了诚信，就等同于敌人毁灭了自己。"也正因为"三鹿奶粉"没有诚信和良知，遭到了取缔、封杀、破产。这说明，诚信是企业生存的支柱，诚信缺失，等同于支柱坍塌，企业没有了支撑的脊梁。

教育也诚信缺失。高考移民、一些大学生不能按时偿还助学贷款都说明当前教育诚信的缺失。

当今社会生活，人类生来就有的一种可贵"真"的品质需要用强制方法来维持，我们分析了一下原因。

一方面，技术飞速发展，物质高度繁荣，而高新技术带来的物质繁荣淹没了人的主观能动性，带来了人与人之间的隔膜，人与人之间缺少交流和对话，缺少情感传递；日趋精细的劳动分工导致人的能力的片面化、单一化，人的精神世界已经失去对于物质世界的对抗性、超越性和批判性，反而被物质所同化、所收买。人们似乎可以为了钱、为了生存，抛弃一切钱买不到的东西，如诚信、信仰。

另一方面，我们的文化背景正处于大众文化深入人心的时代，而市场经济、商品大潮为大众文化的传播呐喊助威，使得大众文化迅速传播且波及四面八方。出于营利的目的，大众文化往往追求形式的娱乐性和内容的刺激性，以提高上座率、收视率和畅销度，对于人们的官能快感、感性欲望、原始冲动的过度纵容和曲意迎合孵化出一种浅薄、萎靡、松懈的文化风尚，却缺少"真善美"的弘扬。

在这样的时代背景下，在物质与精神相互失衡的情况下，我们教育界不能继续以分数论英雄了，靠分数赢得高考的胜利往往会加剧心灵的失衡，加剧教育投机钻营，加剧不同区域的教育差距，加剧高考移民……作为一名教育工作者，应积极对学生开展诚信教育。

（1）通过鲜活的实例，对学生进行信念和信仰的教育。以信念、信仰来制衡物质；靠信念、信仰的力量感召学生，进而形成一种实效与道义并存、竞争与互助共生，既承认利益原则，又强调义利并重，既保护个人利益，又明确社会义务，既关注行为的目的性，又倡导手段的合理性的这样一种整体价值体系，使得时代精神、社会心理和民族风尚在教育圈内始终保持在一个较高的水准之上，使得学生的思想境界始终保持一种健全、合理、向上的趋势，自觉抵制"唯利是图、损人利己、见利忘义"等不良风气。

（2）淡化教育的功利价值观，重视学生修身养性的主体能动性培养。在教育过程中，有意识地激活并构筑学生自律意识和自律能力，形成和发展学生对真善美、假恶丑的自觉评鉴和自我控制的意识，构筑学生的自省、自控、自修、自尊等综合素质，敦促学生自觉摒弃假恶丑，做到诚实可信，对人守信、对事负责。

（3）内化学生的道德信念，促进学生个性健康发展。引导、启发、劝诱、调动学生自身的感受、体验和领悟，激起学生自觉地用知识武装自己，自觉地追求客观真理，坚持实事求是；激活学生自觉约束人本性中恶的一面，自觉地将外在的道德规范内化为自己内心的道德信念，以达到个性的发展和人格的完善，克服"金钱至上、假公济私"的心理。

（4）构建合理的社会准则。密切关注青少年健全的个性心理和个人素质，并在此基础上建立一种更加合乎人性的、合理的、完满的社会秩序和社会准则，教育学生在取人之长、补己之短中，不断完善自己，力求诚信、友善，而不是投机取巧、刻意钻营。

（5）依靠学生精神的自我建构，以丰富翔实的材料对学生进行规范教育，做到以理服人，注重培养青少年的理智力和意志力，使之能够按照社会主义荣辱观来提升自己的思想、约束自己的思想行为，教育学生学会奉献社会、乐于助人，培育学生知荣辱、讲正气的良好风尚。

我们可以从小事做起，从身边做起，教育学生诚实做人、信守诺言、言行一致、诚实不欺；教育学生远离投机取巧，远离趋炎附势，远离弄虚作假，远离口是心非；让诚信教给学生做人之本，教给学生人生的智慧；让诚信绽放出生命之美，让学生人生因而变得丰富多彩；让社会处处绽放诚信，让世界因此而和谐。

第八节 "美的教育"对学习投入的影响

2010年秋季，高一新生入学之初，学校对学生的学习投入进行了问卷调查，目的是跟踪研究学习投入的产生过程和如何提高学生的学习投入水平。问卷调查情况如下。

一、样本选取

以瑞景中学高一年级6个班的学生为研究对象，样本分布情况见表6-2所示。

表6-2   单位：人

班级	总人数	男生	女生	本市	外省
一班	39	16	23	26	13
二班	32	15	17	21	11
三班	25	12	13	19	6
四班	30	12	18	16	14
五班	38	14	24	21	17
六班	15	2	13	15	0
总体	179	71	108	118	61

二、研究方法

本次调查过程采用整群抽样法。选取了高一年级共6个班级，229名学生为测试对象，共发放问卷229份，回收229份，删除无效问卷50份，最终得到有效问卷179份，并采用学习投入量表（UWES-S）调查分析学生的学习投入。

三、测试结果

（一）瑞景中学高一新生学习投入多维度描述统计表

表6-3

变量	个数	最小值	最大值	中间值	平均数	标准差
活力	179	6	30	18	18.27	4.43
奉献	179	5	25	17	16.97	3.93
专注	179	6	30	19	19.20	4.53
投入	179	17	85	55	54.44	11.41

由表6-3数据统计结果可以看出，瑞景中学新生总体的学习投入呈中等水平（中间值：总学习投入54.06，活力18，奉献17，专注19）。其中，专注的平均分值稍高（$m=19$），奉献（$m=17$）的分值最低。表明高一新生学习投入状况并不尽如人意：学生参与各项学习活动的积极性不高；积极的情感体验不足；专注于学习，达到忘我境界的学生较少。

（二）各个人口学变量上的高一新生学习投入程度

男女生在学习投入各维度上的描述统计（平均数±标准差），具体见表6-4。

表6-4

性别	活力	奉献	专注	学习投入
男生（71）	18.70±4.74	17.18±4.05	19.18±4.80	55.05±11.96
女生（108）	17.98±4.22	16.83±3.87	19.21±4.38	54.03±11.07

不同班级的学习投入水平比较（平均数±标准差），具体见表6-5。

表6-5

班级	活力	奉献	专注	学习投入
一班	18.05±3.02	17.67±3.20	19.03±3.47	54.74±7.83
二班	18.67±5.34	17.30±4.23	20.42±4.81	56.39±12.78
三班	17.26±3.95	15.92±4.19	17.88±4.21	51.06±13.73
四班	17.25±5.08	16.56±4.36	17.94±0.09	51.75±13.73

续表

班级	活力	奉献	专注	学习投入
五班	18.31±4.58	16.39±4.06	18.94±4.77	53.64±11.77
艺术班	21.55±3.13	18.49±2.96	22.47±3.46	62.50±8.32

四、深入分析发现

（1）男生的学习投入较女生高。

（2）来自低收入家庭的学生比来自高收入家庭的学生更难投入学习。

（3）师生关系融洽的学生有较高的学习投入。

（4）单亲家庭的学生往往有较低的学习投入。

（5）学生认知需要较高时，在学习中更有活力，更易出现忘我的学习状态。

（6）积极的学校纪律能提升学生的投入水平，高压的纪律要求往往适得其反。

（7）更重要的发现，音美艺术班的学生比普通班的学生有较高的学习投入。

我们学校位于城乡接壤处，位置较偏，又处于经济适用房住居区，生源几乎排在市区最后，质量较差。学生学习习惯不好，学习能力不够，自我约束意识薄弱，学习投入偏低。

五、如何改变学生厌倦学习的现状？

受问卷调查的启发，艺术班的学生比普通班的学生学习投入高。如果以美育作为突破口，通过培养学生良好的审美情趣和人文素养，促进学生身心健康成长，让学生体验到校园生活的乐趣，是否可以激发学生对学习的投入呢？

六、"美的教育"实验

从2010年开始，瑞景中学借助于传统音美教育的优势，在成功开办音美艺术高中教育的基础上，着手积极创建"美育"特色校。致力于推进高中人才培养模式改革创新，系统构建"以美育德、以美启智、以美健体"的育人工作新格局，发挥并彰显艺术教育优势，引领及促进学生健康成长和全面而有个性的发展，使其境界得到美化升华，智力因素及潜能得到更好开发，创新意识和实践能力不断增强，形成良好的人生态度与追求，提升综合素质，更好地走向未来和创造美好人生。自此，学校出台了"美的教育"实施方案，并进行了一系列的改革。

七、"美的教育"效果

三年来，瑞景中学全校师生上下一盘棋，从全局上整体创建"美的教育"，开展了诸如最美教师、最美学生、最美办公室、最美教室、最美宿舍、美的课堂、美的学科等一列美育活动，学校面貌发生了翻天覆地的变化。

（1）学生每天早早地来到学校，迟到、早退现象明显减少；课堂上积极参与的学生多了，伏在桌面上的学生少了；学生尊敬师长、团结同学、互助互爱的氛围越发浓厚；学生违规违纪现象明显减少；打架、上网吧等现象不复存在。更为明显的是，学生上网指责老师、抵触老师的现象消失；校园环境维护效果明显好转，破坏公物的少了，胡乱涂鸦的少了，但学生创作的艺术作品多了；原来外出借读的学生纷纷转回，强烈要求回本校学习。

（2）精神面貌的改变，带来的是学习投入的巨大变化。我们不仅从学生的实际表现看到学习劲头足了，越来越多的学生能充满活力地应对挑战和挫折；整体上体验到的意义感和自豪感较三年前相比有大幅度提升；更多的学生自觉地专注于学业。学校教育内涵发展随之不断增强，学校先后被评为"天津市文明单位""天津市阳光体育活动先进校""全国师德建设先进单位""全国德育工作先进校""全国生命教育实验学校"等，学校办学整体水平不断提升。

八、"美的教育"对学习投入的影响

在2013年高考前夕，我们对三年来部分实地参与"美的教育"创建的学生进行了访谈。访谈内容包括：三年来自己校园生活的感受，美的教育对自己心理、生理的影响，自己人生观的改变，美的教育激发学习投入的原因等，归纳学生个案分析和访谈的观点，集中在以下几个方面。

（1）丰富多彩的校园生活营造了积极向上的文化氛围，给学生带来乐趣、激情的同时，也提升了学生的思想境界。整体的教育气氛鼓励学生积极参与，充分展现自我，学生获得了认同和尊重，体验到价值。学生对学校越发满意，于是有了归属感、成就感，更多地自觉参与到美的环境建设中，并能够积极思考如何行动才能体验到更大的乐趣，希望获得更高的肯定，投入的活力也就更高了。

（2）"美的教育"让学生心理、生理得到健康发展，学生的人生观发生了巨大变化，越来越多的学生明白了生命的意义，明白了人应该充分享受每一天，无论遇到什么困难、挫折，也要微笑面对，学生面对困难的勇气增强了。

（3）"美的教育"让学生的认识上了一个新的层次。越来越多的学生认识到规则的重要、秩序的作用、和谐的意义，从而缓冲了外在压力，增强了韧性、毅力，激发了学习兴趣，提高了注意力。

（4）"美的教育"让学生的思想境界上了一个高度。更多的学生逐渐具备了社会担当、民族担当的责任感，更懂得奉献的意义。

（5）"美的课堂"营造了和谐、民主、互动的学业环境和集体氛围。学生的参与获得了老师的充分肯定和鼓励，学生的参与积极性提高了，教师的热情也被激发，反过来调动了学生的积极性，所有学科美育的熏陶和引领，整体上有助于培养和提升学生的学习投入。

（6）"美的办公室"营造了良好的办公环境，给老师创造愉悦的工作场所的同时，更重要的是给学生以导向。

（7）"美的教师"提升了老师的品位。教师注重以人格魅力、学识魅力教育感染学生，不仅老师上升到一个境界，而且老师的一言一行给学生以示范，引领着学生的一言一行。学生学会了文明用语、专业术语，学会了用简洁、逻辑的语言描述学习问题，学习效果也就更明显了。

（8）"美的学生"不仅提升了他们自己，有了更高的追求，也对其他学生树立了榜样，激励、鼓舞着其他学生向他们看齐，文明守纪，团结友爱，互帮互助，比、学、赶、帮、超……

"美的教育"与学习投入正相关。"美的教育"启迪学生自觉追求语言美、行为美、心灵美，提升品德修养及生活品位；进而引领学生发现美、欣赏美、追求美和创造美。"美的教育"激发了学习热情，培植了韧性、毅力，提升了认知水平。可以预言，在党的十八届三中全会以后，随着教育改革的不断深入，随着中央"改进美育教学，提高学生审美和人文素养"精神的贯彻，瑞景中学的"美的教育"将更上一个台阶，学生投入学习的激情会更高。

第九节　课题研究的启示

一、发现自己的不足

课题研究期间，教师们多次接受课题组组织的专题培训，同时也有幸参加了红桥区名师培训、天津市未来教育家奠基工程系统培训。实地考察了新加坡、马来西亚等国的基础教育；也多次去北京等地参加高级别的学术交流。回顾课题研究，对比自己的教育教学，发现自己无论是理念上还是行动上均存在许多问题：长期过于关注物理学科发展、关注学科教学、关注教学成绩，没能站在更高的角度看待教育改革，教学没能跟上时代形势，眼光较短浅；虽然吸收了一些先进的课改理念和方法，但行动上没有真正体现，没能脚踏实地地开设校本课程，没能与学校的办学思想紧密结合，教育价值观脱离了土壤；虽有自己的教学风格和个性化的教学行为，但没有形成鲜明的教育观点，也缺乏深入研究的能力；课堂上过于注重传授概念，注重引导学生审题，运用知识解题，注重答题规范、技巧，教学很有针对性，但主要是出于应用的目的，更确切地说是为了应试，对学生能力的培养重视不够、个体差异关注不够、审美能力培养不足、理论构建严重缺乏，缺乏历史担当、民族担当的责任感、使命感。

二、对"教育"有了较深刻的理解

教育的内涵是什么呢？凡是增进人们的知识和技能，影响人们思想观念的活动都可以称为教育。教育不只是课堂教学，也不仅仅在学校进行；教育不是空洞的、深不可测的，而是与生活实际紧密联系的，教育往往体现了现实的价值观。许多人学过教育学，也教了一辈子的书，但最终两手空空，什么也没有留下，为什么？是因为他没能体现时代的价值观。孔子则不同，他没有读过教育学，却成为万世师表，为什么？因为孔子坚持有教无类，打破了奴隶主贵族对学校教育的垄断，把教育推广到贫民，他把贫民教育作为终身的追求；孔子强调道德教育放在学校教育的首位，不以智力衡量个人的成败；主张启发式教学，最早采用因材施教；孔子热爱教育事业，热爱学生，不仅重视言传，更重身教，以自己的模范行为感化学生，受到学生的尊敬和喜爱，正因为他独到的教育价值观，当之无愧成为"万世师表"。

同时，教师们也了解了苏格拉底、柏拉图、亚里士多德、赫尔巴特、杜威、陶行知等大家的教育思想，了解了杜威实用主义思想与陶行知教育思想的区别，了解了传统教育与现代教育的区别、应试教育与素质教育的区别，教师们的视野开阔了许多。

价值观不同，教育的意义往往也不同。中国的灌输式教育好比木桶给杯子倒水：老师是木桶，学生是杯子，老师主动灌输，学生被动接受；西方的引导式教育好比"产婆术"：老师是接生婆，学生是孕妇，老师通过"助产"，使学生主动学习、思考，而孕妇产下的胎儿则是学生内在的潜质。通过学习，笔者深深地理解了中西方教育的本质区别在于价值观不同。

教育在人类社会的不同阶段有各自的特点。例如，古希腊的"斯巴达教育"、西方世俗封建的"骑士教育"、古希腊雅典的"通识教育"等，在不同的历史时期，不同的国家、不同的文化，价值观不同，教育的目的各异，内容各异，教育的方法和组织形式也大有不同。中国西周时期就有"六艺"，我们的先贤们在那个时期就已经提出如此先进的教育理念，可是很长时间我们的教育却忽视了美育，这说明我们的价值观过于注重功利。

三、教学要依据学生的个性而创作

教师是艺术家，教师不是工匠。教师的劳动是一种特殊的创作，创作的对象是生动活泼的人；创作活动本身不是集中、提炼与典型化，而是培养与发展。正因为教师的对象总是在不断变化，这个对象又千差万别，所以，我们要研究学生，从学生的实际出发、遵循苏霍姆林斯基"追求和谐"的教育思想开展教学。

（1）教育节奏与自然节奏要耦合。让浓郁的自然气息熏陶学生，让学生感受到原野的芬芳，体验教育的本质。

（2）教育时间与儿童生命发展节奏要耦合。在教育过程中，不要突击，不要赶任务，不要过度紧张而刻意追求"速效"，教育过程应该是一种美的享受，教育应让每一个学生享受多彩的生命。

（3）教师在课上应少讲一些，力求通过开展丰富的活动让学生自己去理解。教师要懂得"留白"的艺术，心中有水，却不画水，给学生以充足的空间。

（4）每天给学生留够空余时间，突出自由时间促进学生全面发展。让孩子能够按自己的愿望使用若干小时的空余时间，有利于培养全面发展的人才。

（5）根据脑力劳动的难度和性质安排课程顺序，以达到劳逸结合的目的。

（6）学校在管理中注重差异。

（7）提倡教师从实践出发，以自己最适宜的方式编写课题和课时计划。

各地的文化资源不同，发展速度有区别，教师们要研究教材，结合所在地区、社区、校园所拥有的丰富的课程资源作为教材内容，让学生直观感受、直接体验、生成，而不能游离于活生生的生活世界。教师们要研究教法，"满堂灌"是行不通了，时间不允许。教师们要研究学法，研究如何让学生动起来、参与到教学中，积累积极的情感，形成创新思维，解决实际问题。教师们要研究本校不断呈现的教育问题，形成系统理论，更好地开展教学。教师们要研究名人的教育思想，受大师的熏陶、指点，形成自己的观点，以更好地指导教学。

四、对教学特色的再认识

随着学习、培训的深入，教师们视野开阔了，思想受到强烈的冲击。在中学阶段，学生人生观、世界观不成熟，对学习知识的意义还没有深刻认识，这个阶段学生迫切需要的是做人方面的指引，更多地关注老师"行为示范"的一面，很在乎老师如何做人。此时，学生的"审美感，特别是以人为对象的审美感，是暗含道德意义的"。"情人眼里出西施"，这时的"西施"，不只是形体美丽匀称，而且一定被看做善的化身、高尚人格的体现者。学生心目中的"最美教师"一定有着高尚的师德、崇高的人格、良好的专业素养和深厚的文化底蕴。如何以自身的人格魅力塑造学生的人格，如何以自己的德、才、情给学生潜移默化的、终生受益的影响，培养学生的审美感，提高学生的人文素养，是教师们要注意的问题。

古希腊哲学家赫拉克利特有句名言，"互相排斥的东西结合在一起，不同的音调造成最美的和谐"。"和实生物，同则不继"。在艺术上，音乐有抑扬顿挫，需五音配合；书法有八种笔画，长短曲直相得益彰；绘画需要"错画为文"，"墨分五彩"，浓淡枯湿，各得其所。同样，教育也是这样。教师应以各不相同的风格，给学生以不同的感受和影响，进而培育出风格不同的学生，而不应该千篇一律，一个模式、一个套路。每个教师都有自己的风格，不同的老师呈现出不同的个性，多样性本身就是美，而这种美传给学生的是多方面的熏陶，也有利于学生和谐发展。

教育本身意味着一棵树摇动另一棵树，一朵云推动另一朵云，一个灵魂唤醒另一个灵魂。如果一种教育未能触及人的灵魂，未能引起人的灵魂深处的变革，它就不成为教育。"教育是人的灵魂的教育，而非理智知识和认识的堆积"。学习、交流的过程就是思想激烈碰撞的过程和结果。教师们应该教给学生什么？培养学生什么样的素质？伽利略说："你无法教别人任何东西，你只能帮助别人发现一些东西。"教师们应该把时间还给学生，应该依据学生的兴趣开展教学，应该鼓励学生大胆猜测、想象，应该引导学生"悟"进而创造……因材施教应因人而异育人，帮助学生积累积极的情感；应教人求真，帮助学生生动活泼地发展；更应培养学生的社会责任，帮助学生站在更高的层面看待人生。

五、建立新的课程价值取向

人类的活动从本质上说是维系生命的延续和发展，教育作为一种文化和生命的传承,实质上就是个体生命依赖教育不断提高生命质量的过程,它的出发点和终极目的是生命的和谐、充盈与完满,是为了人有力量改变外来压力和内在冲动。

那么,为了构建新课程的价值取向,我们物理教师应该如何做?

(一)物理教师要有与天津市社会发展相通的教育理念

高中阶段,学生正处于青春期,生命充满活力和潜力,抽象思维能力有所发展,但又缺乏生活经验,具有多种发展可能,物理教师要充分认识到教育对学生终身可能产生的影响,要从人生高度把握教育的整体性,引导学生注重高中阶段教育对于生命的独特价值,开发学生的生命潜力;要依靠社会和社区开展教育工作,要结合天津改革开放的大好形势,让学生充分认识社会、适应未来,既要关注学生现在的状态,也要发现学生内在的积极性和潜能,通过"双边"活动,让教与学双方积极参与和有效沟通,为学生主动学习、学会学习创造条件,并使学生在学习中得到多方面发展。

学校每学年针对全体教师面向学生进行问卷调查,调查的内容有以下七项。

(1)工作态度。工作严谨负责,爱岗敬业,教书育人,尊重学生与严格要求相结合,按铃声上课、下课,课堂上不接手机、不打电话,做到言传身教,师德高尚。

(2)课堂教学水平。教学水平高,善于激发学生积极思考,鼓励学生大胆提问,注重培养学生的探索精神;留给学生足够思考的时间和空间,能够照顾到各个层次的学生。

(3)课堂教学改革。课堂教学以调动学生的积极性为核心,能充分地让学生观察、动手、思考、交流、表达、总结,教师讲授的时间适中且语言富有启发性,能真正体现学生的主体地位和老师的主导作用,课堂效率高。

(4)教学案和检测题的编写质量。教学案的编写符合学生实际,难度适中,题量适中,所选例题和练习题基础性强、层次性强,有利于本节课所学知识的落实和能力的提升,有利于激发学生的潜能,总体质量较高。

(5)作业情况。所留作业层次性强,注意了不同层次的学生;所留作业质量高,任务具体;学生能按时完成;作业的批改及时认真,批语多鼓励并指出不足,讲评及时准确。

（6）对学生态度。不急不躁、不讽刺、不挖苦，关注个性成长，耐心辅导帮助，高度负责，一视同仁，把"爱"贯穿于教育教学的始终，没有"体罚"现象。

（7）综合评价。

笔者发现，每一次问卷调查活动中，学校总有几位物理老师很受欢迎，而且他们的教学成绩、每一年的聘任都不错。笔者通过听他们的授课和交流发现，他们最重要的亮点：重视师生沟通，关注学生的情感、态度、价值观；重视学生理想、信念的培养，注重从生命的高度和学生进行心灵的对话；在关注学生的成绩和知识的掌握的同时，重视过程与方法的落实，从生命的层次关注学生的成绩，关注学生的成长，从发展的高度关注升学率等。

（二）物理教师要具有科学和人文两方面的知识结构，并重视学生科学与人文观的培养

物理教师要有深厚的物理学科基础知识和熟练的学科技能，以更好地关注学生在课程实践中的表现；要善于及时了解物理学科发展的动态和时代科技发展的趋势，从而更好地激发学生发现、探索和创造的欲望；物理教师要多方面了解物理学科发展的历史对社会、人类发展的价值并让学生知道，从而使物理学科具有更丰富的人文价值；物理教师要掌握物理学科认识世界的独特视角和思维方法，熟悉物理学史上"大家"成功的原因并及时展现物理学家们的科学精神和人格魅力，从而展示物理知识本身无限的生命力；每个物理教师都要明白，自己不仅是终身学习者，也是精神生活的富有者，自身不仅要有顽强的自然生命力，也要有旺盛的精神生命力，批驳"春蚕到死丝方尽、蜡炬成灰泪始干"的悲剧观点，从自己的生命体验中切实培养学生对学习的兴趣、对生命的理解、对价值观的认识，在教与学的实践中实现科学和人文精神的统一，发挥物理学科知识育人的全面价值。

（三）物理教师要有与时俱进的能力

教育工作是一项"人—人"为主的工程，需要丰富的人性化工作，其中最需要教师具备精神沟通、情感交流的能力和高尚的人格魅力，物理教师一方面要擅长与学生展开心灵的对话，从而建立起"你—我"关系，也要善于与其他教师和家长、社区人员配合，建立起相互支持的关系，教师具备了这

种能力，就能潜移默化地影响学生，从而培养学生交流合作的能力。

物理教师要具备按教育规律和学校实际开发具有学校特色的校本教材，规划、设计和组织教学活动的能力，善于使管理本身成为教育力量，把教学活动中的组织管理工作变为锻炼学生、培养学生的自我管理和团结合作能力的手段，在学生的自我管理中，充分发挥每个学生的聪明才智，让每个学生都愿意为集体做奉献，又都能从集体中汲取力量，在培养学生集体观念的同时，为构建和谐氛围、为学生以后走上社会做好准备。

教师的大量工作都是结合教育实践与对象开展的，物理教师要保持一种敏锐捕捉的习惯，要善于从教育实践中发现问题，不断改进自己的工作并形成理性的认识，日积月累，逐步丰富自己的底蕴，继而结合实际寻找解决新问题的方案，天长日久，教师就能根据实际的教育情境，熟练驾驭课程实施中可能的生成，及时转化教育矛盾和冲突，及时作出决策，从而调节教育行为，这样学生学习过程中的困惑消除了，矛盾化解了，学生就能更积极地投入学校生活，更愿意与老师进行心灵对话，也使教育教学工作呈现自如的状态，达到科学与艺术的和谐。

六、对改变教师课程价值取向的几点建议

新的教育改革需要一个优化的社会文化环境，需要社会教育和家庭教育的积极配合，需要提倡一种全民重视教育、重视美育的风气，需要加强政策宏观调控的力度，教育体制有待进一步完善，需要重新认识学校美育在学校发展中的战略地位。

（1）政府要解放思想。政府要以城市的不断发展、打造和谐社会为长远目标，积极构建人才培养制度，解放思想，开拓创新；要完善政策，出台相应的奖励机制，调动教师的工作热情和积极性，鼓励开拓进取；要加大宣传力度，保证学校美育的正常实施；要改革考试和评价制度，改变仅以学生成绩作为考核教师的依据，把学生良好品德的养成、健康人格的形成、教师的工作状态、师德、科研等也纳入评价体系。天津市应学习上海市建立自己的地方性课程体系，并把高中学生综合素质评价与高校自主录取相结合；天津市也要学习山东落实高考考试改革，并采取强制措施严禁"补课、加班加

点、片面追求升学率"。

（2）学校不能只盯着分数和升学率，应该具有教育家的胸怀和战略眼光，从素质教育的角度考虑美育的地位。各个高中学校要创设基本的工作环境和教学条件，要整合课程资源，合理设置和安排课程，开齐、开足、开好课程；应保证并适当增加美育的比例，应在其他课程中渗透美育内容，在课外活动中广泛开展美育，同时要改革和更新美育的内容和形式；要重视教材建设，建设有本校特色的课程体系，并尽可能为学生提供可选择的课程；要建立"学科不能大于人、学科不能脱离人、学科不能抽象人"的课程观；要坚持"道德考核，教育成果不能缺人"的评价观；要坚持"一切归真、回归德性、回到规律办教育、依靠科学抓质量、通过改革找出路"的育人观。

（3）社会文化艺术机构，如博物馆、剧场、影院、美术馆、文化馆、少年宫等机构，应该尽可能地向学生开放，为学生提供优质的活动课程和艺术欣赏的机会，从社会教育的角度促进美育教学的开展。

（4）各个年级要切实践行美育教学的要求。学校应该为每个学生创建自己的个性化课表。个性化课表至少包含三因素：课程名称、上课时间、上课地点。以同一个行政班的张、王、陈三个学生星期一上午一、二节课为例，也许张的课表上是物理，在A教室；王的课表上是化学，在B教室；陈的课表上是历史，在C教室。要充分依据学生的不同特点因材施教。

（5）在新的形势下，改进美育教学，物理教师需先"补课"。多读一些美学方面的书籍，以提高自己的美学素养；充分认识到自身工作的价值和意义，探索美育教学的规律和方法，积极开发与学生的兴趣和能力水平相适应的校本课程，多观摩、研讨，以提高美育实践能力。只有教师的美学素养提高了，实践能力加强了，才能充分挖掘学科的美学因素，更好地对学生进行引导，让学生在物理学习中发现美、感受美、表达美。

七、教师的追求

目前，"办好学校教育、教好每个学生"，"培养'合格+特色'人才、实现优质特色发展"是天津市的教育目标。瑞景中学顺应时代发展的潮流，坚定不移、大刀阔斧地创建特色校，不走老路，不步后尘，积极构建"以美育德、以美启智、以美健身"的育人工作新格局，学校有了自己的核心文化和价值观。现在，师生面貌焕然一新，学校的特色活动精彩纷呈，内涵文化体现于师生的一举手、一投足，体现于一草一木，学校内涵建设取得长足发展。如何把自己的所学、所思、所感融入特色校的创建中，在"以美育人"价值观的引导下，为学校的特色化建设贡献自己更多的力量，是课题组一直思索的问题。

通过课题研究，教师们进行了广泛阅读，从书中吸取了丰富的营养；多次与大师零距离接触，得以听取大师的指点；不时对自己的教学进行批判性的反思，以检查价值观是否跟上时代的发展。在不断的积淀中，教师们找到了一种有效形成教育观点的途径：那就是对自己的教育教学实践进行反思、概括，从实践中感悟，提升理论素养，以更好地指导教学实践。"千淘万漉虽辛苦，吹尽狂沙始到金"，坚定了教师们下定决心争当"最美"教师。"虽不能至，然心向往之"，这也是种教育追求吧。

参考文献

[1] 李铁铮,李胜利. 中小学美育实践. 人民交通出版社,2009.

[2] 苏鸿昌. 美的研究与欣赏 (第一辑). 重庆出版社,1982.

[3] 曾繁仁. 走到社会与学科前沿的中国美育. 文艺研究,2001 (2).

[4] 张静. 考试研究. 天津人民出版社,2011.

[5] 鲍传友. 做研究型教师. 教育科学出版社,2009.

[6] 金林祥. 教育学概论. 华东师范大学出版社,2002.

[7] 崔建营. 高考物理实验. 中国致公出版社,2005.

[8] 倪光炯,王炎森.物理与文化. 高等教育出版社,2009.

[9] 王力邦. 中学物理教师的学习与思考. 科学出版社,2009.

[10] 储楠,王敏. 高效学习心理技术的研究. 天津市教科院学报,2011,4 (2).

[11] 王小娅. 数学对高中物理学习影响的调查研究. 贵州师范大学硕士论文,2008.

[12] 俞伯根. 用倒数图像法处理高中物理实验数据. 物理教学探讨,2011 (1) :59.

[13] 徐纪敏. 科学美学思想史. 湖南人民出版社,1987.

[14] 崔允漷. 有效教学. 华东师范大学出版社,2009.

[15] 褚圣麟. 原子物理学. 高等教育出版社,1987.

[16] 周世勋. 量子力学. 高等教育出版社,1979.

[17] 任渠. 打造实验探究平台,深入开展探究性学习. 湖北省宜昌市"初中化学探究性学习"理论与实践的初步研究课题结题报告,2004.

[18] 上海市普陀区树德小学. "仁爱文化"润泽下的美育化课堂建构-美育课题中期报告.中国美育网[2014-01-8]

[19] 天津市民文化中"小富即安"观念的形成及影响. 百度文库.

[20] 魏书生. 班主任工作漫谈. 漓江出版社,2005.

[21] 白铭欣. 班级管理论. 天津教育出版社,2000.

[22] 谌启标. 班级管理与班主任工作.福建教育出版社,2007.

[23] 钟家胜. 谈谈班级文化建设. 科教文汇,2007 (3):22.

[24] 陈易. 浅谈班级文化建设. 校长阅刊, 2007 (3): 79-80.

[25] 汪永文. 寓美育于中学物理教学之中. 物理教学探讨, 1999 (2):3.

[26] 韩涛. 在中学物理教学中渗透物理美. 考试 (教研版), 2008 (10).

[27] 兰甜甜. 中学物理教学中渗透美育的实践研究. 东北师范大学硕士论文, 2011.

[28] 易健德. 美学知识问答. 湖南大学出版社, 1987.

[29] 珍妮特·沃斯. 学习的革命. 上海三联书店, 1998.

[30] 托尼·博赞. 思维导图使用手册. 丁大刚, 张斌译. 化学工业出版社, 2011.

[31] 袁春梅. 中国古代趣味物理实验. 物理教师, 2008, 29 (10).

[32] 林万新. 现代教学媒体研究与应用. 石油工业出版社, 2005.10.

[33] 缪蓉, 赵国栋. 教育技术研究的方法与策略. 北京师范大学出版社, 2003.

[34] 刘雍潜. 教育技术应用与整合研究. 中央广播电视大学出版社, 2005.

[35] 邓杰. 教育技术学. 引导教学走向艺术化境界. 社会科学文献出版社, 2001.

[36] 吕树臣. 中学物理教育研究与实践探索. 哈尔滨地图出版社, 2006.

[37] 马维新. 计算机辅助教学在中学物理教学中的作用. 青海师范大学民族学院学报, 2009 (2).

[38] 代军庆. 论多媒体教学在中学物理教学中的运用. 资治文摘：管理版, 2009 (2).

[39] 石瑜. 物理课堂教学创建自主探究环境的实践与思考. 宁德师专学报：自然科学版, 2007 (3).

[40] 物理课程标准研制组. 物理课程标准解读. 湖北教育出版, 2006.

[41] 郑慧琦, 胡兴宏. 教师成为研究者. 上海教育出版社, 2006.

[42] 窦胜功. 智商与情商. 辽宁人民出版社, 2001:157-158.

[43] 燕国材. 我国古代关于情感的几种说法. 心理科学, 1982 (6).

[44] 我们的德育缺什么. 中国教育报, 2002-4-25 (8).

[45] 鱼霞. 基础教育新概念-情感教育. 教育科学出版社, 1994:25.

[46] 张启福, 高长梅. 学校教育科研案例全书. 长城出版社, 1993:117.

[47] 蓝玉龙, 覃珍琴. 物理教学中情感教育的原则和策略. 广西民族学院学报, 2000(8):208-209.

[48] 彭光芒. 美学的基础和美的欣赏. 中国农业科技出版社, 1995:153.

[49] 叶存洪, 徐书生. 怎样做一名好教师. 江西人民出版社, 2003.

[50] 李镇西. 做最好的老师. 漓江出版社, 2006.

[51] 张明, 刘晓明. 中学心理健康教育. 东北师范人学出版社, 2000.

[52] 四川省教育科学研究所. 心理健康教育. 四川文艺出版社, 2007.

[53] 李正坤. 中学生心理健康教育指南. 湖南教育出版, 1999.

[54] 许世平. 生命教育及其层次分析. 中国教育学刊, 2002 (4).

[55] 威廉·F. 派纳, 威廉·M. 雷诺兹, 帕特里克·斯莱特里, 等. 理解课程(上、下). 教育科学出版社, 2003.

[56] 文雪. 生命教育论. 山东教育科研, 2002 (9).

[57] 杨火生. 中学物理教学参考. 湖北, 中国教育学会物理教学研究会会刊, 1998 (2).

[58] L. 爱波斯坦, P. 哈威特. 趣味物理寻答集. 知识产权出版社, 1999.

[59] 东尼·博赞. 思维导图大脑使用说明书. 外语教学与研究出版社, 2005:45-56.

[60] 孟新民, 姜德志. 我与新课程同行. 天津市红桥区教育局 (内部资料).

[61] 课程教材研究所, 物理课程教材研究开发中心. 物理必修. 人民教育出版社, 2010.